{传播大讲堂

国外中小学
媒介素养教育比较研究

耿益群　著

A COMPARATIVE STUDY ON
MEDIA LITERACY EDUCATION IN
SCHOOLS OF NINE COUNTRIES

CUCP 中国传媒大学出版社
·北京·

序 言

媒介素养作为一个学术研究领域于20世纪90年代末被引介到中国大陆地区,经过学者们二十多年的不懈努力,媒介素养作为一个学术研究领域已经成为显学,中国本土媒介素养教育学科体系初具规模。在媒介素养理论探索的基础上,媒介素养教育实践如火如荼,惠及不同群体,极大地促进了我国民众媒介素养水平的提升。中小学媒介素养教育研究与实践一直是我国媒介素养教育最为活跃的领域之一,学术成果和实践经验都颇为丰硕,对提升我国青少年媒介素养,发挥了极大的促进作用。

随着新媒介技术日新月异地飞速发展,媒介融合趋势日益显著,人类已经置身于智媒时代。面对新的媒介环境,需要以新的视角、新的方法开展中小学媒介素养教育。我国《"十三五"国家信息化规划》明确提出要提升国民信息素养,这为在中小学开展系统的媒介素养教育提供了政策基础。此外,《教育信息化2.0行动计划》《中国教育现代化2035》等文件进一步勾画了关于教育信息化建设的宏图。我国《义务教育阶段思想品德课程标准》(2011年版)以及《普通高中语文课程标准》(2017年版)等课程标准中,具体课程结构和安排中均有与媒介素养教育相关内容,为媒介素养教育融入学校课程教学之中,提供了实践的空间。

我国媒介素养教育起源于对国外媒介素养研究和教育实践经验的借鉴与反思,以及对本土问题的关照。通过对美国、加拿大、英国、德国、法国、芬兰、澳大利亚、日本、新加坡和法国等国家中小学媒介素养教育发展历史和现状的考察,可以发现,每一个国家中小学媒介素养教育的发展都根植于本国具体国情,并随着媒介环境的变迁而不断变化发展。

在我国媒介素养教育不断发展的今天，为了促进我国中小学媒介素养教育的发展，提升我国青少年媒介素养水平，有必要从国际化的视角，审视不同国家中小学媒介素养教育发展历史、现状，总结其发展经验，并发现其发展中存在的问题，以便对未来发展趋势进行前瞻研究。在此基础上，分析我国媒介素养教育领域所取得的成就以及所存在的问题，结合我国具体的媒介环境特点，形成具有中国特色的媒介素养理论建构和实施策略，发展具有本土特色的中小学媒介素养教育。

本书汇聚了众多参与者的智慧和艰辛劳动。绪论、第一章、第二章、第三章、第五章、第六章、第七章、第八章、第九章、第十章由耿益群执笔，第四章由上海电机学院薛琳执笔，姚远、申红艳、刘茹霞、段楠楠、梁晨、王琴、杨濛等参与了书稿资料收集和整理工作，全书由耿益群负责统稿。

在本书的撰写过程中，我们力求从我国媒介素养发展现状出发，考察其他国家媒介素养教育实际状况，以期从中获得有益的经验与启发。在全面审视国外中小学教育制度、媒介素养教育概况、媒介素养教育政策制定和实施、具体的教育实践的基础上，力求准确捕捉这些国家中小学媒介素养教育的特点及其发展趋势。通过分析具体的案例，在总结这些国家媒介素养教育经验的基础上，发现其存在的问题，以期探究适合我国中小学媒介素养教育发展的路径。在写作过程中，我们参考了国内外专家、同行的研究成果，在此一并致以谢意！由于作者水平有限，粗浅和遗漏之处，敬请同行专家和广大读者批评指正。

耿益群

2021 年 8 月 30 日

目 录 Contents

绪 论 / 1

第一章 美国中小学媒介素养教育 / 6

第一节 美国中小学媒介素养教育概况 / 6

第二节 美国媒介素养教育发展历史 / 10

第三节 美国媒介素养教育发展理念 / 15

第四节 美国媒介素养教育政策制定与实施 / 23

第五节 美国中小学媒介素养教育实践 / 26

小 结 / 37

第二章 加拿大中小学媒介素养教育 / 39

第一节 加拿大中小学媒介素养教育概况 / 40

第二节 加拿大媒介素养教育发展历史 / 43

第三节 加拿大媒介素养教育发展理念 / 49

第四节 加拿大媒介素养教育政策制定与实施 / 55

第五节 加拿大中小学媒介素养教育实践 / 56

小 结 / 74

第三章 英国中小学媒介素养教育 / 75

第一节 英国中小学媒介素养教育概况 / 75

第二节 英国媒介素养教育发展历史 / 80
第三节 英国媒介素养教育发展理念 / 85
第四节 英国媒介素养教育政策制定与实施 / 87
第五节 英国中小学媒介素养教育实践 / 91
小 结 / 102

第四章 德国中小学媒介素养教育 / 104
第一节 德国中小学媒介素养教育概况 / 104
第二节 德国媒介素养教育发展历史 / 110
第三节 德国媒介素养教育发展理念 / 114
第四节 德国媒介素养教育政策制定与实施 / 116
第五节 德国中小学媒介素养教育实践 / 120
小 结 / 135

第五章 法国中小学媒介素养教育 / 137
第一节 法国中小学媒介素养教育概况 / 137
第二节 法国媒介素养教育发展历史 / 141
第三节 法国媒介素养教育发展理念 / 145
第四节 法国媒介素养教育政策制定与实施 / 147
第五节 法国中小学媒介素养教育实践 / 152
小 结 / 157

第六章 芬兰中小学媒介素养教育 / 159
第一节 芬兰中小学媒介素养教育概况 / 159
第二节 芬兰媒介素养教育发展历史 / 162
第三节 芬兰媒介素养教育发展理念 / 166
第四节 芬兰媒介素养教育政策制定与实施 / 167
第五节 芬兰中小学媒介素养教育实践 / 174
小 结 / 179

第七章　澳大利亚中小学媒介素养教育　/ 181
第一节　澳大利亚中小学媒介素养教育概况　/ 182
第二节　澳大利亚媒介素养教育发展历史　/ 188
第三节　澳大利亚媒介素养教育发展理念　/ 191
第四节　澳大利亚媒介素养教育政策制定与实施　/ 194
第五节　澳大利亚中小学媒介素养教育实践　/ 196
小　结　/ 203

第八章　日本中小学媒介素养教育　/ 205
第一节　日本中小学媒介素养教育概况　/ 205
第二节　日本媒介素养教育发展历史　/ 211
第三节　日本媒介素养教育发展理念　/ 216
第四节　日本媒介素养教育政策制定与实施　/ 219
第五节　日本中小学媒介素养教育实践　/ 223
小　结　/ 227

第九章　新加坡中小学媒介素养教育　/ 229
第一节　新加坡中小学媒介素养教育概况　/ 229
第二节　新加坡媒介素养教育发展历史　/ 237
第三节　新加坡媒介素养教育发展理念　/ 241
第四节　新加坡媒介素养教育政策制定与实施　/ 245
第五节　新加坡中小学媒介素养教育实践　/ 250
小　结　/ 258

第十章　媒介素养教育未来发展趋势　/ 260

参考文献　/ 267

绪 论

随着5G时代的来临，媒介生态发生了根本性的变迁，技术更迭使得社会连接能力产生了质的飞跃，重塑着人们与信息的连接，也在重构着人与物之间、人与人之间、人与社会之间的连接。错综复杂的媒介环境，对个体的媒介素养提出了更高的要求。2020年，肆虐的新冠肺炎疫情（COVID-19）对人们的生活产生了前所未有的冲击，也重塑着人类与媒介之间的关系。人们经历了假新闻（fake News）、信息疫情（Infodemic）、错误信息（Misinformation）、歪曲信息（Disinformation）等的一系列来自媒介的冲击。面对媒介信息时代个体困境，在后疫情时代如何帮助青少年应对洪水般涌来的各种信息，拨开信息的迷雾，跳出“信息茧房”，驾驭各种媒介及信息，成为智能媒体时代的弄潮儿，是教育必须关切的议题。根据2020年9月发布的第46次《中国互联网络发展状况统计报告》，截至2020年6月，我国网民规模达9.40亿，互联网普及率达67.0%，手机网民规模为9.32亿，有99.2%的网民使用手机上网①。随着网民规模的不断扩大，青少年所占比例不断攀升，作为数字原住民的中小学生与智能媒介之间的关系日益密切。新冠疫情期间，中小学生在家上课，线上教学成为重要的学习方式，他们更加切实体验到媒介对个体影响。可以说，青少年的生活和学习都与媒介密不可分，他们无时无刻不在与媒介打交道，媒介成为他们生活中不可分割的组成部分，媒介素养成为学生成长不可或缺的能力。如何通过媒介素养教育提升青少年媒介素养，成为一线教师、教育工作者、学术研究者、社会各界，

① 中国互联网信息中心.第46次《中国互联网络发展状况统计报告》[EB/OL].(2020-09-29)[2020-12-11].http://www.cnnic.net.cn/hlwfzyj/hlwxzbg/hlwtjbg/202009/t20200929_71257.htm.

以及学生家长等利益相关者所共同关注的问题。国外中小学关于媒介素养教育的理念、学术研究、政策、学校的具体教育实践,可以为我们开展中小学媒介素养教育提供一定的参照,具有借鉴和警示意义。

审视当今传媒领域,媒介技术的发展突飞猛进,媒体融合不断向纵深发展,智媒时代已经来临。随着媒介环境的变化,人类社会生产和生活都发生了深刻变化,“我们需要什么样的教育”成为全社会所关注的问题,建立高质量的教育体系成为时代的命题。媒介素养作为教育变革的重要因素,可以发挥其特有的作用。英国、法国、德国等国家,已经将媒介素养纳入中小学教育课程体系,实现了媒介素养教育的制度化,对这些国家的教育变革具有重要的促进作用。智媒时代的技术赋权与赋能对于促进教育公平和提高教育质量具有积极意义,能够为教师和学生提供个性化和多样化的教学资源和各种支持。为了实现我国“公平而有质量”的教育使命和目标,在万物皆媒的背景下,媒介素养教育是培养国家发展数字经济所需的具有数字素养的公民的重要一环。

在智能时代,新的媒介技术层出不穷,渗透人们生活的方方面面,在媒介化的环境中,人类对媒介的依赖也发展到了前所未有的程度。如何与各类新媒介共存共生,成为人类社会发展的重要议题。在此背景下,媒介素养教育的作用和意义日益凸显,媒介素养概念的内涵和外延也不断拓展。借鉴国内外学者关于媒介素养概念的界定和讨论,本书媒介素养的概念涵盖了印刷媒介素养、视听素养、荧屏素养、网络素养、数字素养、信息素养、媒介信息素养、算法素养等多重素养的概念,包括媒介认知、媒介理解、媒介技能、媒介伦理等维度,强调媒介与信息的获取和检索能力、评估和理解能力、使用和传播能力等。国内学者围绕媒介素养所开展的一系列讨论,为深刻认识媒介素养教育的本质提供了有意的思考路径。但国内有关媒介素养教育的理论体系尚需进一步完善,媒介素养教育实践也需要进一步丰富。

世界范围来看,媒介素养教育的发展在不同国家和地区极度不平衡。英国作为开展媒介素养教育最早的国家之一,其媒介素养教育已经实现了制度化,成为国家课程的重要组成部分。媒介素养教育被纳入一些国家的课程大纲,并形成了比较系统的教学和评价机制,而在一些发展中国家和低收入国家,媒介素养还是一个相对来说比较陌生的概念。

北美地区的美国和加拿大媒介素养教育发展比较系统。加拿大媒介素养教育起步较早,不仅在国内开展研究和实践,而且国际影响广泛。《媒介素养:资源指南》(*Media Literacy: Resource Guide*)作为第一本媒介素养教育的指南类图书,为世界上许多国家从事媒介素养教育研究与实践的学者和一线教师所采用,约翰·庞杰特(John Pengent)所提出的媒介素养八大关键概念(Eight Key Concepts for Media Literacy)影响了许多国家媒介素养教育的课程设置。美国媒介素养教育起步虽然较晚,但是在学习借鉴澳大利亚、英国和加拿大等国的媒介素养理念和实践经验基础上,形成了自己的独特发展模式。

欧洲一些国家媒介素养教育发展较为成熟。在欧盟及其资助的"欧洲扫盲网"(European Literacy Network, ELN)等组织的积极推动下,欧盟成员国大多深度参与到媒介素养教育规划与发展行动之中。但从整个欧洲范围来看,各国媒介素养教育发展程度不一。北欧国家的媒介素养教育已经从学前教育贯通到高等教育。早在20世纪50年代,丹麦和芬兰就开始教授"电影知识",瑞典在20世纪60年代将"电影知识"纳入国家课程,电影教学法在20世纪80年代成为北欧国家媒介素养教育的主要组成部分。随着互联网和数字技术的不断发展,北欧各国重视培养公民数字素养,形成了较为系统的媒介素养教育理念和原则,颁布了媒介素养教育相关政策,并通过立法实现资源有效配置,加强教师培训。法国同样拥有较为丰富的媒介素养发展历史以及相对完善的媒介素养教育体系。法国国民教育部成立了教育和媒介中心推动媒介素养教育发展,并将媒介素养纳入每个学生必须获得的知识、技能和文化之中,以期培养适应数字时代需求的合格公民。德国媒介素养教育具有良好的发展基础,面对数字时代的挑战,德国提出了《数字世界中的教育》(*Education in the Digital World*)等国家层面的规划,旨在增强本国媒介素养教育的系统性。

澳大利亚作为大洋洲的国土面积最辽阔的国家,其媒介素养教育在国际上已经颇具影响力。在多元文化政策指导下,澳大利亚搭建了完善的中小学媒介素养教育学校课程体系,重视信息技术技能培训和数字素养教育,把数字素养纳入评价个人综合素质和社会适应能力的维度之一。新西兰在电影研究、英语、艺术、社会研究等课中均融入媒介素养内容,其教育部门专门设立网站为教师提供媒介素养教育的信息、资源和指导,媒介研究(Media Studies)已经成为新西兰国家教育成就证书(National Certificate of Educational Achievement,NCEA)的科目之一。

亚洲国家媒介素养教育发展更是参差不齐,新加坡、日本等国已经形成了比较系统化的媒介素养教育理念和教育制度,并针对数字化时代的种种挑战,调整理念,实时更新政策。新加坡推出了国家信息化战略规划,旨在通过媒介素养教育培养信息技术时代负责任的数字公民;日本也已经计划将信息与通信技术(Information and Communication Technology,ICT)、人工智能和其他先进信息技术融入学校教育中。斯里兰卡则强调 ICT 教育,将其作为斯里兰卡成为未来"亚洲新兴奇迹"(Emerging Wonder of Asia)的发展愿景的一个主要目标,ICT 教育在高等学校中发展较为迅速。① 印度媒介素养教育开展则尚处于起步阶段,为了避免虚假新闻带来的危害,印度一些地区开始在学校推广反假新闻课程,②但并未形成系统化的实践指南或发展理念,缺乏本土化的理论研究。③

非洲各国媒介素养教育发展非常不均衡。媒介技术发展水平的不足造成一些非洲国家和发达国家之间明显的数字鸿沟,这对国家发展、社会进步以及民众综合素质的提升都形成了挑战。非洲的媒介素养教育目前关注利用媒介与信息技术来促进青少年教育的发展,以及通过教授媒介和数字技术来保护儿童权利,而未来的媒介素养教育则可能会以培养合格的"数字一代"(Digital Generation)为出发点④。

全球媒介素养教育发展的区域特征与各地区的历史、文化、经济和政治背景息息相关。总体来看,欧洲和北美地区的一些国家媒介素养教育发展较为成熟,英国、加拿大等国的媒介素养教育理念与实践对世界上很多国家都产生了较大的影响。地处南半球大洋洲的澳大利亚的媒介素养教育也开展得有声有

---

① ABOOBUCKER I.Importance of Information and Communication Technology(ICT) curriculum in government school of Sri Lanka: a critical review of educational challenges and opportunities[J].Available at SSRN 3344630,2019.

② 曲升刚.网络时代全民媒介素养教育的提升策略——以印度"反假新闻培训"为例[J].传媒,2019(2):59-60.

③ Pathak B,Patel K.Combating fake news through digital media literacy: study on digital media users of Bhopal city of India[J].International journal on transformations of media,Journalism & mass communication(Online ISSN:2581-3439),2020,5(2).

④ Ogbu S.New media technologies and childhood education for development purposes in Africa[M]//Media and its role in protecting the rights of children in Africa.IGI global,2020:19-38.

色,为世界上许多国家开展本国媒介素养教育提供了很好的范例。美国、新加坡和日本等国的媒介素养教育虽然起步较晚,但这些国家充分利用现有媒介素养研究成果和实践经验,并与本国国情相结合,形成了媒介素养教育的本国特色。本书选取了九个国家作为案例,对这些国家的媒介素养教育历史、理念、政策和实践进行剖析,以期为中国媒介素养教育理论与实践的发展提供理论支撑和经验借鉴。

第一章 美国中小学媒介素养教育

美国媒介素养教育起步虽然较其他欧美国家来说比较晚,各州关于媒介素养教育的政策也不尽相同,但美国媒介素养教育在发展过程中,借鉴了其他欧美国家媒介素养教育发展的理念和一些有效做法,发展比较迅速,形成了本国的特色。

第一节 美国中小学媒介素养教育概况

一、美国中小学教育制度简介

美国的中小学教育行政体制有着鲜明的三权分立的特色,是典型的以地方分权为主的教育管理体制,由联邦政府、州和地方学区三级组成。美国教育部(Department of Education)由联邦政府管辖,但不具有教育行政权,教育管理权属于各州。州议会是州最高立法机构,负责制定有关教育的重大问题的法律和法规。联邦政府根据一系列全国性法案,投入了大量资金实施各类教育发展项目,但教育管理权主要由州和地方政府行使。① 各州一般设有教育厅,负责本州的教育行政事务,州教育委员会是州教育厅的一个重要部门,其主要任务是研究州教育需要,制定州教育政策。各州一般根据城市各社区的地理位置进一步

① 王正青,徐辉.当前美国基础教育质量现状与改进趋势——“追求卓越”理念引领下的实践[J].教育研究,2014,35(9):121-126.

划分学区,学区是美国教育管理的基层单位。在每个学区中设有教育委员会(Board of Education),负责学区事务。中小学在地方教育委员会的领导下实行校长负责制。

美国的办学体制以公立为主,公立与私立相结合,两者都非常重视教育特色和多样化办学模式。美国的中小学教育采用 K12 的形式,从幼儿园(Kindergarten)到 12 年级,学生必须要接受 12 年的义务教育。学制主要包括六三三制、六六制、八四制、四四四制、五三四制等。在联邦政府提供资助下,全国具有代表性的学术团体或研究机构主持、制订出全国各学科的课程标准。全国性的课程标准只确定了各课程的基本目标和要求,是框架性的。在此基础上,各州根据本州的具体情况再制定更为具体的课程标准。① 美国中小学教育有必修课和选修课两种课程类型。必修课主要培养学生的认识、思维、动手和解决问题等方面的能力。选修课的种类丰富,目的是拓宽学生的课外知识和开阔视野,以及提高学生的创造性。美国中小学教育正朝着课程标准统一化的方向发展。课程标准化运动兴起后,美国数学教师协会(NCTM)等全国性的学术团体相继出台了各个学科的课程标准,但是因为出台的课程标准不具强制性,难以有效发挥作用。因此,一些州联合起来发起“各州共同核心课程标准”(Common Core State Standards)计划,这在某种程度上发挥了“国家课程标准”的作用。② 这对提升美国中小学教育质量,起到了一定的促进作用。

二、美国媒介素养教育概况

相较于其他媒介素养教育比较发达的国家,美国媒介素养教育起步较晚。大卫·康西丁(David Consine)曾表示,美国的媒介素养教育从澳大利亚、英国和加拿大等国借鉴了大量的发展理念,汲取了丰富的经验,并在此基础上形成自己的发展模式③。20 世纪 60 年代起,媒介素养教育在美国开始发展起来。20

---

① 陈晓端,范牡丹.当代美国中小学课程标准:特点与问题[J].现代中小学教育,2006(8):45-47.

② 王正青,但金凤.人工智能技术在美国学校教学中的应用领域与推进策略[J].比较教育研究,2020,42(6):43-49.

③ CONSINDE D.Media literacy:national development and international origins[J].Journal of popular film and television,Spring,2002(30):7.

世纪 70 年代,美国政府曾经在各类学校中发起“批判性观看技能”(Critical Viewing skills)活动,美国政府投入几百万美元,在学前、小学、中学和高级中学,以及大学阶段实施“批判性观看”实验课程。① 这应该是美国早期较大规模的全国性媒介素养教育计划。20 世纪 80—90 年代,美国媒介素养教育发展较为迅速。1992 年,阿斯本研究所(the Aspen Institute)组织召开了第一届全美媒介素养领袖大会,与会的 25 名教育者和活动家共同确定了媒介素养教育的概念、未来发展蓝图和开发媒介素养项目的框架。② 在媒介融合的趋势下,美国媒介素养教育越来越关注青少年参与、教师培训与课程资源建设、父母媒介素养提升支持措施、政策支持以及采用循证式教学等教学策略的选择等多个领域,旨在全方位开展媒介素养教育。针对美国媒介环境中的“假新闻”现象,各利益相关方都开始关注媒介素养教育问题。2017 年,全国媒介素养教育协会(National Association for Media Literacy Education, NAMLE)举办了第三届美国媒介素养周。美国图书馆协会宣布与石溪大学建立新的合作伙伴关系,创建“媒介素养@你的图书馆”(Media Literacy@ Your Libray)项目,培训图书馆工作人员,以使读者具备更好的辨别新闻的能力。脸书(Facebook)宣布了一项旨在提高用户的媒介素养的新闻项目。约翰 · S. 和詹姆斯 · L. 奈特基金会(the John S. and James L.Knight Foundation)向美国 20 个媒介素养项目提供了 100 万美元的资助。③媒介素养教育在应对突发新闻事件、培养民众批判性思维能力等方面发挥着重要作用。美国媒介素养教育存在的突出问题是缺乏全面综合评估媒介素养教育效果的有效数据。此外,媒介环境的变化、阴谋论的盛行和“假新闻”的泛滥,使得美国媒介素养教育面临着新的挑战。

三、媒介素养在美国教育体制中的作用

媒介素养虽然很少作为独立的课程在美国中小学中开设,但是很多学校和

---

① KUBEY R.Obstacles to the development of media education in the U.S.A.: a cross-national study[J].Journal of communication, 1998, 48(1): 62.

② AUFDERHEIDE P.Media literacy: from a report of the National Leadership Conference on Media Literacy [R].Queenstow, MD: Aspen Institute, 1993.

③ BULGER M, DAVISON P. The promises, challenges and futures of media literacy [J]. Journal of media literacy education's, 2018, 10(1): 1-21.

教师都将媒介素养教育融入各门课程的教学之中。威廉姆·G.克莱斯特（William G. Christ）认为，在美国，媒介素养教育这一概念与 K12 教育密切相关。[①]

美国没有全国性的媒介素养教育标准，但是在全国性的核心课程标准中包含媒介素养教育的内容。美国各州的课程标准和课程大纲中也有关于媒介素养教育标准的表述。在教育实践中，各州逐渐重视州政府在媒介素养教育发展中的作用，越来越多的州开始考虑或者已经开始实施相关立法，要求学校开设媒介素养相关课程。2017 年，加利福尼亚州立法者提出了 AB 155 和 SB 135 两项法案，要求教师和教育部门制定媒介素养课程框架。同年，加州议会法案（CA Assembly Bill 37，2017-07-24）明确规定学生不仅要具有读写能力，更应该具有媒介、技术和数字文化方面的批判性读、写、看能力。[②] 据《2020 年美国媒介素养政策报告》（the U.S.Media Literacy Policy Report 2020）统计，美国有 14 个州采取实质性的行动推进媒介素养教育相关立法，其中，俄亥俄州和佛罗里达州的 K12 课程中的媒介素养政策最为全面[③]，这有力地推动了美国媒介素养教育体系化。此外，美国的一些媒介素养教育社会组织都发表过关于媒介素养教育标准的相关内容。2019 年，全国媒介素养教育协会探讨了媒介素养教育与“各州共同核心课程标准”之间的关系问题，为教育者提供将媒介素养的标准与英语语言艺术、历史/社会研究、科学和技术课程中核心课程标准相结合的指导原则。全国媒介素养教育协会认为，媒介素养教育理论和实践支持核心课程中的很多具有挑战性的目标。[④] 全国传播学会（National Communication Association，NCA）发表的关于 K12 媒介素养教育标准的报告指出，有媒介素养的传播者应该具有以下能力：在个人和公共生活中能够了解人们使用媒体的相关知识和技能，理解和掌握关于受众与媒介内容之间复杂关系的知识和技能，理解和掌握

① CHRIST，W G. Assessment，media literacy standards，and higher education［J］. American behavioral scientist，2004，48（1）：92-96.

② 林玲.美国儿童媒介素养教育法律法规分析——基于各州立法的比较［J］.山东理工大学学报（社会科学版），2019，35（2）：34-40.

③ Media Literacy Now.U.S.media literacy policy report 2020［EB/OL］.［2020-06-19］.https：//medialiteracynow.org/wp-content/uploads/2020/01/U.S.-Media-Literacy-Policy-Report-2020.pdf.

④ National Association for Media Literacy Education，NAMLE. MLE & common core standards［EB/OL］.［2020-06-19］.https：//namle.net/publications/mle-common-core-standards/.

关于在社会和文化背景中产制媒介内容的知识和技能,理解和掌握有关媒介商业特点的知识和技能,能够利用媒介向特定受众传播信息。① 这些标准对美国学校教育内容,尤其是公立学校的教育内容具有很大影响。同时,这些标准直接影响了美国教师教育。作为一个学科,媒介素养教育不断发展,美国很多高校都开设了媒介素养课程。2003 年,有近 180 所美国高校提供本科生和研究生层次的课程或者课程计划。②

第二节 美国媒介素养教育发展历史

20 世纪 60 年代末,媒介素养教育作为一个学术研究领域和实践领域才开始在美国发展起来。美国著名媒介素养教育倡导者泰沙·乔尔斯(Tessa Jolls)认为,美国媒介素养教育可以追溯到 1935 年,当时针对广播技术的发展,美国英语教师协会(National Council of Teachers of English)推出了“听力技能”(Skill in Listening)等教育内容。1952 年,针对电视这种新媒介技术所产生的新问题,莱斯利·斯彭斯(Leslie Spence)出版了一本题为《学会看与听》的小册子。③ 美国早期媒介素养教育者约翰·卡尔金(John Culkin)一直强调媒介素养应成为学校教育的重要职责之一,并于 1964 年开发了一套“电影研究”课程,强调电影素养教育。④ 关于美国媒介素养教育发展历史阶段的划分,不同的学者有不同的观点。陈国明认为,美国媒介素养教育经历了早期免疫阶段、积极应对阶段和新技术发展所引发的范式转变阶段。⑤ 道格拉斯·凯尔纳和杰夫·谢尔(Douglas Kellner & Jeff Share)认为,美国媒介素养发展经历了保护主义路径、媒介艺术教育、媒介素养运动和批判性媒介素养教育四个发展阶段,强调从

---

① National Communication Association, NCA. K-12 speaking, listening, and media literacy standards and competency statements[EB/OL].[2019-07-01].https://www.natcom.org/sites/default/files/pages/Public_Statements_K12Standards.pdf.

② SILVERBLATT A.The Praeger handbook of media literacy[M].New York:Praeger,2013:95.

③ JOLLS T, WILSON C.(2014).The Core Concepts: fundamental to media literacy yesterday, today and tomorrow[EB/OL].[2020-07-01].https://digitalcommons.uri.edu/jmle/vol6/iss2/6/.

④ MOODY K.John Culkin, SJ: the man who invented media literacy: 1928-1993[EB/OL].[2020-07-01].https://www.medialit.org/reading-room/john-culkin-sj-man-who-invented-media-literacy-1928-1993.

⑤ CHEN G M.Media(literacy)education in the United States[J].China media research,2007,3(3):87-103.

传统的以心理学为基础的读写教育模式向社会理解的素养教育模式转化。[①] 事实上,美国媒介素养教育状况非常复杂多样,每个州都有自己的特色,不同的媒介素养教育研究者和实践者对媒介素养的理解也都各有差异,各自所遵循的理论基础和教育原则也有所不同,课堂实践更是丰富多彩。正如瑞妮·霍布斯(Renee Hobbs)在20世纪90年代初所言,媒介素养是"一个有着许多名字的孩童"[②],而媒介素养的概念也是"一个伞状概念"[③]。随着媒介素养教育在美国的不断发展,研究者和实践者对媒介素养教育的认识不断深入和系统化,无论是作为一个学术研究领域还是一个教育实践场域,媒介素养教育都日臻成熟,并对教育领域的改革起到了极大的推动作用。针对美国社会"虚假新闻"充斥人们生活的现象,美国社会各界人士,包括教育者、立法者、慈善家、技术人员等,都积极参与到媒介素养研究和教育实践之中,[④]认为媒介素养教育是帮助人们,尤其是青少年儿童,应对纷繁复杂的媒介环境的有效途径。结合学者们对美国媒介素养教育发展的分期的观点,我们可以分以下四个阶段审视美国媒介素养教育发展的历程。

一、美国媒介素养教育的早期发展

20世纪60年代,随着电视的普及,电视媒体对青少年的影响也日益突出。在此背景下,媒介素养教育成为人们关注的重要议题。艺术教育者开始探索如何利用照片培养"新的观看方式"的视觉素养教育。[⑤] 教育实践者和研究者从保护主义的立场出发,将媒介素养教育视为帮助青少年应对媒介负面影响的利剑。学者、教师和一些相关机构开始在中小学进行媒介素养教育实践,媒介素

---

① SHARE J.Media literacy is elementary:teaching youth to critically read and create media[M].2nd ed.New York:Peter Lang Publishing,Inc,2015:10-15.

② HOBBS R.Pedagogical issues in U.S.media education[J].Communication yearbook,1994(17):453.

③ HOBBS R.The seven great debates in the media Literacy movement[J].Journal of communication,2006,48(1):16-32.

④ BULGER M, DAVISON P. The promises, challenges and futures of media literacy[J]. Journal of media literacy education,2018,10(1):1-21.

⑤ HOBBS R.Empowering learners with digital and media literacy[EB/OL].[2020-07-02].http://www.ala.org/aasl/sites/ala.org.aasl/files/content/aaslpubsandjournals/knowledgequest/docs/KNOW_39_5_EmpoweringLearners.pdf.

养教育研究作为一个研究领域也开始形成。此外,联邦政府的支持也是这一时期媒介素养教育发展的一个重要原因。1965 年,联邦政府颁布《初等和中等教育法案》(*Elementary and Secondary Education Act*, *ESEA*),强调教育质量和教育创新,并在次年针对该法案,从预算中拨款 1 亿美元改进 K12 教育课程,为实施媒介素养相关课程提供了充足的资金支持。

这一时期,爱荷华西南学习资源中心(the Southwest Iowa Learning Resources Center,SILRC)实施了针对中学生的“媒介时刻”(Media Now)媒介素养课程,得到了来自联邦政府的大力支持。该课程开设一个学期,首次将所有媒介教育融入一门媒介素养课程之中,此课程包括 50 个独立的课程包,分成 7 个主题模块。课程融合了马歇尔·麦克卢汉(Marshall McLuhan)的媒介理论,以及约翰·杜威(John Dewey)和杰罗姆·布鲁纳(Jerome Bruner)的教育理论,并应用了本杰明·布卢姆(Benjamin Bloom)的教育目标分类法。该课程影响深远,在全国 600 所学校推广,对媒介素养教育在全国范围的发展有很大的促进作用。[①]在 20 世纪 70 年代末,随着多种形式的关于媒介素养教育研究的不断深入,美国媒介素养教育已经初具规模,并形成了关于媒介素养教育的较为系统的认识。

二、媒介素养教育范式转换阶段

20 世纪 80 年代开始,美国媒介素养教育发展受到了社会政治、经济发展的影响,出现了某种停滞的迹象,但一线教师、研究者和社会组织一直坚定地推进媒介素养教育。媒介素养教育也从保护主义范式向文化研究范式转换,直面媒介在人们日常生活中的作用和影响,开始强调学生对媒介内容的欣赏教育,强调将媒介素养教育作为实现社会公平的途径。媒介素养的教育目的主要通过在学校内外开展媒介艺术教育(Media Art Education)来实现,媒介艺术教育旨在发展学生对媒介与艺术的审美鉴赏能力,从而激发学生的创造性,帮助学生通过创作艺术品和媒介产品实现自我。媒介艺术教育通过将艺术和媒介产品

---

① FRIESEMY, AUAGLIA D, CRANEE. Media now: a historical review of a media literacy curriculum [J]. Journal of media literacy education, 2014, 6(2): 35-55.

引入公立学校教育,给学生创造了一个体验性的、创造性的、趣味性的表达和学习机会。[①] 媒介艺术教育为美国公立学校教育带来了生机与活力,使教育更贴近学生的生活,更多元化。媒介素养教育不断发展,全国性的媒介素养教育运动(Media Education Movement)逐渐形成,全国性的媒介素养组织建立,学者在某种程度上形成了关于媒介素养教育的一些共识。

1992年,阿斯彭研究院(Aspen Institute)组织了第一届"全国媒介素养领袖会议"。会上,在媒介历史学家爱德华·阿尔克(Edward Arke)的主导下,将媒介素养定义为"使用、分析、评价和传播各种形式信息的能力",这成为全国媒介素养协会关于媒介素养概念的核心组成部分。这一关于媒介素养教育概念的界定,也为美国媒介素养教育的发展指明了方向,标志着美国媒介素养教育从注重保护青少年免受有害媒介内容影响的保护主义范式向赋权范式的转换,并促进了媒介素养运动在美国的蓬勃发展。从学术维度来看,通过举办全国性的媒介素养学术会议和广泛深入的学术交流,媒介素养教育运动加深了学术界对符号学和文本间性等概念的理解;从实践维度来看,此次会议的重要意义在于流行文化被引入美国公立教育,会议推动了美国公立教育的变革。但正如谢尔所指出的,如果没有批判教育学和文化研究作为支撑,媒介素养教育很可能成为传统思维中的又一道菜肴。[②] 总之,这一阶段一些媒介素养教育研究者和实践者逐渐认识到保护主义范式的局限性,更强调学生主动性的发挥,强调学生自我表达,强调从学生的生活出发,培养学生创造能力。

三、媒介素养教育核心原则的提出及理论建设阶段

20世纪90年代以后,随着全国性媒介素养组织的不断发展,以及媒介素养研究者和教育者的不断努力,美国媒介素养教育发展较快,截至1999年,全美50个州中至少有48个州的课程中包含了一种以上的媒介教育内容。[③] 在美国

① SHARE J.Media literacy is elementary:teaching youth to critically read and create media[M].2nd ed.New York:Peter Lang Publishing,Inc,2015:11.

② SHARE J.Media literacy is elementary:teaching youth to critically read and create media[M].2nd ed.New York:Peter Lang Publishing,Inc,2015:14.

③ CHEN G M.Media(literacy)education in the United States[J].China media research,2007(3):87-103.

媒介素养教育协会等媒介素养组织的影响下,媒介素养理论研究不断深化。著名媒介素养教育理论家霍布斯在总结自己近30年的媒介素养教育实践和理论探索时,将媒介素养教育看作一种不断发展的实践,一种基于个体和群体的媒介赋权进程。美国媒介素养理论研究者,在研究和实践中应用了建立在建构主义学习理论、媒介研究和文化研究基础之上的理论和批判框架,进行理论探索,形成了具有美国特色的媒介素养教育理论。2007年,一些媒介素养教育学者和实践者聚集在一起,提出了"美国媒介素养教育的核心原则",形成了关于媒介素养教育的共识,这在某种程度上调和了"保护主义"和"赋权"两种不同的媒介素养教育理念。①这使媒介素养理论在系统化的同时,真正服务于媒介素养教育实践,并不断推动媒介素养教育实践向纵深发展。

这一时期,美国媒介素养教育领域的一个突出的特点就是一些文化研究领域的学者开始致力于媒介素养教育研究和实践,重点进行批判性媒介素养教育(Critical Media Literacy,CML)的理论与实践探索。凯尔纳认为,批判性媒介素养教育路径拓展了包括信息素养、技术素养、多模式素养和其他各类旨在拓展印刷素养的概念,涵盖不同的工具和交流模式。② 凯尔纳将批判性媒介素养教育路径的兴起及发展作为媒介素养教育发展的继媒介素养保护主义阶段、媒介艺术教育和媒介素养教育运动之后的第四个发展阶段并一直持续至今。批判性媒介素养教育作为美国媒介素养教育领域中的一个学术分支,其主要思想是强调通过媒介素养教育实现社会公平,以杜威教育哲学、保罗·弗莱尔(Paulo Fryer)批判教育学和文化研究等作为其理论基础。批判性媒介素养教育研究和实践推动了媒介素养教育的理论的发展,促使教育者不断反思教育实践。

---

① HOBBS R,JENSEN A.The past,present,and future of media literacy education[J].Journal of media literacy education,2009(1):1-11.

② KELLNER D.Multiple literacies and critical pedagogy in a multicultural society[J].Educational theory,1998,48(1):103-122.

第三节 美国媒介素养教育发展理念

一、早期媒介素养教育理念

莱恩·马斯特曼(Len Materman)自1980年代开始出版的一系列著作为在中小学开展媒介素养教育打下了理论方面的基础。他认为,应该在全球开展系统的媒介素养教育,应该将再现(Representation)作为核心概念。[①] 1989年,马斯特曼提出了媒介素养教育的18项原则,强调媒介素养教育无论是对个体来说,还是对社会来说都具有非常重要的意义;认识到媒介是需要进行解码的象征性符号体系,是对现实世界的再现而非真实反映;媒介素养教育是一个终身的进程,要充分调动学生学习的主动性;媒介素养教育的目标不仅要培养学生的批判性学习能力,更是要实现批判性自主(Critical Autonomy);媒介素养教育是探究性教育,不能将特定文化和政治价值强加其中;媒介素养教育具有主题性和情境性,旨在启迪学习者,关注在广阔的历史和意识形态背景下的现实问题;在媒介素养教育中,内容是实现目的的手段,目的在于掌握各种分析工具;应该从学生应用批判性思维能力的角度,培养其思考新的媒介环境和问题的能力,通过学生在媒介活动中所表现的责任感和动机两个方面评价媒介素养教育的效果;理想的媒介素养评价效果应该是以形成性评价和终结性评价两种方式开展学生自我评价;媒介素养教育旨在改变师生之间的关系以及通过反思和对话的形式开展教学;媒介素养教育更多是通过对话进行探究;媒介素养教育具有主动性和参与性的特点,旨在开展自由开放的教学,鼓励学生培养学习的自觉性,参与课程大纲的设计,对自己的学习有更长远的计划;媒介素养教育旨在促进课堂教学创新,而不仅仅是开设一门新的课程;媒介素养教育强调合作性学习,以小组为中心,强调学生通过小组学习获得洞见和资源,从而提升个体的学习体验;媒介素养教育包括实践的批判和批判的实践,强调文化批判而非文

---

① JOLLS T, WILSON C. The core concepts: fundamental to media literacy yesterday, today and tomorrow[J]. Journal of media literacy education, 2014, 6(2): 68-78.

化生产;媒介素养教育是一个整体性进程,强调父母、传媒专业人士和教师同仁之间的广泛合作;媒介素养教育的目的在于实现不断的变革,必须与不断变化的现实相适应;媒介素养教育具有独特的认识论特点,教师不是简单传授既有知识,也不是让学生“发现”既有知识,而是要通过师生积极的批判性探索和对话进行知识创新。① 马斯特曼的媒介素养教育思想及其相关理论方面的论述,在某种程度上影响力了美国媒介素养教育发展的理念。

此外,加拿大媒介素养相关理念对美国媒介素养教育理念的形成和发展也具有一定的影响。1987 年,加拿大安大略省教育部(Ministry of Education of Ontario)邀请安大略媒介素养协会(Association on Media Literacy,AML)出版了《媒介素养资源指南》(*Media Literacy:Resource Guide*)一书作为其 8—13 年级英语课程中融入媒介素养教育的指南。该指南中的媒介素养教育八大关键概念对美国媒介素养教育理念的发展和实践均具有指导意义。这八大关键概念是:所有媒介都是建构的,媒介建构事实,受众通过与媒介文本协商获得媒介意义,媒介信息蕴涵商业诉求,媒介信息隐含意识形态和价值观,媒介信息具有社会和政治内涵,媒介信息的形式和内容相互联系,每一种媒介都有其独特的审美形式。

20 世纪 80 年代之后,美国媒介素养研究更多地是以文化研究相关理论作为理论基础,融合多学科的理论和知识进行理论探索,并逐渐形成了具有美国特色的媒介素养教育理念,指导媒介素养教育实践活动。如,詹姆斯 · 波特(James Potter)基于认知心理学的理论,从媒介对受众影响的角度进行研究,构建了基于认知路径的媒介素养理论,并建构了媒介素养认知模型,强调个人中心(Personal Locus)和各种媒介能力对信息处理过程的重要作用。② 在此仅对美国媒介素养中心和霍布斯、凯尔纳和谢尔等学者的媒介素养理念进行梳理和分析。

---

① MASTERMAN L.Media awareness education:eighteen basic principles[EB/OL].[2020-07-05].https://www.medialit.org/reading-room/media-awareness-education-eighteen-basic-principles.

② POTTER,W J. Theory of media literacy:a cognitive approach[M]. Thousand Oaks, California:Sage Publications.2004:68.

二、美国媒介素养中心的五个核心概念

美国媒介素养教育理念具有多元化的特点，相关媒介素养组织和机构，都从不同的视角探究媒介素养教育的内涵，对媒介素养进行理论方面的阐释。总体来看，美国媒介素养中心(Center for Media Literacy)的五个核心概念影响范围较为广泛，其媒介素养理念，即五个核心概念以及五个关键问题，因具有简明、具体、形象等特点，为美国中小学广泛采纳。

美国媒介素养中心是一个非营利性的社会组织，是美国最早的媒介素养教育机构之一，主要面向教师和学生，也面向家长、儿童监护人和青年工作者，开展媒介素养教育。1989 年，伊丽莎白 · 托曼(Elizabeth Thoman)领导建立了媒介与价值中心(Center for Media and Value)，后更名为媒介素养中心。托曼的媒介素养教育理念主要受莱恩 · 马斯特曼和巴里 · 邓肯(Barry Duncan)的影响，认为媒介素养的核心是探究原则，媒介素养是一个解构和建构互相交织的探究过程。1993 年，托曼明确提出了媒介素养的五个核心概念，[①]2001 年，媒介素养中心进一步完善这 5 个核心概念：(1)所有媒介讯息都是建构的；(2) 每种媒介都有特定的语言；(3)不同人对同样的媒介讯息会有不同的媒介体验；(4)媒介内容具有内在的价值和观点；(5)媒介主要由商业利益和权力欲望所驱动。为了适应青少年儿童媒介素养教育需求，媒介素养中心在此基础上又提出了五个关键问题：谁创建了信息？采用哪些创造性技术来吸引人们的注意力？不同个体是如何理解这些信息的？信息是如何体现或者传播特定的价值观、生活方式和观点的？信息是针对谁的？[②] 托曼提出了以保罗 · 弗莱尔理论为基础的行动学习模式(Action Learning Model)，强调认识、分析、反思和行动的四步“赋权”过程，认为应该通过教学使学生掌握媒介使用、媒介分析、媒介评估、媒介创造、媒介参与等技能，并根据不同年龄段学生的不同特点，为教师提供相应的教学策略。

美国媒介素养中心的五个核心概念和五个关键问题由于其较强的可操作

---

① THOMAN E.Skills and strategies for media education[J].Educational leadership,1999,56(5):50-54.

② JOLLS T.Literacy for the 21st century:an overview & orientation guide to media education[EB/OL].(2020-02-04)[2020-06-01].http://www.medialit.org/sites/default/files/01a_mlkorientation_rev2_0.pdf.

性被广泛应用于美国媒介素养教育之中。根据该中心媒介素养框架开发的“媒介素养工具包”(The MediaLit Kit™)对美国以及其他国家媒介素养教育实践的发展起到了极大的促进作用。海瑟薇·布朗学校(Hathaway Brown School)的特里·杜博(Terry Dubow)老师从2001年开始就采用美国媒介素养中心的框架开发和创新课程,开展媒介素养课程教学。2009年,该校修订已有的媒介素养课程,举办了一个家长工作坊和一个教师会议,分享开展媒介素养课程教育的经验。2010—2011年度,该校将媒介素养教育融入健康课程教学之中。① 该校的媒介素养教育实践,成功地践行了媒介素养中心的媒介素养教育理念,也充分体现了该中心重视媒介素养教育实践的宗旨。媒介素养中心出版的《媒介与价值》(*Media & Values*)杂志②上不仅刊登关于媒介文化的影响方面的文章,同时还刊登早期媒介素养教育者在学校课堂上所开展的媒介素养教育实践活动,记录了美国媒介素养教育理论与实践的发展历程。

媒介素养教育中心的媒介素养教育理念,对建构美国媒介素养教育理论的具有奠基性的作用,推动了美国媒介素养学术研究和实践的发展。

三、美国媒介素养学者的理念

(一)瑞妮·霍布斯的媒介素养教育理念

在美国媒介素养教育领域有许多非常活跃的媒介素养学者,他们不仅积极参与媒介素养教育的社会实践,推动美国媒介素养教育的发展,同时在学术研究上也成果斐然,形成了自己的媒介素养教育理念,瑞妮·霍布斯就是这样一位学者。霍布斯现任美国罗德岛大学(the University of Rhode Island)哈灵顿传播与媒体学院(the Harrington School of Communication and Media)教授、数字素养研究生证书项目的协调人,媒介教育实验室(the Media Education Lab)主任,《媒介素养教育期刊》(*Journal for Media Literacy Education*)的联合主编。她曾

---

① Center for Media Literacy, CML. Hathaway Brown discovers the power of media literacy for students in the 21st century [EB/OL]. (2010-09-08) [2017-06-06]. http://www.medialit.org/sites/default/files/eschoolnewsHB[1].pdf.

② PUNGENT J. Live long and prosper: media literacy in the USA [EB/OL]. [2020-06-01]. http://jcp.proscenia.net/publications/articles_mlr/pungente/medialit.html.

担任天普大学(Temple University)传播与戏剧学院教授。她的主要研究旨趣包括中小学数字与媒介素养、数字学习、青年媒体,以及在线专业学习,已经发表了150多篇学术论文。2018年,霍布斯因取得的学术成就,获得罗德岛大学研究优秀奖。她还积极推动媒介素养教育在美国的不断发展,2010年,她撰写了《数字和媒介素养:行动计划》(*Digital and Media Literacy:A plan of action*)白皮书,勾画了培养美国民众数字和媒介素养能力的蓝图;2012年,她推动和参与了美国媒介素养联盟建设。2019年,她参与起草由克罗布沙尔(Amy Klobuchar)议员提出的《数字公民与媒介素养法案》(*the Digital Citizenship and Media Literacy Act*)议案,如果该议案获得通过,每两年将有2000万美元投入到中小学媒介素养教育之中。

霍布斯高度重视媒介素养教师培训。早在20世纪90年代初,她就在哈佛教育学院建立了"哈佛学院媒介素养教育"项目,这是第一个全国性媒介素养教育教育项目。此后,她先后建立和实施了多个全美,乃至全球性媒介素养教育项目。1998年,她还与马里兰州教育部和探索频道合作开发了覆盖马里兰州K12教育的"任务:媒介素养"(Assignment:Media Literacy)课程大纲,这是全美第一个针对K12教育的媒介素养教育课程大纲。该州上千名教师获得了该课程材料,此材料能帮助教师更方便地使用媒介素养教学方法授课。2001年,得克萨斯州教育部邀请霍布斯在"任务:媒介素养"课程的基础上,根据得克萨斯州的具体情况开发媒介素养课程。2003年,得克萨斯州公布媒介素养课程方案"观看与表达:媒介素养在得克萨斯州",将这一课程方案融入课程大纲之中。

霍布斯的媒介素养教育理念主要体现在其发表的论文和著作,以及她所开展的媒介素养教育实践之中,并随着媒介环境的变化而不断发展。1998年,霍布斯针对美国媒介素养教育理论研究和实践中所存在的分歧,归纳出七大争议[①]:媒介素养教育的目标是否是要保护儿童和青少年免受媒介的消极影响?媒介产制是否应该成为媒介素养教育的基本特点?媒介素养是否应关注流行文化文本?媒介素养是否应包含明确的政治和意识形态议程?媒介素养是否应专注于K12教育环境?媒介素养是该作为专门的课程教授还是要融入其他

① HOBBS R.The seven debates in the media literacy movement[J].Journal of communication,1998,48(1):16-32.

已有的课程之中？媒介素养教育是否应接受来自媒介机构的支持？她认为对于这七大问题的认识与选择,将决定媒介素养未来发展走向。这不仅对美国媒介素养教育研究和实践具有较大的影响,同时也对全球媒介素养教育的发展提出了建设性意见。

霍布斯非常重视媒介素养教育实践,认为明确媒介素养教育的目标和采用有效的教学方法在媒介素养教育中至关重要。教学方法方面,她强调“提问式教学”(Pedagogy of Inquiry),强调利用新的技术手段有效开展媒介素养教育。其教育理念根植于约翰·杜威和保罗·弗莱雷的教育思想,强调学生通过行动和反思,成为知识的积极建构者,强调教育的目的在于激发学生的积极性和主动性,倡导采用参与式学习的教学模式。霍布斯强调学校在媒介素养教育中的突出作用,认为媒介素养教育的目的在于提升人们理解和应用媒介的能力,人们获得这些能力是一个持续的过程,需要进行长期的、系统的学习,学校教育最适合媒介素养教育的发展,这也是霍布斯一直坚持在中小学开展媒介素养教育研究和实践的最为重要的原因。从 20 世纪 90 年代开始,霍布斯与加利福尼亚州的康科德高中、马萨诸塞州的塔夫特中学、丹尼斯中学,以及马里兰州的蒙哥马利中学等建立了密切联系,将学术研究的成果应用于教学实践,开发课程并应用于实际教学之中。同时,学校媒介素养教育实践过程中所发现的问题,促使她不断进行研究和探索,并丰富了她研究的深度和广度,她获得了丰硕的研究成果。

随着数字技术的发展,霍布斯的研究开始关注数字与媒介素养相关问题,更加重视社交媒体在促进跨文化理解方面的意义。她认为数字和媒介素养的基本能力包括接触媒介、分析和评价媒介、创造媒介文本、反思以及行动等五个方面。她还提出了教师可以采用如下教学方法开展数字与媒介素养教育:写媒介使用日记;采用读、看、听和讨论的方法;详细分析;跨媒介比较;游戏、模仿和角色扮演的方法;制作多媒体等。面对 2016 年美国总统大选之后所出现的越演越烈的虚假新闻和歪曲事实的信息大肆猖獗的现状,霍布斯结合新的媒介技术发展,开始关注个性化算法对人们的影响,研究个性化算法是如何定制个体所获得的信息和娱乐内容。她认为,在某种程度上,个性化算法不仅仅是一个新概念,而且是一种新型的控制方式,对个体来说既有利,也有弊。更令人担忧的是，教育者尚未认识到个性化算法所造成的危害，尚未采取有效的教育途径和方法帮助人们发展应对其影响的能力。

（二）道格拉斯·凯尔纳和杰夫·谢尔的批判性媒介素养教育理念

批判性媒介素养教育是美国媒介素养教育发展中的独具特色的一个方面。媒介素养的批判模式主要指人们对构成文化的意识形态、权利、意义、认同等复杂关系的理解。批判性媒介素养促使人们不仅从政治的维度思考文化，也从文化的角度思考政治。[①] 批判性媒介素养中的“素养”将文化理解作为一种具有教育作用的力量，重新审视人们日常在语言、电视、广告、广播、各种印刷新闻、音乐、电影等听视觉中的意义体系，认识到这些并非对现实的表现和反思，而是具有意识形态特征的，是刻意建构的。批判性媒介素养以批判教育学（Critical Pedagogy）作为其理论基础，同时也融合了文化研究相关理论，形成独特的体系，在美国媒介素养教育中发挥着重要作用。美国有许多学者和教育者开展批判性媒介素养的理论研究和实践活动，在此仅对道格拉斯·凯尔纳和杰夫·谢尔的批判性媒介素养理论与教育实践进行梳理和阐释。

凯尔纳和谢尔针对美国的媒介环境，以及美国社会中媒介关于种族、阶级、性别和性等的意识形态建构问题，指出了美国开展批判性数字媒介素养教育的必要性。他们在《批判性媒介素养并非可有可无的选择》（*Critical Media Literacy is Not an Option*）[②]一文中将文化研究与批判教育学相结合，指出批判性媒介素养的目的在于拓展素养的概念，应包括不同形式的媒介文化、信息和传播技术以及新媒体，应深化媒介素养教育，批判地分析媒介与受众、信息和权利之间的关系。他们还分析了四种开展媒介素养教育的途径：保护主义媒介素养教育途径、媒介艺术教育途径、媒介素养运动途径、批判性媒介素养途径。保护主义媒介素养途径关注媒介的负面影响，将受众视为媒介的受害者，媒介素养教育关注学生免受不良信息的侵害，重视传统印刷文化的价值；媒介艺术教育途径强调通过教育使学生获得媒介和艺术的审美价值，并通过艺术和媒介创作进行自我表达；媒介素

---

① LEISTYNA P，ALPER L.Critical media literacy for the 21st Century：taking our entertainment seriously［EB/OL］.［2020-07-08］.http：//www.medialit.org/sites/default/files/01_MLKorientation.pdf.

② KELLNER D，SHARE J.Critical media literacy is not an option［J］.Learning inquiry，2007（1）：59-69.

养运动途径旨在将素养的概念从印刷媒介拓展到流行文化,以及音乐、视频、互联网和广告等多种媒介形式,目的在于使学生在获得媒介素养技能的同时成为具有批判能力的消费者;批判性媒介素养途径关注意识形态批判和分析性别、种族、阶级、性等方面的媒介再现问题,将素养的概念从印刷媒介素养拓展到非正式素养、技术素养、多模式素养等不同传播工具和模式。凯尔纳从多元文化和后现代教育出发,主张通过批判性媒介素养的实践实现多元素养的目标,并赋权给个体使其形成自主的意识。① 批判教育学有助于发展多元文化,增强学生对不同文化的感知,多种批判素养在文化和技术变革的时代对个体来说尤为重要。媒介素养教育是美国多元文化社会中的多元文化教育的组成部分,媒介对文化的再现影响着人们的日常生活,发展批判性媒介素养不仅要求学生学习媒介,使他们有能力抵制媒介的影响,而且强调激励学生参与社会生活,培养学生参与社会生活的能力。② 凯尔纳和谢尔认为,批判性媒介素养是一种教育方法,它深化了素养技能,这种素养横跨所有学科课程领域、通过各种媒介和技术赋权学生,使之“能够读写文字,同时也能够读懂世界”③。他们的批判性媒介素养理念是建立在杜威哲学思想以及 20 世纪 60 年代以后的伊万·伊里奇(Ivan Illich)、保罗·弗莱雷、贝尔·胡克(Bell Hooks)等学者的学术思想基础之上的,反对弗莱雷所批判的“存储式教育”,主张在全球经济、文化和政治不断发展的背景下进行教育改革,以适应全球经济和新技术发展的要求,培养具有创新能力和素养的劳动者和公民,实现民主和社会公正。随着数字技术的发展,他们强调开展批判性数字素养,强调素养的多元化特性,将批判性媒介素养作为一种实现民主和平等的社会的有效途径,不仅仅是为个人或群体提供技能和工具,而是使其获得文化资本和社会权力。④ 批判性媒介素养教育具有探究性的特点,它为学生们提供了提升质疑能力的框架,学生可以在学习或者与媒介、技术和流行文化等接触时,通过这一框架探寻权利和信息之间的相互关系。在大卫·帕金翰

① KELLNER D.Reading images critically: toward a postmodern pedagogy [J]. Boston journal of education, 1988, 170(3): 31-52.

② KELLNER D.Multiple literacies and critical pedagogy [J]. Education theory, 2005, 48(1): 103-122.

③ FREIRE P, MACEDO D. Literacy: reading the word and the world [M]. Westport, CT: Bergin & Garvey, 1987: preface.

④ KELLNER D, SHARE J.The critical media literacy guide: engaging media and transforming education [M]. Boston: Brill Sense, 2019: 3.

(David Buckingham)等学者研究的基础上,芬克(Steven Funk)、凯尔纳和谢尔等学者提出了以一个由社会建构主义、语言/语言学、受众/立场、再现的政治性、产制/制度、社会和环境公正等六组核心概念和相对应的六个问题组成的框架,并以此作为开展媒介素养教育的概念框架。[①] 批判性媒介素养针对美国媒介环境,深深地根植于文化研究,具有文化研究的历史渊源,是从文化研究和批判教育学发展而来的多学科的研究领域,但批判性媒介素养教育不是一个简单的学术研究领域,不局限于学者们的书斋中,批判性媒介素养教育是学校中广泛而具体的实践,强调媒介制作和一系列的实践活动。

第四节　美国媒介素养教育政策制定与实施

美国没有全国性的媒介素养教育相关法律,也没有关于媒介素养教育的全国性的教育政策,但有些州已经认识到媒介素养教育的重要性,并通过媒介素养立法实施本州范围的媒介素养教育政策,以培养能够适应媒介环境变迁、具有媒介素养能力的个体。

一、开展媒介素养方面的立法

针对美国没有全国范围的媒介素养教育方面的立法的现实,媒介素养教育研究学者、教育家以及媒介素养进行时(the Media Literacy Now,MLN)等机构积极呼吁各州层面的媒介素养教育立法。媒介素养进行时作为一个社会组织,积极倡导媒介素养全国性立法,呼吁通过立法使全国所有 K12 学生获得全面的媒介素养教育,掌握媒介素养技能。该组织认为,美国的立法者和教育政策制定者应充分认识到必须改革美国教育和课程政策以适应环境的变化,必须开展媒介素养教育,使学生掌握必要的媒介素养技能以应对不断迅速变革的全球传播环境。该组织发布的《2020 年度美国媒介素养政策报告》指出,截至 2019 年年

① KELLNER D,SHARE J.The critical media literacy guide:engaging media and transforming education[M].Boston:Brill Sense,2019:3.

底,有14个州在立法中提及媒介素养的问题。① 在佛罗里达州和俄亥俄州的立法中,有明确的关于媒介素养方面的表述,这2个州要求州教育部制定标准将媒介素养内容融入所有年级的课程之中。佛罗里达州2008年在相关教育法规中就要求K12公立教育在语言艺术的讲授中融入媒介素养内容,该项立法在2013年进一步要求K12公立学校的所有课程标准中要融入媒介素养教育。俄亥俄州在2009年的综合法案中要求开设媒介素养课程,要求制定州范围的包括媒介素养技能在内的学术标准,并在2013年修改了相关表述。除了这2个州以外,有一些州也进行了相关的立法活动。2009年,新墨西哥州立法规定媒介素养可以作为选修课程开设,成为较早认识到媒介素养教育价值的州之一。新墨西哥州中学毕业要求规定,学生需要完成一定数目的选修课程。2017年,新墨西哥州众议院第49号法案(House Bill 49,2017-01-28)明确提到媒介素养的重要性。涉及媒介素养的提案主要包括网络安全、性教育、广告和未来生活准备等4类。罗得岛州参议院第106号法案和众议院第5664号法案(Senate Bill 106/House Bill 5664,2017-07-18/2017-07-19)要求将媒介素养教育纳入基础教育中,要求学生具有使用各种形式(包括但不限于印刷、视觉、音频、互动和数字文本)的访问、分析、评估、创建和交流的能力。② 2017年,加州立法者提出了两项不同的法案(AB155和SB135),要求教师和教育委员会制定媒体素养课程和框架。加州议会法案(CA Assembly Bill 37,2017-07-24)明确规定学生不仅要具有读写能力,更应该具有媒介、技术和数字文化方面的批判性读、写、看能力。2019年,得克萨斯州通过立法规定州教育委员会必须要求各学区的课程讲授关于数字公民的内容,而其中关于数字公民的定义接受了媒介素养的概念。2016年,华盛顿州是第一个接受媒介素养进行时所提出的媒介素养、数字公民和网络安全议案框架,并进行相关立法的州。根据媒介素养进行时提出的媒介素养立法框架,加利福尼亚州、科罗拉多州、康涅狄格州、伊利诺伊州、马萨诸塞州、明尼苏达州、新泽西州、罗德岛、犹他州等都进行了相关的立法努力,并取得

① Media Literacy Now,MLN.(2020).U.S.media literacy policy report 2020[EB/OL].(2020-01-08)[2020-08-03]. https://medialiteracynow. org/wp-content/uploads/2020/01/U. S.-Media-Literacy-Policy-Report-2020.pdf.

② 林玲.美国儿童媒介素养教育法律法规分析——基于各州立法的比较[J].山东理工大学学报(社会科学版),2019,35(2):34-40.

了一定的成效。这些州的法律,无疑为媒介素养教育的发展提供了法律保障。

二、制定媒介素养教育政策

虽然美国各州根据具体情况制定适合本州的媒介素养教育政策,没有全国性媒介素养教育政策,但"各州共同核心课程标准"有很多方面涉及媒介素养教育内容,对各州开展媒介素养教育具有一定的指导作用。

2009 年,来自 48 个州、2 个独立领地和哥伦比亚特区的州长和州教育委员会委员等、全美州长协会卓越实践中心(the National Governors Association Center for Best Practices)和州学校领导者理事会(the Council of Chief State School Officer,CCSSO)的成员,以及州立学校领导者等,认识到统一的、关于真实世界的学习目标的价值,并发起"各州共同核心课程标准"项目,目的在于让在任何地点生活的所有学生,都能够到中学毕业时掌握必备的知识和技能,并为未来的大学学习、职业生涯和生活做准备。"各州共同核心课程标准"涵盖了已有的优秀州的标准,综合了教师、课程内容专家和知名学者的思想,也全面考虑了包括教师、家长、学校管理人员在内的公众意见。制定的标准主要依据教师和标准专家的意见,教师在制定标准的过程中发挥了关键作用。可以说,该标准具有覆盖内容全面、重点突出、使用范围广等特点。因此,在各州自愿采纳这一标准的前提下,该标准已经被 41 个州、4 个保留地和哥伦比亚特区所采纳。该标准分为两个部分,第一部分包括大学和职业生涯准备标准,第二部分包括 K12 教育标准。前者是学生中学毕业时所需掌握和了解的内容的标准,后者是学生小学和中学阶段所应掌握和了解的知识的标准。

全国媒介素养教育协会认为,媒介素养教育所强调的教授学生如何利用多种形式的媒介获取、分析、评估、创造和传播信息的目标与"各州共同核心课程标准"的绝大多数具有挑战性的目标相一致。因此,将媒介素养教育融入英语语言艺术(English Language Arts,ELA)、历史和社会研究、科学和技术课程等教育,将有助于"各州共同核心课程标准"有关培养分析能力、数字创新能力,以及使用非印刷文本能力等目标的实现。事实上,根据弗兰克・贝克(Frank Baker)等学者的观点,"各州共同核心课程标准"中已经融入了媒介素养教育的内容,在该标准中已经包括利用数字工具使用、分析和制作音视频文本等新素养能力。[①] 根据全国媒介素养教育协会的考察，媒介素养教育与“各州共同核心课程标准”在以下方面密切相关。(1)探究作者和观众之间的关系。显然，这里的作者除了指儿童书籍作者、青少年读本作者和经典文学作品的作者外，还包括电影制作者、网络设计师、喜剧艺术家、动画制作者等，而每一个读者都是一位观众。如果将学生想象成不同形式的媒介信息的作者，那么学生的写作风格、目的、观点或者所采用的例证会不会有所区别？比如，在写作博客时与进行学术写作时会不会不同呢？(2)拓展素养的概念。当我们将文本的概念拓展为我们日常所应用的各种媒介范围，那么课堂上所采用的各种材料和概念也会得到拓展，学生的参与度得到增强，学生的学习经历得到丰富。(3)研究信息、新闻和当前事件。采用多种策略进行分析，比如，质疑所获得信息的可靠性，提出下列问题：“消息从何而来？”“这消息的目的是要娱乐、告知，还是劝告？”“信息的创造者要达到什么目的？”(4)学生通过制作和分析媒介内容获得批判性思维能力。学生自己创作影片、进行图形设计和网络设计，或者创作其他任何形式的媒介作品时，他们会将专业媒体实践与自己的观点、理念、问题和价值观联系在一起。(5)反思价值观、关注伦理和理解多元化观点。学生通过反思自己的价值观，理解不同学科、文化和观点，能够与那些跟自己不同的人进行有效深度沟通。上述五个方面的内容，都可以在“各州共同核心课程标准”中找到具体的要求。

第五节 美国中小学媒介素养教育实践

美国媒介素养教育实践具有草根性、分散性的特点，同时也兼具科学性和广泛性等特点。开展媒介素养教育实践的主体包括大中小学教师等一线教学和研究者、各类社会组织、媒体机构、高校科研院所等。绝大多数的媒介素养教育实践都是按照一定的计划，或者是基于具体学术研究开展的。从这一角度来

---

① National Association for Media Literacy Education, NAMLE. Media literacy education & the Common Core State Standards[EB/OL].(2015-04-11)[2020-03-07].https://namleboard.files.wordpress.com/2015/04/namlemleccssguide.pdf.

看,美国媒介素养教育实践是有一定的学术基础的。皮尤互联网等相关机构的研究不仅提供了衡量青少年使用媒介程度的一些基本标准,而且还进行了青少年使用媒介与教育之间的关系的系列研究。同时,该机构还提供了涵盖课程设计、教育项目实践和不同人群的比较数据等相关研究成果。这些研究以及比较数据,为制定媒介素养教育政策提供了很好的研究基础和科学依据。美国的一些高校一直探讨将媒介素养教育作为一个研究学科进行建设,高校的这些学术探索成为媒介素养教育的理论源泉,使媒介素养教育实践具有科学性的特点。在媒介素养教育课程开发方面,美国的一些公司机构、非营利性组织和媒体机构,都参与到课程的开发工作之中,使得媒介素养教育具有广泛性的特点。蓝普(the Lamp)是一个社会组织,该组织专门提供一个称为“媒介阻断器”(the Media Breaker)的平台,让学生能够通过再合成的手法回应商业和新闻节目。包括《纽约时报》(*New York Times*)和《华盛顿邮报》(*Washington Post*)等在内的媒体机构,都提供各种课程资源,让学生探讨关于新闻生产中的信息可信性、证据的应用方法等问题,参与媒介素养教育。《纽约时报》还通过举办竞赛和由编辑和记者开设教育课程等方式,开展媒介素养教育。下面主要介绍美国中小学媒介素养课程实践和媒介素养教师教育的具体情况。

一、美国中小学课程实践

美国主要从20世纪60年代开始广泛开展媒介素养教育,媒介素养教育已经获得了很大的发展,这跟美国各利益相关方对媒介素养教育的认识深度和重视程度是分不开的,特别是普通的教育工作者和民间团体机构对媒介素养教育的重视由来已久,这也推动了政府对媒介素养教育的关注和投入。美国媒介素养教育课程分为学校媒介素养教育课程和民间媒介素养教育机构课程两大部分,二者相辅相成、缺一不可。学校媒介素养教育课程受到民间媒介素养教育机构提出的教育教学理念的影响,也从这些机构中获取需要的教学素材,进一步扩大媒介素养教育的影响力。同时,民间媒介素养教育机构的课程研究也能从学校媒介素养教育的实施情况中获得反馈,进一步加强和完善关于媒介素养教育课程的研究。下面对美国中小学教育阶段媒介素养教育课程设置基本状况及其特点进行分析。①

美国中小学媒介素养教育课程没有全国统一的课程目标和教学内容，各州课程都各具特色，发展状况也有很大差别。究其原因主要有两点：首先，美国地域广阔，且美国教育管理权属每个州所有，各州都由各自的教育主管部门来制定本州的教育政策，因此各州开设的课程、使用的教材、提倡的教学方法和采用的教学评估体系都各有特色；其次，美国是个崇尚多元文化的国家，这种特点也体现在媒介素养教育中，许多从事媒介素养教育的教师、学者和一些社会组织都依据各自所遵循的媒介素养教育理念和观点，设计和实施媒介素养课程，并且建有各种具有不同特色的媒介素养教育素材库，提供教材等资料。丰富多彩的媒介素养课程教材资料和素材库，不仅使教育者能够根据自己的教育理念和观点以及学生的特点灵活地选择所需要的教材，同时也形成了美国媒介素养教育多样化的特点。但这也造成了各州、各地区之间媒介素养教育课程发展速度和水平不一的现状，由于缺乏统一的媒介素养教育政策，很难设定统一的媒介素养课程标准，不能有效、合理地配置社会资源，从而限制了媒介素养教育课程的发展。

（一）美国中小学媒介素养教育课程设置宗旨

20 世纪 60 年代后，美国电视、电影和网络等大众媒体中大量的暴力、色情、药品（毒品）滥用等不健康的内容和烟草、酒精等广告给美国青少年带来诸多不良影响，这使得许多教育者和学者开始重视媒介素养教育，这是美国在媒介素养教育初期发展阶段主要采用保护主义范式的社会环境和主要原因。这种保护主义的媒介素养研究范式，充分体现在这一阶段美国中小学媒介素养教育课程设置与开发之中。20 世纪 80 年代开始，美国媒介素养教育开始向文化研究范式转换，教育者将媒介素养教育作为实现社会公平的途径，并通过媒介艺术教育课程实现媒介素养教育的目标。20 世纪 90 年代之后，美国媒介素养教育者和研究者就媒介素养的概念达成共识，媒介素养教育已经发展成为全国性的媒介素养运动，从文化研究范式转换为赋权范式，并体现在相应的课程之中。

---

① 耿益群，刘燕梅.美国 K12 媒介素养教育课程及其特点分析[J]，外国中小学教育，2012(2)：21-26.

（二）美国中小学媒介素养教育课程实施主体

在美国，早期进行媒介素养教育课程实践活动的主要是一线的教师或者是民间的媒介素养教育组织机构，是一场自下而上的草根运动。对媒介素养教育关注和感兴趣的一线教师根据自己的生活经历和教学经验，积极致力于媒介素养教育实践，设计和开发符合学生年龄特点的媒介素养教育课程。他们的教学实践，完全从一种兴趣和使命感出发，是一种自发的教育活动。此外，美国还有各种各样的社会组织，致力于媒介素养教育活动。在美国各州的学校中，有一部分一线教师积极地进行独立的媒介素养教育课程的尝试，而更多的一线教师则着手于将媒介素养教育融入现有课程的实践。在融入式课程中，将媒介素养教育融入英语语言课程最为常见。

美国媒介素养课程的发展历史可以追溯到 20 世纪 30 年代。当时刚刚成立的威斯康星州广播协会（Wisconsin Association for Better Broadcasting）就开始参与媒介素养教育相关课程的开发与实施。在美国，参与中小学媒介素养教育课程实践的重要社会组织中比较著名的有全国媒介素养教育协会、媒介素养中心、公民媒介素养（Citizens for Media Literacy）、媒体和公共事务中心（Center for Media and Public Affairs）、新墨西哥州媒介素养项目（New Mexico Media Literacy Project）、常识媒体（Common Sense Media）、儿童能做什么（What Kids Can Do），等等，这些组织的目的是通过媒介素养教育提高大众的批判意识和欣赏能力。1989 年，美国卡内基教学促进基金会（The Carnegie Foundation for the Advancement of Teaching）主席欧内斯特·L.博耶（Ernest L. Boyer）指出，单纯的读写能力已经远远不够，学生必须具备视觉识读能力。青少年应该能够甄别成见、社会陈俗，能够辨别宣传背后的事实真相，对娱乐和新闻内容进行分析。1996 年，美国全国英语教师协会（the National Council of Teachers of English，NCTE）签署了一项决议，认为视觉表达是人们交往和分享信息的重要组成部分，教师应该引导学生通过制作和观看非印刷文本表达意义。2008 年，该协会的执行委员会进一步认识到新的数字/媒介素养的重要性，关注培养个体具有多种素养能力。基于这一认识，该执行委员会提出了设置媒介素养教育课程的指导思想,并参与了课程标准的设置与课程开发活动。① 这些组织通过各种途径推动美国媒介素养教育课程的发展。以美国著名的媒介素养教育社会组织媒介素养中心为例,该中心坚信“教育启力”的观点,积极将媒介素养理论研究的成果转化为可供教师、青年领导人、家长和儿童监护人使用的教育资讯和工具。针对新的媒介环境,媒介素养中心提出多层次的教学方法和策略,以使媒介素养教育更加合理、更加有趣和富有吸引力。媒介素养中心还有独自开发的媒介素养教育教材和大量的教学资料,供全国,甚至是全球的媒介素养教育者使用。在美国,像媒介素养中心这样的社会组织主要为中小学提供先进的媒介素养教育理念,丰富多彩的媒介素养教育课程教材和素材,教给一线教师、家长们进行媒介素养教育一些切实可行的方法,促进媒介素养教育课程的设置、开发和实施。

(三)美国各州中小学媒介素养教育课程标准和内容

从美国的教育情况来看,各州都有独立式或者是融入式的媒介素养课程。以媒介素养教育发展得较好的马里兰州为例,20 世纪 90 年代,马里兰州的相关教育部门在媒介素养教育的重要性和必要性上获得了一定的共识,并决定将课程作为推进媒介素养教育的主要形式。1994 年,马里兰州首次较为系统地引进了一套名为“了解电视”(“Know TV”)的媒介素养教育课程。该课程是一种具有互动性质的主题媒介素养教育培训。这次培训以美国媒介素养教育专家瑞妮·霍布斯教授开发的媒介素养教育教材《了解电视:电视改变了什么,为什么,你该怎样看电视》(*Know TV:Changing What,Why,and How You Watch*)为主要内容。瑞妮·霍布斯认为:电视已经成为现代生活必不可少的组成部分,给人们(主要是青少年)带来了巨大的影响,这使得家长和老师对电视“爱恨交加”。在这样的情况下,单纯地控制学生收看电视的行为显然不是明智之举,我们要做的是试图让自己和学生成为一个主动而带有批判性的观众。② 马里兰州媒介素养教育课程依据这一媒介素养理念,设定了具有马里兰州特色的媒介素养教育课程目标,指导马里兰州媒介素养教育课程的设置和开发。马里兰州制

---

① BEACH R,BAKER F W.Why core standards must embrace media literacy[EB/OL].[2011-09-10].http://www.gmlpstl.org/why-core-standards-must-embrace-media-literacy-by-richard-beach-frank-w-baker/2011/.

② RENEE H.Know TV:changing what,why,and how you watch overview of content[EB/OL].[2011-09-10].http://www.frankwbaker.com/knowtv.htm.

定了全州范围的K12媒介素养教育课程标准“任务：媒介素养教育”（*Assignment: Media Literacy*），并在州教育部网站上提供关于将媒介素养教育观念融入K12课程之中的各种教学资源和工具。2010年，明尼苏达州制定的K12英语语言艺术课程学术标准明确规定了进行媒介素养教育的课程标准。该标准包括幼儿园至5年级英语语言艺术与历史/社会、科学技术科目标准；6—12年级英语语言艺术标准和6—12年级历史/社会研究、科学和技术科目标准等三个部分。加利福尼亚州也在其他课程领域融入媒介教育，并确定了在英语语言艺术、历史社会科学、健康教育等课程中不同年级进行媒介素养教育的学术标准。

各媒介素养教育社会组织都积极参与青少年媒介素养教育课程的设置，美国媒介素养中心设置了详尽的针对K12年级的青少年儿童的媒介素养教育课程。① 该课程的突出特点是课程紧紧围绕着该中心所提出的五大关键概念形成五大关键问题，并将此五大关键问题作为设置课程和教学的基本框架。针对每一个关键问题设立了五个课程计划，总共有二十五个课程计划，课程的具体内容可以围绕五大关键问题，根据学生的不同年龄进行相应的修改和调整。媒介素养中心通过这二十五个课程计划，将媒介素养教育理念融入终身学习之中，使学生通过学习媒介素养教育课程，掌握应有的技能和技巧，获得有关媒介的识别、获取、分析、使用和制作等能力。1998年，全国传播学会对美国K12教育中的听、说以及媒介素养能力做了相关的规定。其中第十六至二十条是针对媒介素养教育提出的标准，要求学生不仅要掌握相关的媒介知识，还应理解个人或公共生活中人们运用媒介的方式、理解受众和媒介之间的复杂关系、理解媒介内容是社会和文化的产物、理解媒体的商业本质，以及运用媒介与特定的受众交流等，涉及知识、行为和态度三个维度的标准。这些媒介素养教育课程标准对各州开设媒介素养教育课程具有一定的指导作用。随着美国“各州共同核心课程标准”（CCSS）被绝大多数州所接受，这些州开始根据该标准设置课程。该标准还清晰阐释了媒介素养教育相关内容。② 在某种程度上，该标准为采用跨学

---

① SHARE J, THOMAN E, JOLLS T. Five key questions that can change the world: lesson plans for media literacy[G]//Center for Media Literacy. CML MediaLit Kit™, a framework for learning and teaching in a media age, edition 1, 2007: 2-3.

② Common Core State Standards Initiative. Common core state standards for English language arts & literacy in history/social studies, science, and technical subjects[EB/OL]. [2020-06-08]. http://www.corestandards.org/wp-content/uploads/ELA_Standards1.pdf.

科的方式,将媒介素养教育融入中小学各门课程之中提供了政策依据。

(四)美国中小学媒介素养教育课程形式

美国各州的英语课程标准中几乎都有媒介素养教育的内容。绝大多数的媒介素养教育课程都以融入式课程的形式展开,将媒介素养教育的知识和内容融入语言艺术、社会研究、健康教育等课程当中。

从20世纪60年代末开始,媒介素养教育课程在美国各州逐渐开设和发展起来。1969年,美国全国教育委员会通过了一项决议,建议开设批判性媒介观看课程,其目的是减少电视等媒介中的暴力因素对青少年的不良影响。同年,教育学学者詹姆斯·安德森(James Anderson)和米尔顿·普洛霍夫特(Milton Ploghoft)在俄亥俄州学校系统的资助下设计了第一个名为"批判性接受项目"(Critical Receivership Skills Project)的媒介素养综合课程,该课程成为将媒介素养教育课程融入社会课程和语言艺术课中的范本。[①] 1970年,全国英语教师委员会(National Council of Teachers of English)通过一项决议,鼓励教师将"非印刷文本"(Non-print Texts),如电影、电视等媒介文本引入课堂教学。这一时期,美国很多个州都开设了媒介素养教育课程,但开设此类课程的学校数目还是比较有限的。1999年,为了了解美国现有的课程中含有多少媒介素养教育的成分,媒介素养教育学者罗伯特·库比(Robert Kubey)做了一项调查,调查结果显示,美国48个州的课程框架中都分别含有一项以上媒介素养教育的内容。而到了2000年,美国50个州的所有课程中都包含了一种以上的媒介教育内容。其中,各州的英语课程标准中几乎都有媒介素养教育的内容。[②] 美国各州的学校都认为通过母语语言课程培养学生的媒介素养是一条更好的途径。

总之,美国媒介素养教育课程以培养学生的批判性思维能力、传媒分析能力、传媒生产能力和传播能力为目标,课程形式以融入现有其他课程为主,独立的媒介素养课程比较少见。

---

① ANDERSON D, BRYANT J. Television literacy and the critical viewer[G]//ANDERSON D, BRYANT J. Children's understanding of television: research on attention and comprehension. New York: Academic Press, 1983: 299-300.

② 爱门森.美国的媒介素养教育[J]. 陈国明,译.中国传媒报告,2008,7(1):81.

二、媒介素养教师教育发展

媒介素养教师教育一直是媒介素养教育发展的瓶颈，即便在媒介素养教育发展较早的一些国家也同样面临这一问题。美国没有媒介素养国家课程标准和课程指南，也没有针对教师在媒介素养领域专业发展的专用资金支持，没有全国性的教师培训计划。20 世纪 70 年代末之后，媒介素养教育逐渐得到各方人士和团体的支持与响应，各社会组织、媒介素养教育研究者和高等院校纷纷致力于媒介素养教师培训，一些州也在本州范围内开展媒介素养教师培训。

（一）社会组织的媒介素养教师教育实践

美国的一些社会组织积极开展媒介素养教师培训项目。媒介教育行动联盟（Action Coalition for Media Education，ACME）、大众媒介素养（Mass Media Literacy，MML）、审查计划（Project Censored，PC）、全球批判性媒介素养计划（Global Critical Media Literacy Project，GCMLP）等组织提供免费或低廉的批判性媒介素养资料和工作坊。早期的媒介素养教师培训项目还包括有新墨西哥州和纽约州的几个社会组织举行的每年持续一周的工作坊。有些全国性学科组织也提供媒介素养教育培训项目，如全国写作计划（the National Writing Project）、全国英语教师委员会（the National Council of Teachers of English）、全国社会研究委员会（National Council for Social Studies）、全国图书馆协会（American Library Association）等。全国媒介素养教育协会在引领和开展媒介素养教师教育方面一直走在前面，并随着媒介技术的发展和媒介环境的变迁不断调整媒介素养教师培训项目。为了应对数字时代中小学教师所面临的挑战，该组织提供如何应用数字计划的培训，由于这些培训项目是由一些公司的资助的，规模较大，影响广泛。[①] 这些组织开展的多样化的项目通过培训课程和举办会议等方式，在媒介素养教育者之间形成网络，又通过分享开展媒介素养教育的优秀案例和经验，开展循证式的媒介素养教育。

---

① BUTLER A T. Educating media literacy: the need for critical media literacy in teacher education [M]. Danvers: Brill Sense, 2019: 73.

（二）大学的媒介素养教师教育实践

美国的大学素有进行教师教育的传统，美国很多综合性大学都建有教育学院，专门进行教师教育。瑞妮·霍布斯认为，大学和学院应该考虑在州层次的媒介素养教育中发挥引领作用。①

美国初期的媒介素养教师培训活动一般都是由具有极大热情的高校教师开展的草根行为。美国北部的北卡罗来纳州的阿巴拉契亚大学最早实施了媒介素养教师培训计划。② 霍布斯在哈佛大学教育学院开展了媒介素养教师发展项目。她在天普大学主持的媒介素养教育实验室（Media Education Lab）为费城地区教师提供工作坊，进行媒介素养教师培训。在纽约，伊萨卡学院（Ithaca College）开展了一个大规模的与伊萨卡公立学校合作的项目，即"睿目计划"（Project Look Sharp）。这一项目将大学教师、本科生和研究生以及寻求专业发展的中小学教师联系在一起，为本地区中小学的青少年提供制作媒介内容的机会。

2004年，天普大学开展"媒介智慧讲座"（the Media Smart Seminars），将对媒介素养教育感兴趣的大学教师和中小学教育者聚集到一起，共同探讨媒介素养教师教育问题。瑞妮·霍布斯创办的媒体实验室与罗德岛大学（University of Rhode Island）一直开展全国性的数字素养教师职业发展项目"数字素养暑期学院"（Summer Institute in Digital Literacy），通过工作坊等形式，为全美乃至全球教育者提供数字媒介素养方面的咨询服务和支持。

随着媒介素养教育的不断发展，一些大学开始提供综合性的媒介素养教育学术培养项目，进行正规的媒介素养教师教育。阿巴拉契亚州立大学（the Appalachian State University）提供媒介素养教育的硕士学位。韦伯斯特大学（Webster University）提供媒介素养教育课程的学士学位和硕士学位。③ 随着媒介素养教育在美国的发展，各方人士对媒介素养教师教育的重视程度也与日俱

① HOBBS R. Strengthening media education in the twenty-first century: opportunities for the State of Pennsylvania[J].Arts education policy review,2005,106(4):13-23.

② KUBEY R.Media literacy in the information age[M].NU:Transaction publishers,1996:83.

③ KELLNER D,SHSRE J.Toward critical media literacy:core concepts,debates,organizations,and policy[J].Discourse:studies in the cultural politics of education,2005,26(3):369-386.

增。20 世纪 90 年代,在马萨诸塞州的比拉瑞卡(Billerica)开展了一项 K12 年级媒介素养教育计划,即比拉瑞卡行动(the Billerica Initiative),其中包括由费西伯格州立学院和莫里马克教育中心(Fitchburg State College and the Merrimack Education Center)共同发起的大规模教师培训项目,包括媒介素养教育的教育硕士学位。[①] 从 2011 年开始,美国加州大学洛杉矶分校(University of California at Los Angeles)教育与信息学院(Graduate School of Education and Information Studies,GSE & IS)开展的教师教育项目(Teacher Education Program,TEP),将批判性数字媒介素养(Critical Digital Media Literacies)作为培训在职教师和培养未来教师的必修课程。这是一个两年制的教师教育硕士项目,每年招收 130 名学生。[②] 通过两年的学习,学生获得硕士学位和教师资格证书。在该教师教育项目中,杰夫·谢尔博士负责批判性数字媒介素养课程的开发、设计和讲授,主要进行职前教师教育,同时培训和指导在职中小学教师如何教授批判性媒介素养课程。该课程以文化研究和批判教育学作为理论基础,结合新数字媒体和技术实践,探究媒介呈现中所存在的各种问题,培养学生分析媒介信息和创造媒介信息的能力。这门课程是为数不多的美国高校教师教育项目中系统开设媒介素养教育的课程。这门课程的教学不仅使在职教师和未来教师本身的媒介素养有所提升,而且也使这些教师的观念发生了深刻变化,教师对各种社会问题的认识不断深入,他们结合教学实践,开发出相应的媒介素养课程。这门课程不仅培养了教师媒介素养教学能力,同时也对洛杉矶贫困地区教育变革起到了极大的推动作用。

在美国,教育研究者和实践者还通过教师专业发展学校(Professional Development,PDS)开展媒介素养教师教育工作。教师专业发展学校是 20 世纪 80 年代中期之后美国教育改革中出现的一种推进教师专业成长与终身学习的成功实践模式。教师专业发展学校是以中小学为基地,由大学或教育科学研究机构和中小学合作建立的旨在促进教师专业发展的教学研究共同体。[③] 教师发

---

① KUNEY R.Media literacy in the information age:current perspectives[M].New Brunswick,NJ:Transaction,2001:181.

② SHARE J,MANIKONYAN T,LOPEZ E.Critical media literacy in teacher education:theory,and practice[EB/OL].(2019-09-30)[2020-09-20].https://doi.org/10.1093/acrefore/9780190264093.013.1404.

③ 钟智.教师专业发展学校的建构[J].教师教育研究,2005(4):9-12.

展学校具有进行媒介素养教师教育的良好环境,教师专业发展学校通过工作坊、课题研究、观摩交流、研讨会等多种形式,进行媒介素养教师培训,促进教师媒介素养教育教学能力的发展,培养符合中小学需求的媒介素养教师。

(三)政府对媒介素养教师教育的推动

美国教育虽然属于各州职责范围,但联邦政府的法案和全国性的专业协会所制定的专业标准对媒介素养教师教育的发展也具有一定的促进作用。1994年4月,经克林顿总统签字生效的《目标2000:教育美国法案》(*the Goals* 2000:*Educate America Act*)鼓励学校在英语、数学、历史、科学、外语、公民教育、经济学、艺术和地理学等九个核心学科中制订自己的内容标准。其中艺术学科的课程内容标准包含小学和中学各年级的媒介素养教育内容。[①] 2010年,“美国教师教育院校专业认证标准”明确规定,教师应理解媒介对文化以及对人们行动和交流的影响,教师需通过各种途径教育学生如何根据媒体和非印刷文本建构意义,教授学生如何制作和理解电影、视频、图表、摄影、听觉文本和多媒体文本。

美国一些州在本州范围内对教师媒介素养教育做出明确规定。宾夕法尼亚州规定,媒介素养教师必须获得必要的资格才能够教授传播方面的课程。2002年,该州规定新教师要获得通过认证的院校的本科毕业证书,并通过两小时的关于传播方面的实践考试,才能够成为传播方面的教师,才有资格教授7—12年级学生广告、新闻、广播/电视、辩论、公共讲演、戏剧、表演、英语语言艺术等方面的课程以及其他类似课程。为支持该项计划,宾夕法尼亚州的一些大学和学院专门为教师提供发展媒介素养教育能力的机会,以增进这些教师的媒介素养知识和技能。艺术大学(the University of the Arts)、宾夕法尼亚州立大学(Pennsylvania State University)和维兰诺瓦大学(Villanova University)等三所院校为K12教师提供媒介素养教育方面的课程培训,还有少数几个学区为教育者提供继续教育、在职或专业发展项目。马里兰州、马萨诸塞州、新泽西州、新墨西哥州、北卡罗来纳州、得克萨斯州和其他几个州已经开始实施地区范围或者州范围的计划,为教师提供在职培训机会。

未来美国媒介素养教师教育的发展有赖于政府、高校、社会组织和相关人

---

① 宋小卫.学会解读大众传播(上)——国外媒介素养教育概述[J].当代传播,2000(2):61-63.

士的共同努力。2010 年,霍布斯在《数字与媒介素养行动计划》(*Digital and Media Literacy:A Plan of Action*)这份报告中提出建立教师教育的合作机制,指出,应支持高等教育领域跨学科联合建设,将数字与媒介素养教育的核心原则融入教师教育项目中;通过社区与媒体之间的合作建立地区层次的计划以支持中小学媒介信息素养教育;与媒体和技术公司建立合作关系,促使地区性和全国性新闻媒体参与教师教育计划,促进民众参与;开发媒介与数字素养在线标准以评估学习进步情况,并制作媒介素养、信息素养教学策略在线视频,以培养教师教育领域专家。① 这些建议对建立媒介素养教师教育合作机制具有很好的指导作用。

小　结

美国媒介素养教育已经初步具有体系化特征,但仍需应对一系列的挑战。② 第一,要对媒介环境有一个清醒的认识。应认识到媒介素养不仅是个体的责任,要获得高质量、可靠的信息,不仅要靠个人,还要依靠不同的机构、技术平台、政府的政策和支持,同时还受到其他相关因素的影响。第二,要不断加强跨学科合作。库比认为在媒介素养教育中政治经济、地理、历史、人口、文化、政府与教育息息相关。③ 美国中小学媒介素养教育发展前景取决于对现有知识架构的认识。因此,广泛的跨学科合作,对建构符合媒介环境变迁的媒介素养理论框架,具有重要意义。跨学科的合作,还有利于在媒介素养教育研究中教育创新者之间建立信任,进一步推动媒介素养教育实践创新。美国高等院校在媒介素养理论研究和实践中一直发挥着重要的引领作用,高校各学科之间的合作研究能够推动媒介素养学科领域的知识建构与发展。高校与中小学之间的合作能够将媒介素养理论研究与教育实践密切结合,推动媒介素养知识体系的发展

① HOBBS R.Digital and media literacy:a plan of action[EB/OL].[2019-02-06].https://www.aspeninstitute.org/publications/digital-media-literacy-plan-action-2/.

② BULGER M, DAVISON P.The promises, challenges and futures of media literacy[J].Journal of media literacy education's,2018,10(1):1-21.

③ KUBEY R. Obstacles to the development of media education in the United States[J]. Journal of communication,1998,48(1):58-69.

与完善。第三,平衡所面临的各种媒介危机,协调各方利益。需要通过严格的以事实为基础的研究,来证实媒介素养在帮助青少年应对不断变化的媒介环境中的有效性,从而吸引更多的资源和政策支持。第四,要优先建立一个全国性的媒介素养教育案例库。美国媒介素养教育所面临的最大的问题就是学校教育和媒介素养教育研究的非集中化。在美国没有一个确定的机构负责开展和宣传媒介素养标准的研究,也没有专门的全国性机构负责媒介素养教育工作,这造成了媒介素养教育缺乏全国性的凝聚力的现实。第五,不断加强课程建设,帮助学生加深对媒介素养的理解和采取相应的行动。媒介素养教育的发展状况,最终取决于具有较高媒介素养的教师的卓越教学,取决于课堂上教师与学生之间的互动效果,中小学媒介素养课程建设是推动媒介素养教育发展的关键。

随着媒介环境的变迁,美国中小学媒介素养教育不断应对各种新的挑战。美国2016年的总统选举备受争议,成为美国步入“后真相时代”的重要标志,“假新闻”(Fake News)也成了年度流行词。在这次选举中最为典型的特征就是选民获取有关选举信息渠道的变化。在美国历史上,首次有2/3的美国选民从社交媒体获得有关选举的新闻。来自社交媒体的新闻有别于来自传统媒体的新闻,社交媒体使得媒体操纵和各种假新闻的流传更为变化多端、更为便利,各类虚假消息充斥社交媒体和各种传统媒体以外的不同网络空间,构成了美国媒介文化的一场危机。在这一背景下,媒介素养的重要性更加凸显,媒介素养教育者和研究者也重新审视媒介素养教育的局限性,比如,过分强调个体的责任,而忽视媒体机构和技术平台的作用,没有关注社区、联邦政府、州政府和技术开发者的责任等。面对新冠疫情的流行,美国政府的不利举措使公众产生极大的信任危机。[①] 这使得长期以来困扰美国民众的假新闻问题愈发凸显,并在疫情暴发后进一步导致了公众的信任危机。引导公众辨别假新闻和虚假信息,应对有关新冠疫情的各种谣言,以及应对流行于各大社交媒体平台多种阴谋论,成为美国致力于提升公众媒介素养的机构、组织和个体关注的焦点。这在某种程度上促进了不同利益相关方之间互相合作,从更广的视角开展媒介素养教育,关注媒介素养教师教育问题,这有助于媒介素养教育的体系化和制度化。

---

① 耿益群.信息疫情背景下媒介素养的新发展:海外经验与中国策略[J].新闻与写作,2020(8):13-23.

第二章　加拿大中小学媒介素养教育

加拿大与美国接壤，包括 10 个省和 3 个特别行政区，国土面积 997.6 万平方公里，是世界上国土面积第二大的国家。加拿大是世界上教育最发达的国家之一。2015 年，加拿大有 90%的 25 岁至 64 岁的公民至少完成高中阶段的学习，66%的公民获得中学后教育证书或者学历，这些比率高出世界经合组织(Organization for Economic Cooperation and Development，OECD)国家平均水平78%。[①] 加拿大独特的社会与文化环境，对其媒介素养教育影响深远。首先，探讨加拿大媒介素养教育，难以绕开加拿大与美国文化的关系。加拿大前总理特鲁多(Pierre Trudeau)曾做过这样的比喻："加拿大就像睡在一只大象旁边的一只老鼠，每次当这只大象翻身的时候，小老鼠都必须拼命寻找藏身之处，以免被压碎的厄运。"[②]从特鲁多幽默的比喻中我们可以看到加拿大人在强势的美国面前自我保护和谋求发展的意识，这一意识也同样体现在加拿大的媒介素养教育上。多年来，针对美国的文化入侵及价值冲击，加拿大制订了一系列保护文化主权政策。其次，加拿大的媒介素养教育发展，与其长期所奉行的多元文化政策密切相关。1988 年，《加拿大多元文化法》颁布，成为加拿大多元文化政策执行的法律依据。作为一个文化多元的社会，加拿大强调本土文化和价值观的认同。因此，加拿大媒介素养教育也与加拿大社会文化建设息息先关，是多元文化社会发展中建设本土文化、形成本土价值观认同的重要途径。除上面两点之

① CHEN M.Education system profiles：education in Canada[EB/OL].(2017-09-28)[2020-10-05].https://wenr.wes.org/2017/09/education-in-canada.

② ANDERSON N，DUNCAN B，PUNGENTE J. Media education，Canadian stories[J]. Australian screen education online，2001(25)：23.

外,加拿大教育制度具有平等、包容、崇尚进步主义教育等特征,这也为媒介素养教育的发展提供了广阔的发展空间,为新的教育范式的引入提供了必要条件。

第一节 加拿大中小学媒介素养教育概况

加拿大中小学媒介素养教育在各省和特别行政区各有差异,整体上呈现出许多共性。媒介素养教育的政策、理念与课程设计深受国家社会文化背景影响,作为各地教育大框架中的重要组成部分,受到政府、社会、教育工作者和研究者们的高度重视。

一、加拿大中小学教育制度概况

加拿大各省教育事务由各省教育部负责,联邦政府不设统一管理全国教育事务的教育部。联邦政府对公立和私立教育体系投入充足,从幼儿园到中学后教育均可获得联邦政府资助,政府年度教育投入占 GDP 的 6%,在所有联合国经合组织成员国中教育投入最高。省际的教育交流与合作由各省教育部长组成的加拿大教育部长议会(Council of Ministers of Education,Canada,CMEC)协调。全国不同省和地区的教育制度存在相当大的差异,10 个省及 3 个地区都形成了适合自身发展的、相对独立的教育体制。但由于联邦政府负责全面监督教育事务,设置了较高的全国性教育标准,因此全国各省(地区)的教育都保持着较高的水准。教育管理权归各省(地区),各省(地区)的立法机构有权决定本省(地区)的教育体制与政策法规,并对各省(地区)的教育组织机构、学制、考试制度等做出明确的规定。省(地区)以下分为若干个学区,各学区设立教育委员会具体管理学校。在这一教育管理制度下,学校具有相当大的自主权。加拿大公立学校普遍实行 12 年义务教育,在魁北克和纽芬兰地区为 11 年。[①]加拿大公立教育体系财政投入稳定而充裕,在各省的管理下,学生就近入学,绝大多数学生就

---

① 宋金绪,郭小娜.加拿大中小学省级评估与考试研究[J].课程教学研究,2017(1):48-53.

读附近的公立中小学。此外,加拿大的中小学生几乎没有选拔性的考试,即便是高考,加拿大也不设置全国统一考试,这使得学校不论在课程设置、实施,还是在课程管理等方面都具有较大的自主权。

加拿大的课程标准由各省教育部以立法形式颁布,各校根据课程标准、社会需求和学校实际制订教学计划,教师根据课程标准和教学计划,自编或选用教材。加拿大中小学的教学内容方面规定,3 年级以前不分科,3—9 年级开设数学、语文、科学、社会、健康教育、音乐、美术、体育等课程。10—12 年级开设普通文化课,如英文、数学、自然科学、历史、地理、体育、艺术、法语、基础电脑等,也开设职业技术课程,如烹饪、缝纫、花卉、家用电器的使用和维修、房屋的修缮、如何经营小卖部等。①加拿大课程在设置、实施、评价等方面都有非常大的灵活度,这使教师和学校均具有较高的自主权,有利于从学生的兴趣出发,培养学生的创造性。此外,加拿大是实施双语教学的国家,魁北克省主要是法语学校,其他各省主要是英语学校但也有一部分法语学校。

二、加拿大媒介素养教育概览

加拿大的媒介素养教育始于 20 世纪 60 年代。加拿大长期面临开放市场与保护文化的双重矛盾,一方面开放的文化市场使加拿大面临美国式文化对民族认同的冲击;另一方面加拿大文化保护主义者积极开展批判性媒介素养教育,教育国民理性认识媒介、解读媒介信息以应对媒介的影响。另外,加拿大是多民族的国家,人口结构非常复杂。如何维护来自不同族裔、拥有不同社会经济背景的公民对自身文化的认同,是一个较为困难的问题。在这一背景下,媒体由于在信息传播方面具有传播速度快、传播范围广、影响力强等特点,成为影响人们文化认同的重要因素。因此,加拿大政府将媒介素养项目纳入教育范畴,使多元文化在承认差异的基础上得到极大认同并得以共存,②这是加拿大媒介素养教育蓬勃发展一个重要原因。

媒介素养教育发展过程中,加拿大重视课程的设置与实施。在课程设置方

---

① 东洪平,侯维民.加拿大中小学教育的特点及其启示[J].现代中小学教育,2013(4):90-94.

② 车英,汤捷.论加拿大传播媒介素养教育及其启示[J].武汉大学学报(人文科学版),2007,60(5):703-709.

面,将媒介素养教育融入语言课程作为主要形式,同时还融入其他课程的教学之中。1994 年,安大略媒介素养教育协会与教育主管部门签署了一份协议,制定了一份“媒介素养教育概念框架”并提供给了西部语言教育协会(Western Consortium)。在相关教育主管部门的建议和倡导下,西部语言教育协会规定,媒介素养教育成为西部 4 省以及 3 个特别行政区语言文学课程中的必修部分。① 在此之后,其他省份也仿效西部语言教育协会的做法,根据这一媒介素养教育框架各自制定通用的语言教学课程。因此,在加拿大大部分中学里,媒介素养教育课程多是融入语言艺术课程之中,或是作为独立的选修课程开设。随着加拿大媒介素养教育课程的不断发展,媒介素养教育逐渐开始融入历史、法律、家庭生活教育、科学、健康与体育教育和音乐等其他课程当中。在课程设置方面,加拿大 10 个省和 3 个特别行政区由于教育体制方面的差异,其媒介素养课程也独具特色。各省和特别行政区根据各自教育发展现状和特点,形成了各成系统的课程体系。安大略省是北美第一个正式将媒介素养教育从司法上规定为必修课的地区,当地教育部门发布指导方针规定英语课程至少有 1/3 的时间必须被分配给媒介素养教育。安大略省在媒介素养教育课程设置与实施方面积累了丰富的经验,并为加拿大其他各省和地区的媒介素养课程设置与实施提供了参照。

加拿大在媒介素养课程的具体实施方面,注重采用“以学生为中心”的教学方法。加拿大的媒介素养教育专家特别强调,一个良好的媒介素养教育工作者在培养学生的过程中应扮演辅助或引导的角色,而不仅是简单传授媒介知识、教给学生媒介文本分析技能,更重要的是帮助学生掌握批判性思考的能力、敏锐的观察能力、辨别能力和质疑的能力,还要重视学生个体的体验,教师通过启发和引导,充分调动学生学习的主动性,学生开展自主学习,对各种媒介现象进行反思。

加拿大媒介素养教育虽然成绩斐然,但是也存在着很大的困难和挑战,例如媒介素养教育资金比较紧缺,各省之间媒介素养教育质量也参差不齐,媒介素养教师培训课程和培训项目有待进一步发展等。在开展媒介教育的实践中,加拿大的媒介教育之父约翰·庞杰特总结了在中学成功开展媒介素养教育的

---

① 张毅,张志安.加拿大未成年人媒介素养教育初探[J].新闻记者,2005(3):50-52.

经验,将其归纳为教师主导、官方支持、强劲师资、在岗培训、设立顾问、教材编写、协作组织、评估机制、多方合作等九大要素。[①] 全面审视加拿大媒介素养教育,可以发现不同省和地区有几个方面发展尚存在不平衡的状况,这既需要制定全国性的政策和标准,各省之间沟通与协作,也需要媒介素养教育者、家长和社会各方的通力协作,共同促进媒介素养教育的发展。

第二节　加拿大媒介素养教育发展历史

加拿大是媒介素养教育非常普及的国家,其媒介素养教育发展历程可追溯到20世纪60年代中后期中小学课程中的“荧屏教育”课程。20世纪八九十年代,加拿大媒介素养教育蓬勃发展,在安大略媒介素养协会的努力下,安大略省不仅率先将媒介素养教育引入课堂教育,还成为北美第一个正式从法律上规定媒介素养教育课程为中小学必修课程的地区。从整体上看,可以将加拿大的媒介素养教育的发展历史概括为保护青少年免受媒介文化影响的初期发展阶段、促进本国文化认同的复苏阶段、超越保护主义的全面发展阶段,以及媒介素养教育组织推动的制度化阶段等四个阶段。

一、保护免受媒介文化影响的初期发展阶段

20世纪50年代初期,电视作为新兴媒介在加拿大得以快速发展。随着电视这一大众传播媒介的兴起和发展,大众传媒不仅成为人们获得外界信息的主要渠道,而且深深地渗透到个人、家庭和社会生活的各个方面。

20世纪60年代,随着大众媒介的兴起和美国电影电视行业的发展,加拿大受到了大众媒介文化和美国意识形态入侵的威胁。在英国“保护主义”媒介素养教育思想的影响下,如何抵制大众文化的腐蚀侵袭,保护传统文化的地位,使本国的传统思想、观念和价值观不受外来输入文化的冲击,成为加拿大媒介素

① PUNGENTE J. The second spring: media literacy in Canada's schools[EB/OL]. (2007-03-12)[2020-10-04]. http://jcp.proscenia.net/publications/articles/second_spring.pdf.

养教育滥觞的重要原因。一些加拿大的传播学者也注意到大众传媒在人们生活中的巨大作用，尤其关注电视等媒体对青少年儿童在行为和价值观上的影响，并致力于寻找培养青少年儿童抵御不良信息文化能力的途径，媒介素养教育在加拿大承担起保护青少年免受外来文化冲击、抵御大众传媒中的色情、暴力等消极影响的责任。

加拿大的媒介素养教育起源于由1966年建立的加拿大荧屏教育协会（Canadian Association for Screen Education，CASE）所发起的“荧屏教育”运动。20世纪60年代后期，一些教师开始在加拿大中学教授电影电视课程。由于“荧屏教育”运动的影响，在加拿大荧屏教育协会的推动下，全国各地教师纷纷开设与电影电视相关的课程，也有的在部分学校开设影视教育选修课，掀起了加拿大媒介素养教育第一波浪潮。

在这一时期，一些关于媒介素养教育的会议也开始陆续举办，这使得媒介素养教育的相关理念在加拿大迅速传播开来，并逐渐被人们所接受。但加拿大荧屏教育协会资金短缺，协会没有足够的经费推动媒介素养教育的进一步发展。同时，由于学界对“文化”概念的分歧和加拿大国家教育政策的变化，加拿大媒介素养教育第一波浪潮在20世纪70年代初便出现了衰退的现象。①

二、促进本国文化认同的媒介素养教育复苏阶段

从20世纪70年代初期开始，加拿大的媒介素养教育发展速度开始放缓。虽然这一时期媒介素养教育发展处于衰退期，在一部分教育工作者和媒介素养教育专家的努力推动下，加拿大的媒介素养教育仍有一些进展。1978年，在巴里·邓肯（Barry Duncan）的带领下，安大略媒介素养协会在多伦多成立，并举办了主题为“媒介：如何回话”（Media：How to Talk Back）的首次媒介素养会议，这标志着加拿大第一个省级媒介素养协会成立。② 安大略省因此也成为加拿大媒介素养教育的先锋队。在安大略媒介素养协会的推动下，加拿大的媒介素

① 王莹.加拿大媒介素养教育发展轨迹[J].青年记者，2011(17)：114-115.

② Association for Media Literacy.About the Association for Media Literacy(AML)[EB/OL].[2020-10-04].https://aml.ca/about.

养研究者与实践者也开始反思,并转变思路,注重培养学生分辨优劣媒介信息的能力,而不再一味地强调媒介对青少年的消极影响。加拿大的媒介素养教育在经过低谷之后,开始注重培养批判性分析能力。

三、超越保护主义的全面发展阶段

20世纪八九十年代以后,加拿大的媒介素养教育迅速地发展起来。这一时期加拿大学者对媒介信息的态度也由消极抵御转变为超越保护主义的理性对待。媒介素养教育的核心内容也随之转变为强调培养学生批判性分析的能力,教师也逐渐退离媒介素养教育主导地位,在教学方法上强调"以学生为中心",培养学生的信息鉴别与解读能力。

20世纪80年代,在安大略省教育部和安大略教师联盟的邀请下,安大略媒介素养协会编著了《媒介素养:资源指南》①(*Media Literacy*:*Resource Guide*),介绍了电视、电影、广播、流行音乐和摇滚、摄影、印刷品以及跨媒介研究的观点和课堂活动,这一指南被视为加拿大乃至全球媒介素养教育史上里程碑式的出版物。1984年,加拿大另外一个重要的媒介素养教育组织——耶稣会传播计划(Jesuit Communication Project,JCP)在多伦多成立,致力于为教师、家长、宗教组织、学校董事会、学生等提供大量资源和服务。该组织的执行主席约翰·庞杰特提出了著名的媒介素养教育八大理念,他也由于在加拿大媒介素养教育发展进程中的突出地位和贡献,被誉为"加拿大媒介素养教育之父"。②

经过政府、学校、教师和媒介素养学者等多方努力,媒介教育逐渐被纳入全国范围内的学校正规教学中,媒介教育成为20世纪90年代加拿大学校课程教育改革最引人瞩目的一个方面。西部省份的英语语言艺术通用课程构架完成后,媒介素养教育是其重要组成部分;在东部学校的课程中,媒介素养、批判素养(Critical Literacy)和视觉素养(Visual Literacy)也成为英语语言课程的重要组成部分。到1999年,媒介素养教育已经在加拿大全国范围内成为英语语言艺术课程的必要组成部分。

---

① DUNCANB,PUNGENTE J.Media literacy:resource guide[M].Toronto:Ministry of Education of Ontario, Publications Branch,1989.

② 徐晨霞,宋嘉庚.加拿大媒介素养教育的经验与启示[J].东南传播,2009(4):46-48.

进入21世纪,技术的发展和媒介形态的变化改变了人们的生活方式,全球化程度的加深和消费主义的滋长带来了新的问题,这些都对媒介素养教育提出了新的要求。教育部门、社会组织和学校注意到了这些变化,将信息通信技术课程纳入多个省份的中小学教学框架,数字素养、信息素养和技术素养等概念的引入拓宽了媒介素养教育的范畴,社会组织也就互联网与青少年、数字技术与青少年等话题进行了许多研究。许多加拿大媒介教育工作者依然会从批判视角进行理论性研究,给予受众、媒介与全球化、批判市场与新保守主义、媒介教育与数字素养等话题重点关注,[①]媒介素养教育实践与理论研究同步发展。

四、媒介素养教育社会组织推动下的制度化阶段

在加拿大媒介素养发展进程中,全国性的媒介素养协会和各省(地区)的媒介素养协会发挥着不可替代的作用,推动了媒介素养教育在加拿大的制度化发展。20世纪90年代起,加拿大各个省份的多个媒介素养教育协会如雨后春笋般成立。1990年9月,魁北克媒介教育协会(Association for Media Education in Quebec,AMEQ)成立;同年10月,曼尼托巴媒介素养协会(Manitoba Association for Media Literacy,MAML)成立;1991年夏天,加拿大媒体教育协会(Canadian Media Education Association,CAME)在温哥华成立;英属哥伦比亚、斯新科舍、艾伯塔等省和地区的社会组织也纷纷成立。[②] 与此同时,全国性的社会组织也开始建立。1992年,加拿大媒体教育组织协会(Canadian Association Of Media Education Organizations,CAMEO)成立,这是一个由加拿大全国各地的媒体素养组织组成的全国性协会。[③] 20世纪90年代,为了应对电视暴力问题,加拿大广播电视和电信委员会(Canadian Radio-television and Telecommunications Commission,CRTC)积极努力孕育了媒介认知网(Media Awareness Network)这一由志愿者组成的全国性媒介素养组织。1996年,该组织正式宣布成立,成为一个全国性非

---

① ANDERSON N, DUNCAN B, PUNGENTE J. Media education, Canadian stories [J]. Australian screen education online,2001(25):23.

② PUNGENTE J.The second spring: media literacy in Canada's schools[EB/OL].(2007-03-12)[2020-10-04].http://jcp.proscenia.net/publications/articles/second_spring.pdf.

③ Canadian Association of Media Education Organizations, CAMEO. Welcome [EB/OL]. [2020-10-04]. http://jcp.proscenia.net/CAMEO/#Copyright.

营利组织,致力于媒介素养教育研究与实践。该组织于 2012 变更为媒介智慧网(MediaSmarts),重点关注培养民众对大众媒介和数字媒介的批判性思考能力,为开展媒介素养教育的教师提供教学资源,提供课程设计,以及开展各类媒介素养教师教育培训项目。20 世纪 90 年代以来,加拿大的社会组织通过多种方式推动媒介素养教育的发展,主要集中在课程改革、教师培训等方面,这些社会组织在加拿大以及国际上都有非常大的影响力。

(一)媒介素养教育社会组织推动学校课程改革

加拿大的全国性媒介素养教育组织以及各省和地区的媒介素养教育组织在推动各省中小学课程改革、促进媒介素养教育课程设置和实施方面,发挥了重要作用。萨斯卡万媒介素养中心(Media Literacy Saskatchewan,MLS)主张媒介素养教育应该贯穿整个教育过程,并与各种学校课程结合。在这一指导思想的影响下,萨斯卡通教育委员会(The Saskatoon Board of Education)为学校制定了三个课程计划——通讯媒介(Telemedia)、新闻媒介(Newsmedia)和儿童媒介(Kindermedia),并为高年级学生编写了电影和文学学习单元英语课程。由魁北克省教师组成的双语性质的魁北克媒介教育协会主张应该在幼儿园至高中的所有课程中添加媒介素养教育知识。协会发起了“学生媒介日”“媒介素养论坛”“家长报告会”等各种活动,其成员还向魁北克教育部提供课程变革计划的纲要,以影响本省的课程改革进程。成立于 1993 年的阿尔伯塔媒介认知协会(Alberta Association for Media Awareness,AAMA)在 2009 年就建议教师将教育游戏用于媒介素养教育课程中,并发布《媒介教育通讯》(*Media Ed Newsletter*)来提供媒介素养教育的最新资讯和课程建议。[1]

(二)媒介素养教育社会组织推动教师教育发展

为了更好地推进加拿大媒介素养教育的发展,培养合格的从事媒介素养教育的师资力量,加拿大全国性和地区性媒介素养教育社会组织付出了长期的不懈努力。安大略媒介素养协会搜集整理了安大略省教师的与媒介课程有关的

---

① Alberta Association for Media Awareness, AAMA. Newsletter #9[EB/OL].(2010-06-24)[2020-10-04]. http://aama.ca/wp-content/uploads/2010/06/Sep_2009.pdf.

教学经验,编辑成文集并在1990年出版,对新近接触媒介素养研究的老师进行专门的培训。加拿大媒介教育协会作为全国性媒介素养教育社会组织,不仅为全国范围内的教师提供定期的媒介素养教育培训,还会定期举办讲座与论坛,并出版了教学用书,为教师们在课堂上讲授媒介素养知识提供参考建议。魁北克媒介教育协会主张媒介素养教育应贯穿幼儿园至高中的所有课程,并提出对本省所有教师进行媒介素养教育培训。曼尼托巴媒介素养协会为曼尼托巴省的媒介素养教师提供在职培训,并出版杂志来宣传媒介素养教育的理念。

(三)加拿大媒介素养教育社会组织的国内外影响力

由各地媒介素养教育社会组织共同建立的加拿大媒介教育协会作为全国性的媒介素养协会,承担着协调各省和地区媒介素养教育工作的责任。同时该协会还申请在《版权法》中加入“合理使用”的条款,为教师在课堂上运用各类资料寻求最大程度的支持。作为双语网络媒介素养教育组织的媒介智慧网则专门开辟媒介教育在线资源交流的平台,进行全国性的媒介素养研究和提供媒介教育政策支持。

在国际影响方面,安大略媒介素养协会所编著的《媒介素养:资源指南》一书,作为第一份媒介素养教育的指南类图书,曾经是加拿大以及世界许多国家和地区教师开展媒介素养教育的必备指南。在各级媒介素养教育协会的推动下,一些关于媒介素养教育的国际性会议也纷纷召开,吸引了全球从事媒介素养教育研究与实践的学者积极参会。1989年,在多伦多大学召开了以“媒介素养教育”为主题的思想论坛。英美等国家代表出席了此次论坛;1990年和1992年分别在圭尔夫大学举办了以“新素养”和“构建文化”为主题的第一、二届北美媒介素养大会。这些会议不仅将加拿大开展媒介素养的经验传递给世界上其他国家的学者,也提供了一个全球学者互相交流的平台,这使国际媒介素养教育的理论研究不断深入,促进了媒介素养教育在全球范围的快速发展。

第三节　加拿大媒介素养教育发展理念

媒介素养教育所依据的基本理念是媒介素养教育不断系统化发展的理论基石。媒介素养教育具有多学科交叉背景,如新闻学、传播学、心理学、美学、社会学、语言学和符号学等。经过全球媒介素养学者的辛勤研究和不断实践,媒介素养教育理念逐渐系统化、体系化。由于加拿大特殊的媒介环境和新闻传播机制,再加上其开放的多元文化环境和完善的教育体制,加拿大媒介素养教育的核心观念有其自身的特点,对开展媒介教育实践具有现实的指导意义。加拿大媒介素养教育者的教学是基于媒介素养教育的关键概念和原则展开的,这些关键概念和原则构成了加拿大的媒介素养教育理念,并体现在教育工作评估标准中。

一、加拿大媒介素养教育遵循的关键概念和原则

加拿大著名媒介素养教育学者安德森等(Neil Anderson, et al.)认为,加拿大的多数媒介素养教育者都是充满热情的实用主义者。他们会从丰富的批判理论、文化研究理论和教育理论中汲取精华,并应用于课堂教育实践。其教学实践也会受到麦克卢汉、波兹曼(Neil Postman)、艾佛拉姆·诺姆·乔姆斯基(Avram Noam Chomsky)等众多学者的思想的影响。[①] 总体来看,加拿大媒介素养教育还是在由英国学者基于文化研究所构建的媒介素养教育框架内展开,将媒介素养作为一个跨学科领域和开展学术探索和教育实践的。莱恩·马斯特曼的媒介素养教育思想,对加拿大媒介素养教育的影响也颇为深远,成了加拿大学者媒介素养理论研究的基础,对庞洁特、巴里·邓肯等学者的媒介素养教育理念直接产生影响。在具体的教育实践中,加拿大的媒介素养教育工作者主要遵循庞杰特所提出的媒介素养八大理念、丹·布莱克(Dan Blake)所提出的三个关键概念,以及艾迪·迪克(Eddie Dick)所构建的媒介素养课程框架模型

① ANDERSON N, DUNCAN B, PUNGENTE J. Media education in Canada: the second spring[EB/OL]. [2020-10-05] http://jcp.proscenia.net/publications/articles/mediaedcanada.pdf.

"艾迪·迪克三角"(Eddie Dick Triangle)等。

(一)约翰·庞杰特的媒介素养八大理念

加拿大媒介素养教育者们普遍接受了这样一种观念:青少年要想成为一个具有文化素养的人,就必须具有识读、理解不同形式的信息的能力。此外,他们还需要具有健康的批判思维能力。安大略省自1987年开始推行媒介教育以来,经过长期的教育实践与探索,积累了丰富的媒介教育经验,成为加拿大乃至世界媒介素养教育领域的引领者。其中,基于马斯特曼对媒介素养教育的认识①,加拿大媒介素养教育之父庞杰特在由安大略媒介素养协会编撰的著名的《媒介教育:资源指南》中提出了媒介素养的八大理念(Eight Key Concepts for Media Literacy)②,这在加拿大媒介素养教育中具有广泛影响,也广为世界其他国家所参照采纳。这八项核心理念为如下。

1.媒介是建构的产物(All media are constructions)

媒介并不仅仅单纯地反映外部世界及其实质,媒体所呈现的内容是意识精心建构的反映。媒介素养展示给人们媒介建构的过程。

2.媒介建构了所谓的"真实"(The media construct reality)

人们往往通过媒体所呈现的信息来理解、观察和感知外部世界,人们对"现实"的看法参照了媒介信息,而媒介信息的建构掺杂了态度和看法。在很大程度上,媒介给人们呈现了虚拟的真实。

3.受众通过协商的方式理解媒介含义(Audiences negotiate meaning in media)

面对媒体呈现的外部映像,因个人性格、需求、心情、兴趣、种族、性别、家庭和文化背景等有差异,人们通过协商的方式理解媒介信息。

4.媒介信息暗含商业因素(Media messages have commercial implications)

媒介素养教育旨在告诉人们,媒体在运作、制作内容、技术运用、收视率、发

---

① JOLLS T, WILSON C. The core concepts: fundamental to media literacy yesterday, today and tomorrow[J]. Journal of media literacy education, 2014(6): 68-77.

② PUNGENTE J. Canada's key concepts of media literacy[EB/OL]. [2020-10-04]. http://www.medialit.org/reading-room/canadas-key-concepts-media-literacy.

行量、收听率等方面会受商业因素的影响。大多数媒介产品都是商品，所以要考虑盈利。媒介素养教育还包括关于媒介控股权等中心议题的讨论，以及让人们了解收视、收听、阅读的内容是受到人为控制的。

5.媒介信息包含有意识形态和价值观念（Media messages contain ideological and value messages）

在某种程度上，所有的媒介产品都是广告。因为媒体映射价值观念和生活方式，媒体或明或暗地主张某种价值观念，例如什么才是舒适生活、怎样消费、女性的社会角色、崇尚威权、坚定不移地热爱祖国等。

6.媒介信息掺杂了社会和政治因素（Media messages contain social and political implications）

媒介对政治和社会形态有着重要影响，如在总统选举中电视会影响选民关于候选人的印象，电视让人们关注诸如人权、非洲饥荒、艾滋病等议题。正如麦克卢汉提出的“地球村”理论一样，人们在地球村里热烈地讨论着国家大事和全球问题。

7.媒介信息的形式与内容紧密结合（Form and content are closely related in media message）

麦克卢汉曾提到，每一种媒介都有特别的表述方式，不同的媒介在报道同一事件时所传达的讯息各有差异，这使受众对事件所产生的印象不同。

8.每一种媒介都有独特的美学形式（Each medium has a unique aesthetic form）

正如人们能赏读悦耳动听的韵律和诗歌一样，媒介素养教会人们怎样欣赏媒体所呈现的美。

（二）丹·布莱克的媒介教育核心概念

除了庞杰特的媒介素养八大理念之外，成立于1991年的英属哥伦比亚媒介教育协会(British Columbia Association for Media Education, BCAME)[①]的主席丹·布莱克也提出媒介教育的核心概念(Key Concepts for Media Education),他主张从三方面来展开媒介素养教育。[②]

1.媒介制作分析(Analysis for Media Production)

布莱克认为,媒介制作是有目的性的,人们利用媒介进行宣传、娱乐或说服,以实现特定的政治、商业、教育、艺术、道德等目的;媒介传达的信息中包含显性和隐性的价值观念;媒介信息是被建构的,是对现实或虚拟世界的再现;每种媒介都有自己的符号、约定和特征,并影响着信息的传输和理解方式;熟悉媒介的人更有能力创造出有目的性的媒体信息。

2.受众的解释与影响(Audience Interpretation and Influence)

受众将其知识、经验和价值观带入对媒介信息的解释和情感回应中;媒介信息可以影响人们的态度、行为和价值观;人们也可以影响媒介机构及其生产和传播的信息。

3.媒介与社会(Media and Society)

控制社会主导机构的人们对媒介信息及其所包含的价值观的构建与传播具有较大的影响;媒介技术影响着政治、经济、社会和知识层面的同时也受制约。

(三)艾迪·迪克传媒三角形

英国苏格兰电影委员会的媒介素养教育官员艾迪·迪克曾经开发了一个传媒三角形的媒介分析框架,此框架被广泛应用于媒介素养教育之中,被称为"艾迪·迪克三角形"。加拿大媒介素养教育先驱庞洁特和安大略省多伦多学区课程顾问安德森在编著的媒介素养教育教材《扫描电视:媒介素养教育研究的51个视频》(*Scanning Television: 51 Videos for Media Literacy Studies*)中详细介绍了"艾迪·迪克三角形",并认为这是对庞洁特所提出的媒介素养教育八大理

① The British Columbia Association for Media Education. Home [EB/OL]. (2006-04-06) [2020-10-05]. http://www.sfu.ca/media-lab/bcame/index.html.

② BLAKE D. Key concepts for media education [EB/OL]. [2020-10-05]. https://www.bestlibrary.org/ss11/2007/02/media_literacy_.html.

念的有益补充，该框架可以为研究媒介文本提供多维视角。安大略省的北约克学区采用这一框架，并根据加拿大的媒介环境和安大略省教育实际，结合本学区的具体实践，对这一分析框架进行改进，形成了适合本学区开展媒介素养教育的课程框架。这一框架强调“媒介是对现实的构建”这一核心理念，并围绕这一核心理念从媒介文本、媒介受众和媒介制作三个方面进行课程设计，帮助学生在“解构”的同时进行“创造”，深刻理解媒介的本质，培养学生的批判性能力。这一课程框架不仅成为加拿大媒介素养教育理念的重要组成部分，也被其他国家媒介素养教育学者和实践者所广泛采纳，各国学者结合本国、本地区的媒介环境和教育实践进行改进，此框架具有较为广泛的影响。

加拿大媒介素养教育除了受上述媒介素养教育理念和关键概念影响外，还受到美国媒介素养中心提出的媒介素养五个核心概念和五个关键问题①的影响。这些概念和问题在媒介素养教育实践中被广泛应用，应用于课程设计和教学实践。

二、媒介素养教育理念与教育效果评估

从上文对加拿大媒介素养教育的关键概念和原则的梳理和分析中可以看出，加拿大的媒介素养教育理念中最为基本的观点是认为媒介是被建构的，媒介信息是带有目的的和蕴含价值观的，不同的人对于同一媒介内容的解释是不同的，媒介与社会、文化、经济、政治是相互影响的。加拿大媒介素养教育实践通过教育评估检验媒介素养教育的成效，确证媒介素养教育理念在教育实践中的重要作用，同时也能促进媒介素养教育理念的不断完善和发展。

媒介素养课程的评估对进一步改进、推广课程和完善媒介素养教育体系至关重要。媒介素养教育的评估标准和方法既是提高教育质量的工具，也反映出媒介素养教育的出发点和目的，通过评估贯彻教育理念、实现教育的最终目标，是评估工作的重中之重。一般而言，媒介素养教育工作可以通过三

① Center for Media Literacy. Five key questions [EB/OL]. [2020-10-05]. http://www.medialit.org/five-key-questions.

种方式进行评估:一是基于学生对媒体素养的关键概念以及课程或作业中探讨的具体概念和想法的理解程度;二是根据学生提问的深度和质量以及课堂或作业中对问题的分析和思考;三是根据学生应用媒体(电影、电视、视频游戏等)的特定技能。

以加拿大的媒介智慧网为例,为了创建客观、全面、有效的评估,网站将媒介素养教育课程的评估工作分两个重要步骤[①]:一是使用评估工具和评估标准,以多种方式评估工作,明确对学生的期望和要求;二是根据媒介素养的关键概念来界定每个概念下的具体指标。媒介智慧网以媒介素养八大关键理念作为检验媒介素养教育工作的理论指导。在每一个领域,都可以通过根据媒介素养的八大关键概念进行提问来具体评估教育工作。例如,依据第一条"媒介是建构的产物",可以提问学生是否了解媒体产品是被创造的,是否了解不同创作者对最终产品的不同贡献,如何分析创作者的理念和假设在内容中的反映等。这些提问可以帮助学校和老师了解学生的理解程度和掌握情况,评估媒介素养教育和课程设计、实施的具体效果。

进入数字媒介时代后,加拿大尽管还没有成文的数字媒介素养教育原则与理念,但是从媒介智慧网的"加拿大数字素养框架"(A Digital Literacy Framework for Canadian Schools)提出的隐私保护、道德与同理心、社区参与、数字健康、消费意识、检索与评价、媒介制作这些评价维度中,还是能窥见加拿大数字媒介素养教育区别于传统媒介素养教育的一些新概念与新原则。在媒介素养关键概念的基础上,数字素养的关键概念可以表述为:(1)数字媒介是网络化的(Networked);(2)数字媒介是持久的、可搜索的和可共享的(Persistent, Searchable and Shareable);(3)数字媒介的受众是未知的和意料之外的(Unknown and Unexpected);(4)数字媒介的体验是真实的,但并不总能感觉到真实;(5)当我们使用数字媒介时,我们的反应和行为会受到平台结构的影响,反映了生产者的偏见和预设。[②] 这些新概念与新原则对于开展数字时代媒介素养教育具有指导作用。

---

① MediaSmarts. Media literacy fundamentals[EB/OL].[2018-03-11]. http://mediasmarts.ca/digital-media-literacy/general-information/digital-media-literacy-fundamentals/media-literacy-fundamentals.

② MediaSmarts. Digital literacy fundamentals[EB/OL].[2020-10-05]. https://mediasmarts.ca/digital-media-literacy/general-information/digital-media-literacy-fundamentals/digital-literacy-fundamentals.

第四节　加拿大媒介素养教育政策制定与实施

在媒介素养教育领域,加拿大各省(地区)中小学教育并没有统一的媒介素养教育课程,但是西部及北部加拿大教育合作公约(Western and Northern Canadian Protocol, WNCP)和大西洋省份教育基金(The Atlantic Provinces Education Foundation,APEF)[①]在核心科目课程结构方面的合作,促使媒介素养教育在全国范围内都处于被政府重视的地位。在各省(地区)媒介素养教育不断发展的过程中也出现了一些全国性和地区性的组织来负责协调全国媒介素养教育。[②] 政府部门的大力支持成为加拿大推行媒介素养教育的坚实后盾。政府通过将媒介素养教育纳入教学体系中,以及与相关组织合作等途径支持学校媒介素养教育。政府还通过地方性政策法规确定媒介素养课程的内容设计和评估方式等。

一、加拿大教育部门将媒介素养教育纳入教育体系

政府对媒介素养教育的推动表现在将媒介素养教育通过政策性的规定纳入教育体系之中。在加拿大媒介素养教育专业组织和协会的努力下,各省(地区)教育部门纷纷把媒介素养教育纳入学校教育体系之中,规定在课程体系之中增加媒介素养相关课程,或者将媒介素养教育融入其他课程之中。

1987 年,安大略省教育部门率先制定相关政策,把媒介素养教育纳入学校课程体系。这项政策规定了初高中的英语语言课中媒介素养教育应该占的比例,规定学生可以以选修课的形式完成媒介素养课程学分,或者作为英语语言课 5 个学分中的一个。随后,加拿大西部 4 省份(英属哥伦比亚省、阿尔伯塔省、萨斯卡万省和曼尼托巴省)教育部在 1995 年分别将媒介素养教育纳入课程

---

① Anon.The Atlantic Provinces education foundation[EB/OL].(2015-02-04)[2020-10-05].http://www.en.copian.ca/library/research/newlearn/14.htm.

② 康彦姝.加拿大中小学校学生媒介素养教育研究[D].重庆:西南大学,2011:13.

体系。1994年加拿大媒介教育协会和英属哥伦比亚省教育部门签订一份协议，这项协议规定了建立媒介素养基本纲要的主要内容。1994年底，经课程审查委员会会议讨论后决定将媒介素养教育纳入所有课程之中。[①] 1999年，加拿大政府颁布全国性的教育法，各省(地区)开始进行从中小学到大学的课程改革，这标志着媒介素养教育获得了官方认可。

二、地方政策与法规明确媒介素养教育课程的相关内容

加拿大各省(地区)根据自身情况，都先后制订了一些相关地方性法规，对媒介素养教育课程的具体内容进行规范，制定媒介素养教育课程内容和课程标准，并对课程实施情况进行评估。在媒介素养教育政策法规方面，以安大略省为例，1995年安大略省教育部就媒介素养教育的实施，公布了两份媒介素养教育文件：一是关于媒介素养公共课程的文件；另一个是关于媒介素养教育的地方标准文件。其中，公共课程文件按年级规定了1到9年级的媒介素养教育课程的内容和教学方法；地方标准文件则规定了针对1到9年级的媒介素养教育课程实施情况和学生学习情况的统一评估标准。这些规定，成为学校设计和实施媒介素养课程的指南。

第五节 加拿大中小学媒介素养教育实践

加拿大的10个省和3个地区由于具有自主的教育管理权力和承担着各自的教育责任，因此每个省(地区)实际的媒介素养教育实践和课程发展有所不同。

---

① PUNGENTE J.The second spring: media literacy in Canada's schools[EB/OL].(2007-03-12)[2020-10-04].http://jcp.proscenia.net/publications/articles/second_spring.pdf.

一、加拿大媒介素养教育课程实践

(一)加拿大中部地区媒介素养教育课程实践

加拿大中部地区包括魁北克省(Quebec)和安大略省(Ontario)两个大省,之所以说是大省,是因为这两个省包括了加拿大整个国家一半以上的人口。这两个省种族比较多,文化也比较多元,以讲英语和法语比较常见。由于安大略省和魁北克省有各自独立的教学体制,其媒介素养教育课程也各具特色。

1.安大略省

安大略省是加拿大人口最多的一个省份,多元化程度很高。随着加拿大媒介素养教育的进一步发展,各个省都纷纷成立了类似的媒介素养教育机构来指导本省的媒介素养教育。1978 年 4 月在安大略省多伦多市创办的“媒介素养协会”是成立得比较早、发展得比较好的协会。其创始人正是后来成为媒介素养教育专家的巴里·邓肯①,当时他还是一位中学教师,出于对媒介素养教育的热爱和责任感,他希望通过创建一个组织,专门推动安大略省媒介素养教育。安大略省于 1987 年通过立法,正式将媒介素养列入高中英语课程。1998 年,安大略省在 1—12 年级的语文课程中增添了许多新的内容,特别是口语交际和视觉交流两大领域变动较大。从安大略省的语文课程标准中我们可以看出,该省将媒介识读能力和媒介制作能力分别整合到阅读、写作、口语与视听这三个方面的教学目标之中。安大略省将中高级英语语言艺术课程分为四个部分:文学作品研究和阅读、写作、语言和媒体研究,学生完成每个部分的学习目标都需要媒体的支持。② 媒介素养教育内容成为英语语言艺术课程的重要组成部分。

以安大略省 9 年级英语课程为例,课程目标中关于媒介方面的要求是:(1)理解媒介文本(Understanding Media Texts);(2)理解媒介形式、惯例和技术

---

① Association for Media Literacy.Barry Duncan:our founder and mentor[EB/OL].[2020-10-05].https://aml.ca/barry-duncan-our-founder-and-mentor.

② MediaSmarts.Media education in Ontario[EB/OL].[2020-10-05].http://mediasmarts.ca/teacher-resources/digital-media-literacy-outcomes-province-territory/media-education-ontario.

(Understanding Media Forms, Conventions, and Techniques);(3)创建媒介文本(Creating Media Texts);(4)反思媒介素养技能与策略(Reflecting on Media Literacy Skills and Strategies)。① 四项要求下还列出了具体的细则。以反思媒介素养技能与策略为例,课程结束后学生需要做到:一是能够描述他们在解释和创建媒体文本时使用的几种不同策略,解释他们认为最有用的策略,并从媒介传达者和制作者的角度确定步骤和加以改进;二是要能解释他们的听、说、读、写技能是如何帮助他们解释和生产媒介文本的。

2.魁北克省

魁北克省的一些中学的媒介素养课程是用英语和法语两种语言来教学的。1994 年秋天,西部语言教育协会创立了一个通用的语言学课程以后,加拿大各省纷纷将媒介素养教育作为语言文学课程中的必修部分,魁北克省也不例外,当地还尝试把部分与媒介相关的内容和事件融入社会科学、健康课等课程中(见表 2.1)。

表 2.1 魁北克省媒介素养教育与中学课程的整合

课程与领域	媒介教育与学习领域的整合议题
语言艺术	教师让学生分析不同的报纸与文章所使用的标题、语言及所代表的意义,区分事实与意见;学生可通过阅读报纸来掌握那些可读性高、有价值的词汇。此类课程不仅能培养良好的读者与写作者,也能培养学生的媒介素养。
历史	教师不仅可在教学中涉及历史事件本身,也可以尝试让学生了解某些历史事件在大众媒介中是如何被报道和记录的,人们对当代历史和重大事件的认识是如何受到媒介的影响的。
法律	教师可以利用媒体对某一个重大案件的报道,以及公众对这件事情的反应,在学生中开展有关报道的角度、观点与立场的讨论。
家庭生活教育	教师让学生统计媒体(新闻、戏剧、广告等)中男性与女性出现次数的比例、角色和他们的媒介形象,帮助学生了解媒介建构社会不同性别行为的标准。请学生搜集并比较不同报纸当月头条新闻中有多少图片和新闻是以女性、儿童或弱势群体为焦点的。
科学	教师可帮助学生发现,与政治或经济新闻相比,主流媒体较少报道涉及生态环保等方面的新闻事实,并引导学生分析其中的原因。

① MediaSmarts.Outcome Chart-Ontario-English 9 Academic[EB/OL].[2020-10-05].http://mediasmarts.ca/curricularoutcomechart/outcome-chart-ontario-english-9-academic.

续表

课程与领域	媒介教育与学习领域的整合议题
健康与体育教育	以有趣的观察课程的方式，让学生分析媒体中一方面播出禁烟广告，一方面电视、电影中却又有不少演员吸烟的情节的现象。
音乐	调查音乐频道或流行音乐电台对学生的音乐品味和 CD 消费的影响，流行歌曲词曲内容的取向，流行音乐广受喜爱的原因等。

资料来源：本表根据魁北克省教育部门官网①翻译、整理而成。

从上表中我们可以看出魁北克省媒介素养教育所融入的课程比较广，所涉及的媒介形式也比较多样，有电影、电视、广告、戏剧等，与学生的日常接触的媒介比较接近。通过将媒介素养和现有课程进行有效的结合，找到合适的切入点，媒介素养教育便能从多种角度融入各门学科的教学当中。

（二）加拿大西部省份媒介素养教育课程实践

加拿大的西部有 4 个省份，分别是英属哥伦比亚省（British Columbia）、阿尔伯塔省（Alberta）、萨斯卡万省（Saskatchewan）和曼尼托巴省（Manitoba）。这 4 个省的媒介素养教育课程各具特色。

1.英属哥伦比亚省

英属哥伦比亚省是西部地区率先使用新的语言学课程的省份。这个地区的媒介素养教育融入课程主要有两种途径，其一是媒介素养知识融入 12 个年级所有的语言学课程中，其二是融入 12 个年级所有科目中。

英属哥伦比亚省的英语语言艺术和社会研究课程框架包含大量的媒介教育内容。英语语言艺术课程和配套的综合资源包（IRP）于 2006 年被制作完成。课程目标在于“通过演讲、倾听、阅读、检索、写作和表达能力的训练，为学生有效参与社会做好各方面准备”。媒介教育已被纳入阅读、写作表达的整个课程。社会研究课程基于“公众通过报纸和杂志，电视和广播以及互联网等媒体信息获得相关问题和事件的大部分信息”的认识，将媒介信息分析视为是课程的重要组成部分，因为它使学生能够批判和独立地思考问题。在英属哥伦比亚省，

① Gouvernement du Québec.Québec education program[EB/OL].[2020-10-05].http://www.education.gouv.qc.ca/en/teachers/quebec-education-program.

媒介教育也是跨学科的,包括视觉艺术、健康职业教育、戏剧和信息技术等学科。①

英属哥伦比亚省近年来重视学生数字素养(Digital Literacy)的培养,其数字素养框架(The Digital Literacy Framework)阐述学生在21世纪需要具备的知识和技能类型。

(1)研究和信息素养:学生应用数字工具来收集、评估和使用信息的能力;

(2)批判性思维、解决问题和决策:学生利用批判性思维技巧来规划和开展研究、管理项目、解决问题从而作出明智决定;

(3)创造力和创新:学生通过信息技术工具创造性思考、构建知识,开发并创新产品和生产流程;

(4)数字公民:学生理解与技术法律和道德行为有关的人类、文化和社会问题;

(5)沟通与协作:学生利用数字媒体和环境进行沟通和协作(包括远程协作),以有助于个人与他人学习;

(6)技术操作和概念:学生充分理解技术概念、系统和操作。

在这一框架下,英属哥伦比亚在K12教育中开展数字素养教育,通过信息技术教育鼓励学生发展创造力和批判性思维能力,培养学生在课堂和日常生活中的合作技能。

2.阿尔伯塔省

从1982年开始,"观看鉴赏节目"成为阿伯塔省的课程内容之一,当地的媒介素养教育随之逐渐发展起来。到了1993年,以促进媒介素养教育为宗旨的阿伯塔媒介认知协会成立,负责审查该省提出的《阿伯塔初等中学语言学课程草案》,负责推进该省媒介素养教育工作。

作为西部及北部加拿大教育合作公约的一部分,阿伯塔省的媒介素养教育主要体现在英语语言艺术课程当中,强调研究和创建各种类型的媒介文本,培养学生对媒介文本的受众和生产目标的理解能力。媒介素养教育也成为信息

① MediaSmarts.Media education in British Columbia[EB/OL].[2020-10-05].http://mediasmarts.ca/teacher-resources/digital-media-literacy-outcomes-province-territory/media-education-british-columbia.

和通信技术课程的重要内容。

3.萨斯卡万省

1988 年 1 月,萨斯卡万媒介素养中心成立。作为一个联系的纽带,此中心对上负责和加拿大甚至是国际性的媒介素养机构保持交流,对下与该省媒介素养教师保持联系。萨斯卡万媒介素养中心除了为学校制定了通讯媒介、新闻媒介和儿童媒介这三个计划外,也编撰了从小学到中学的一整套的媒介素养教学大纲。萨斯卡万媒介素养中心为该省制定媒介素养教育政策和开发与设置媒介素养教育课程都提供了专业的支持。

萨斯卡万省有六类基本的知识被纳入了所有的课程中,其中包括交流技能和批判创造性思维。萨斯卡万媒介素养中心通过主题、受众、表现方式、作品这四个关键性模块来解释这两类知识。从课程的设置来看,萨斯卡万省的媒介素养教育和英语语言学的课程融合在一起,它不仅是必备基础知识的组成部分,也是基础语言学结构的主干内容之一。在 10、11、12 年级课程计划中,媒介素养仍然被列入课程可选方案之中。①

4.曼尼托巴省

在曼尼托巴省(Manitoba),成立于 1990 的曼尼托巴媒介素养协会以促进媒介教育目标的实现为职责。该协会希望为个体提供以下机会:

(1)增加用来解释媒介再现现实世界的方式所需要的技能、知识和思想方法;

(2)强化对社会、文化、政治和经济内在结构和普遍价值信息的认识;

(3)培养对媒介的鉴赏和审美理解力。

除了常见的将媒介素养教育融入语言艺术教学中外,曼尼托巴省视觉艺术课程也包含媒介素养教育的元素。2003 年,该省发布的《教育中的艺术》(*The Arts in Education*)②文件就指出艺术能够培养学生对大众媒介的批判性理解能力,帮助学生将媒介信息和工具作为扩展视野与加深理解的工具。

---

① PUNGENTE J.The second spring: media literacy in Canada's schools[EB/OL].(2007-03-12)[2020-10-04].http://jcp.proscenia.net/publications/articles/second_spring.pdf.

② Manitoba Education and Youth. The arts in education[R/OL].(2020-08-08)[2020-10-05].https://www.edu.gov.mb.ca/k12/cur/arts/draft_statement.pdf.

通过对以上四个西部地区的媒介素养教育的发展和开设课程情况的分析来看，四个省均重视媒介素养教育，但具体做法存在一定差异。在媒介素养教育方面，英属哥伦比亚省起步比较早，萨斯卡万和曼尼托巴两个省则是媒介素养教育的后起之秀，发展比较迅速，后两个省的媒介素养协会都有属于自己的季刊。萨斯卡万媒介素养协会的季刊叫《媒介观察》(*Meadia View*)，曼尼托巴媒介素养协会的季刊叫《方向》(*Directions*)，都包含有实用的信息、参考书目、书评和视听资料等，以供媒介素养教育者和专家们参考、使用。

在媒介素养课程方面，各省还是以将媒介素养融入语言学课程为主，但是也有将媒介素养融入历史课等其他的课程中的案例。媒介素养教师的培养和教师培训课程的开发是每个省都要面临的问题。在西部四个省中，曼尼托巴在这方面做得稍好，曼尼托巴媒介素养协会为曼尼托巴的教师们提供在职培训，其他三个省份没有定期的教师培训。由于四个省份距离相对比较近，因此，四个省可以考虑联合起来资源共享，互相提供支持，使各个省都能对媒介素养教师进行定期的培训。

(三)大西洋沿岸地区媒介素养教育课程实践

大西洋沿岸的加拿大地区包括新斯科舍省(Nova Scotia)、新不伦瑞克省(New Brunswick)、爱德华王子岛(Prince Edward Island)、纽芬兰(Newfoundland)、育空(The Yukon)和西北方领地(The North West Territories)几个省份和地区。

1.育空和西北方领地

育空和西北方领地是西部联合会的组成部分。育空和西北方领地都在2000年加入了西部及北部加拿大教育合作公约，融入语言学课程中的媒介素养教育在这两个地区有所发展。实际上，西部地区的四个省份和大西洋沿岸的这两个省份将媒介素养教育融入语言学课程当中，其他省份也都纷纷效仿，媒介素养教育成了语言学课程中的必选内容。此外，育空在10—12年级的“应用设计、技能和技术”课程框架中设置了“数字媒介发展”“媒介设计”这类专门的媒介课程。西北地区则在为中学生提供的“职业和技术研究”课程计划中，鼓励学生探索媒介与通信技术、社区健康、时尚潮流等主题的关系。

2.新斯科舍省

在大西洋沿岸地区,除了育空和西北方领土两个地区,其他省份的媒介素养教育也发展得不错,其中,新斯科舍省(Nova Scotia)的媒介素养教育尤其活跃。

1992年秋天,新斯科舍媒介素养协会(AML-NS)成立了。当时有100多个成员致力于新斯科舍媒介素养教育的发展,协会每年出版两期会刊,刊物名称叫《传递者》(*The Mediator*)。新斯科舍媒介素养协会还会邀请著名的媒介素养专家,为媒介素养教师提供暑期课程。他们还联合新斯科舍大学的人文及教育系(Nova Scotia Department of Education and Culture),在已有的课程基础上加入了能够提高媒介素养能力的一些内容。此外,新斯科舍媒介素养协会还为家长和各类社团提供服务,他们定期举办媒介素养教育研讨会,组织媒介素养活动,一起探讨媒介素养教育的各种问题。他们还和大西洋电影节合作,为教师们组织媒介课堂活动,并邀请学生参与荧屏场景(Screen Scene)活动等。在媒介素养教育课程方面,新斯科舍的媒介素养教育在英语语言艺术和社会研究课程中最为突出。不过,2003年当地教育部门开发了面向12年级学生的"电影和录像制作"课程,这门课程要求学生综合应用在英语艺术、社会研究、科学、视觉和表演艺术、数学和技术等课程中学到的知识。

从大西洋沿岸地区的媒介素养教育课程实践来看,这个地区的媒介素养教育还是以融入语言学课程为主,但是很明显,媒介素养在语言课中的地位是日渐牢固,直至发展为语言课中的必修部分。媒介素养融入其他课程也有所发展,这从新斯科舍媒介素养协会与新斯科舍大学的人文及教育系合作就可以看出。此外,大西洋沿岸地区的媒介素养教育课程体系与评估体系也在与时俱进。2015年,《大西洋加拿大基本毕业能力框架》(*The Atlantic Canada Framework for Essential Graduation Competencies*)①发布,其中对学生新时期的媒介素养提出了具体要求,包括能够进行建设性和批判性对话、理解和回应不同媒介形式所传达的思想和观点、通过多种媒介表达想法、理解受众和媒体选择

① CAMET/CAMEF.The Atlantic Canada framework for essential graduation competencies[EB/OL].(2020-09-24)[2020-10-05]. https://curriculum.novascotia.ca/sites/default/files/documents/resource-files/Essential%20Graduation%20Competencies%20(2015).pdf.

的关系、分析媒介信息和通信技术的影响等。

二、加拿大媒介素养教师教育实践

加拿大政府对媒介素养教师的教育十分支持,各地教育委员会开展了广泛的在职教师培训项目,为教师提供各种咨询服务,出版各种开展媒介素养教育的教材和各类教学辅助材料,帮助教师开展媒介素养教育。加拿大各界非常重视媒介素养教师教育,各类媒介素养教育协会组织、各省教育机构和高等院校均参与媒介素养教师教育,为中小学开展媒介素养教育培养了大量能够胜任媒介素养教育的教师,成为加拿大媒介素养教育发展的基础。

加拿大的各种媒介素养教育协会组织,对推动媒介素养教师教育的发展做出了巨大贡献。1966 年,加拿大创立了第一届电影电视研究夏季学院,对媒介素养教师进行培训,服务全国的媒介素养教师。1991 年成立的加拿大媒介教育协会的成员大多数是教师,该协会每年进行一次以媒介素养教育为主题的论坛,邀请知名媒介素养专家为家长和教师们发表演说,莱恩 · 马斯特曼、乔治 · 格伯纳(George Gerbner)等都曾受邀发表演说。此外,该协会有大量的资料供媒介素养教师使用,并提供了媒介方面的信息、研讨会、暑期学校、会刊和在职培训;1994 年,该协会为从事媒介素养教育的教师举办了一次为期两周的暑期培训班。该协会还出版了两本针对开始从事媒介素养教育的教师的指导性用书。

加拿大各省和地区都建有媒介素养教育协会,并与本省和地区的教育部门合作开展媒介素养教师培训工作。1993 年成立的阿尔伯塔省媒介认知协会,秉持促进公众媒体认知、开展教育和提升公众的理解力的宗旨,为教师们提供研讨会和培训课程,以及媒介素养教育信息和资源。1988 年,在萨斯卡万省支持下,一些对媒介素养教育感兴趣的教师和教育专家建立萨斯卡万省媒介素养协会。该协会成立的目的在于建立和保持教育者之间的联系,倡导媒介素养在教育课程中的发展和整合,影响教育政策的制定者,提供专业性的支持,与加拿大和国际性的媒介素养机构保持联系等。该协会不仅通过各种努力引起更多学校关注媒介素养教育,同时也为教师提供研讨会和在职培训课程。

在加拿大，很多大学和学院都提供媒介素养教师教育课程计划。1987—1993年间，多伦多大学(University of Toronto)与安大略媒介素养协会合作，举办了多次面向教师的媒介素养教育培训。这些举措都极大地促进了加拿大媒介素养教师教育的发展。[①] 但是，随着数字媒介的发展，媒介素养教师教育也面临新的挑战，云计算、移动设备、教育游戏等新兴教育模式的诞生促使媒介素养教师必须理解技术并将之应用于教学实践中。

三、数字化背景的下的媒介素养教育实践

进入数字化时代，麦克卢汉的"地球村"设想已经成为不可逆转的现实。一方面，数字技术的发展与媒介形态的发展带给人们前所未有的体验与便利；另一方面，数字化背景下的愈加严重的数字鸿沟问题、社会公平问题以及不同个体在数字媒介时代的适应问题等日益凸显。媒介素养教育正在经历新的转折，加拿大的一些省和地区已经开始行动。

(一)曼巴托尼省的"ICT素养连续性模型"

曼巴托尼省采用"ICT素养连续性模型"(The Literacy with ICT Continuum, LwICT)[②]开展针对学生的数字素养教育。在这个模型中，强调培养学生的信息通信技术方面的数字素养，培养学生作为全球公民，批判性和创造性地思考信息和传播，负责任地和道德地使用信息通信技术的能力。强调以健康与安全(health and safety)、道德与责任(ethics and responsibilities)这两条准则支持学习过程，认为健康与安全是学习的基础，道德与责任是整个学习过程的核心并贯穿于整个学习过程。两条准则的内容概括如下。

1.健康与安全

(1)健康：身体健康和情绪健康；

---

① VAN NULAND S.Teacher education in Canada[J].Journal of education for teaching: international research and pedagogy, 2011, 37(4): 409-421.

② Manitoba.The LwICT Model[EB/OL].(2020-08-08)[2020-10-06].https://www.edu.gov.mb.ca/k12/tech/lict/teachers/show_me/index.html.

(2)安全:管理身份、管理隐私、危险行为。

2.道德与责任

(1)尊重自己和他人的隐私权;

(2)权衡社会的信息访问权与个人的隐私权;

(3)尊重自己和他人的知识产权;

(4)尊重他人拥有自己观点的权利;

(5)评估决策和行动对自我、他人和社会的潜在影响。

整个模型在两条准则的指导下,按照问题与计划(question and plan)、收集与整理(gather and make sense)、创制与理解(produce to show understanding)、沟通(communicate)、反思(reflect)这五个方面有序循环展开,并且逐步将责任转交给学生。ICT 素养连续性模型的五个方面均包含将责任逐渐从教师转移给学生的具有体内容(见表 2.2)。

通过这一框架,教育者们希望学生能够在确定适当的查询问题的基础上,浏览各种信息网络并找到相关信息;将批判性思维应用于评估信息来源和内容,综合各种信息和知识来解决问题;与他人面对面和远距离交流,形成新的理解等。

(二)英属哥伦比亚省的“数字公民”教育

英属哥伦比亚省近年来重视学生数字素养的培养,在 2013 年发布的《数字素养框架》(*BC's Digital Literacy Framework*)中将“数字素养”定义为:个人使用数字技术的兴趣、态度和能力,以及利用适当的通信工具来访问、管理、集成、分析和评估信息,建立新知识,并与他人进行交流的能力。[①] 框架阐述了不同年级中小学生在 21 世纪需要具备的数字素养及具体内涵,共包括六个方面:研究和信息素养,批判性思维、问题解决和决策,创造力和创新,数字公民,沟通与协作,以及技术操作和概念。在这一框架下,英属哥伦比亚在 K12 教育中开展数字素养教育,通过信息技术发展学生的生产力、创造力和批判性思维,培养学生

---

① British Columbia. Digital literacy [EB/OL]. (2017-11-28) [2020-10-05]. https://www2.gov.bc.ca/gov/content/education-training/k-12/teach/teaching-tools/digital-literacy? keyword=Digital&keyword=Literacy.

表 2.2 曼尼托巴省的 ICT 素养连续性模型

五个方面	从左往右,代表逐步释放责任			
问题与计划	Q-1.1 回忆和记录先验知识;在老师帮助下构造问题	Q-1.2 构造简单的问题	Q-1.3 识别信息需求并提出复杂的问题	Q-1.4 评估问题,并在整个查询过程中根据需要进行调整
	Q-2.1 遵循给定的查询计划	Q-2.2 修改给定计划或共同构建查询计划	Q-2.3 设计自己的查询计划	Q-2.4 根据需要评估和修订查询计划
收集与整理	G-1.1 从给定来源(主要或次要)收集信息	G-1.2 从其他来源(由学生确定)收集信息	G-1.3 使用多种策略来收集信息	G-1.4 评估多种收集信息策略的有效性
	G-2.1 从来源中识别相关信息	G-2.2 确定信息对目的和受众而言是否足够和恰当	G-2.3 评估信息和来源是否最新、可靠和有效	G-2.4 评估信息和来源以确定背景、观点、偏见和动机
	G-3.1 根据给定分类来记录数据或记录收集到的信息和观点	G-3.2 使用共同制定的策略来组织收集的信息	G-3.3 使用学生制定的策略来组织收集的信息	G-3.4 评估了多种组织信息策略的有效性
创制与理解	P-1.1 使用给定的标准创制作品	P-1.2 参与建立自己作品的标准	P-1.3 为自己的作品建立标准	P-1.4 根据需要评估和修订自己的作品标准
	P-2.1 使用给定的格式演示学习	P-2.2 从多种给定格式中进行选择并演示学习	P-2.3 修改或合并给定格式并演示学习	P-2.4 使用学生生成的格式来创制作品并演示学习
	P-3.1 根据既定的规则、惯例和标准,以及老师和同伴的反馈来编辑作品	P-3.2 自我评估作品,以便基于反馈并根据既定规则、惯例和标准对其进行编辑	P-3.3 搜集更多受众的反馈意见,以更有效地组织和明晰制作过程,丰富作品的内容和艺术性	P-3.4 评估和修订作品,超越既定标准,并将作品应用于现实世界中的真实环境

续表

五个方面	从左往右，代表逐步释放责任			
沟通	C-1.1 与老师指定的受众共享信息、想法和作品	C-1.2 与老师合作选择受众，以共享信息、想法和作品	C-1.3 独立选择合适的受众来共享信息、想法和作品	C-1.4 寻求与更广泛受众的联系，以改善或扩展理解
	C-2.1 共享信息、想法和作品（未积极寻求描述性反馈）	C-2.2 与他人共享信息、想法和作品时寻求描述性反馈	C-2.3 使用描述性反馈来改进和修订作品	C-2.4 根据需要共享修订的作品，以获得更多的描述性反馈，并进行进一步的修订
反思	R-1.1 参加老师指导的会议，反思学习和学习过程	R-1.2 独立反思学习和学习过程	R-1.3 巩固思考以提出新问题和进一步研究、改善学习和学习过程的策略	

资料来源：本表根据曼巴托尼省教育部门官网①整理而成。

① Manitoba. Reading the developmental continuum for literacy with ICT[EB/OL].（2020-08-08)[2020-10-06]. https://www.edu.gov.mb.ca/k12/tech/lict/what/understanding.html.

在课堂和日常生活中的合作技能。该框架详细地说明了合格的“数字公民”的内涵和要求，列出了学生需要了解的十项与技术、现实法律和道德行为有关的人类、文化和社会问题，并分年级细致说明。① 这些问题主要包括互联网安全、隐私与安全、关系与沟通、网络欺凌、数字足迹与名誉、自我形象与身份、创意信用与版权、道德与法律、对技术的良好态度、对ICT在社会中的作用的理解和认识等。英属哥伦比亚省的数字素养框架响应了加拿大的“数字公民”倡议，一方面为学生提供数字化背景下与他人进行线上、线下互动的指导，另一方面赋权学生，培养了他们在数字化环境中维护自身权益的意识和能力。

（三）大西洋沿岸省份的技术能力与素养教育

加拿大大西洋沿岸省份制定了一些共同的政策文件来描述技术能力和素养的要求，如在《技术教育》（*Technology Education*）就中明确了中小学技术能力和素养教育的方法、课程、基本毕业学习要求和评估方法等，并指出技术教育将促进所有学习者的发展，使他们成为具有技术素养和能力的公民。② 此外，这份文件遵循技术素养和能力教育循序渐进的理念，规定了技术教育“关键阶段性课程成果”（Key Stage Curriculum Outcomes，KSCOs），将学生应该达成的学习效果按照3、6、9、12年级分为了四个阶段。基本毕业学习要求（Essential Graduation Learnings，EGLs）中明确了大西洋沿岸地区公立学校毕业学生应该具备的技术素养和能力。这些能力包括审美表达、公民权、沟通、个人发展、技术能力、精神和道德发展等几个维度。大西洋沿岸省份共同推进的“技术教育”，不仅体现了各省对学生技术认识和技术能力的重视，更为可贵的是各省将技术教育与个人发展、个人权利和精神道德层面的提升结合起来，在认知、态度和行为教育之外，增添了对于学生个人综合素质的关注和考量。

（四）其他省和地区的数字素养教育

加拿大其他省份也在学校教育中进行了一些数字素养教育实践，如魁北克

---

① British Columbia.BC's digital literacy framework［EB/OL］.（2016-01-28）［2020-10-05］.https://www2.gov.bc.ca/assets/gov/education/kindergarten-to-grade-12/teach/teaching-tools/digital-literacy-framework.pdf.

② Newfoundland and Labrador Department of Education-Primary，Elementary and Secondary Education Branch. Technology education foundation［EB/OL］.（2018-10-30）［2020-10-06］.https://www.gov.nl.ca/education/files/k12_curriculum_documents_teched_te_found_nf-lab_full.pdf.

省提出“数字和技术流利程度”(Digital and Technological Fluency)对学生认识、理解和使用数字技术提出了要求;萨斯卡万省也提出了“数字流利度”(Digital fluency)的概念,并将其表述为“能够轻松、战略性地使用数字技术进行学习、工作和娱乐”的能力;安大略省的数字素养教育则分散在各个学科领域的课程中,每个领域都包含“ ICT 在某课区的作用”的课程模块。①

从加拿大各地在数字化背景下开展的媒介素养实践来看,教育部门、社会组织和学校都意识到了数字技术的发展对学生个人发展和社会适应提出的新的要求和挑战。在这种背景下开展的数字素养或技术素养教育教导学生正确认识和理解数字媒介、合理看待和利用数字技术,体现了教育者对学生精神道德发展的重视、对学生发展权益的保障和对社会公平的推进。

四、媒介素养教育社会组织的实践项目

各种社会组织为加拿大的媒介素养教育做出了巨大贡献,这些组织自成立以来,在构建媒介教育框架、开展媒介素养活动、共享媒介素养资源等方面建树颇丰,其中有一些形成了较大的影响力,极大地推动了加拿大媒介素养教育的发展。

(一)媒介素养周

媒体素养周(Media Literacy Week,MLW)是一项年度活动,旨在在加拿大各地推广数字和媒介素养,约在每年 10 月份举行,届时学校、图书馆、博物馆和社会组织在各州内会组织各种主题活动,具有较大的影响力。2019 年的媒介素养周由媒介智慧网和加拿大教师联合会(Canadian Teachers' Federation,CTF)联合主办,主题为“打破虚假”(Break the Fake),全国有 100 多个合作组织通过组织媒介素养活动和研讨会参加了此次媒介素养周。加拿大互联网注册管理局

① Canada's Centre for Digital and Media Literacy.Mapping digital literacy policy and practice in the Canadian education landscape[EB/OL].(2020-08-27)[2020-10-06].https://mediasmarts.ca/sites/mediasmarts/files/publication-report/full/mapping-digital-literacy.pdf.

2019 年上旬发布的研究数据显示，约 75%的加拿大人有时会遇到假新闻。[①] 因此，如何识别虚假信息并找到正确的信息成为媒介素养的重要组成部分，关注事实与虚假的标志性活动——“室内河马”（House Hippos）已经举办了 20 多年。[②] 2019 年，面向儿童的在线“新闻测验”和“动物测验”活动上线，以帮助他们分辨真假信息。主办方还提供了验证在线消息的 4 个步骤：使用事实检查工具、咨询其他来源、查找原始来源和验证来源。此外，还为教师提供了相应的课程计划。

（二）“电影院”的荧屏媒介教育

“电影院”（Cinematheque）成立于 1972 年，是一家电影学院和媒体教育中心，致力于研究加拿大和国际电影的艺术和历史，以及动态影像和基于屏幕的媒介对生活的影响。[③] 其活动包括一系列社区宣传计划，在电影欣赏、电影制作、媒介素养和批判性思维方面提供互动学习机会。

“电影院”为学生和教师制作了《加拿大荧幕学习指南》（*Canada on Screen Study Guide*）。[④] 该文档包括两个部分，通过安排特定的观影活动引导学生进行拓展学习，探讨影片的中心思想，关注包括身份认同、跨文化交流、电影的隐喻在内的各种文化与社会问题。

在“工作坊：学校与青年”（Workshops：Schools & Youth）中，“电影院”专门开辟了媒介和数字素养板块，“媒介素养工作坊”（Media Literacy Workshops）将游戏、讨论和实践结合在一起，以帮助参与者提高其视觉、文化和批判素养，提倡参与者将有关身份、文化和媒介的重要思想与他们的日常生活联系起来。工作坊的主要话题包括隐藏的讯息、虚假新闻、媒介中的性别、社交媒体与未来等。“电影院”提供一些剪辑视频或图像给参与者分析，鼓励他们讨论许多不同

---

① HOWES E. Breaking the fake news cycle[EB/OL].(2019-05-23)[2020-10-07]. https://www.cira.ca/blog/state-internet/breaking-fake-news-cycle.

② Canadian Teachers' Federation, CTF. To solve the misinformation crisis, we have to make act-checking a habit[EB/OL].(2019-09-30)[2020-10-07]. https://www.ctf-fce.ca/blog-perspectives/to-solve-the-misinformation-crisis-we-have-to-make-fact-checking-a-habit.

③ Cinematheque. About the cinematheque[EB/OL].[2020-10-07]. https://thecinematheque.ca/about.

④ Cinematheque. Constructed Canadiana part 1[EB/OL].(2019-08-24)[2020-10-07]. https://thecinematheque.ca/assets/files/general/Constructed_Canadiana_Study_Guide_1.pdf.

形式的媒介:从电影、电视和 YouTube 到新闻、网站和广告。

(三)媒介智慧网的数字素养框架

2019 年,媒介智慧网发布了《使用、理解和创建:加拿大学校数字素养框架》(*Use,Understand & Create:A Digital Literacy Framework for Canadian Schools*),从使用、理解和创造三个原则来衡量数字素养,为学校和教师提供与各省政策匹配的课程和交互式资源,并给出数字素养的七个关键方面:道德与同理心(Ethics and Empathy)、隐私与安全(Privacy and Security)、社区参与(Community Engagement)、数字健康(Digital Health)、消费者意识(Consumer Awareness)、查找和验证(Finding and Verifying)、制作和合成(Making and Remixing)。

数字素养框架按照幼儿园至 3 年级、4—6 年级、7—8 年级和 9—12 年级划分了四个阶段。以 4—6 年级的框架为例,这个年龄段的学生在游戏和虚拟环境中非常活跃,他们需要学习在线上互动中理解不同立场,并对在线时间进行管理。针对 4—6 年级学生,媒介智慧网设计了详细的课程框架(见表 2.3)。

表 2.3　媒介智慧网为加拿大 4—6 年级学生设计的数字素养框架

课程	类别	年级	涉及的关键方面
乔斯生活中的一天	教育游戏	6 年级	• 道德与同理心 • 隐私与安全 • 社区参与 • 数字健康 • 消费者意识 • 查找和验证 • 制作和再创造
头像与身体形象	授课	4—6 年级	• 社区参与 • 数字健康 • 制作和再创造
网上道德行为:道德与同理心	授课	4—6 年级	• 道德与同理心 • 数字健康 • 制作和再创造
打破虚假课程计划:验证在线信息	工作坊	6 年级	• 社区参与 • 查找和验证 • 制作和再创造

续表

课程	类别	年级	涉及的关键方面
打破虚假:什么是在线真实?	授课	4—5 年级	• 社区参与 • 查找和验证 • 制作和再创造
网络意识与废话:三只网络猪的第二次冒险	教育游戏	4—5 年级	• 社区参与 • 查找和验证
数据防御者	教育游戏	4—6 年级	• 隐私与安全 • 消费者意识
数据防御者:了解在线数据收集	授课	4—6 年级	• 隐私与安全 • 消费者意识
编辑情绪	授课	5—6 年级	• 道德与同理心 • 制作和再创造
游戏时间	授课	4—6 年级	• 数字健康
将牙膏放回管内:在线信息的课程	授课	6 年级	• 隐私与安全 • 制作和再创造
网络欺凌简介:化身和身份	授课	5—6 年级	• 道德与同理心 • 数字健康
了解交易:隐私的价值	授课	6 年级	• 隐私与安全 • 消费者意识
网络护照:网络素养学生教程	互动教程	4—6 年级	• 道德与同理心 • 隐私与安全 • 消费者意识 • 查找和验证
付费游玩	讨论	4—6 年级	• 隐私与安全 • 消费者意识
隐私保护区:三只网络猪的第一次冒险	教育游戏	4—5 年级	• 隐私与安全
隐私侵犯:在线隐私互动单元	授课	4 年级	• 隐私与安全 • 消费者意识
继续前进课程 1—4	授课	5—6 年级	• 道德与同理心 • 查找和验证
电影制作:谁做了什么?	授课	4—6 年级	• 制作和再创造
英雄计划:验证在线信息	授课	4—6 年级	• 查找和验证

续表

课程	类别	年级	涉及的关键方面
理解互联网课程 1—4	授课	4—6 年级	• 道德与同理心 • 隐私与安全 • 社区参与 • 数字健康 • 查找和验证
赢得网络安全游戏	讨论	5—6 年级	• 隐私与安全 • 制作和再创造

资料来源：本表根据《使用、理解和创建：加拿大学校数字素养框架》①整理而成。

媒介智慧网的数字素养框架汇集了该组织多年调研数据和活动经验，与数字化环境下的学生发展需求高度切合，为加拿大中小学媒介素养教育实践提供了有效的指导和帮助。

小　结

从抵制美国文化和大众媒介文化的入侵，到对媒介的批判性思考和合理使用，加拿大的媒介素养教育一直关注着媒介的双面作用和其背后蕴含的复杂的社会、文化、经济和政治等因素，将媒介素养教育作为实现加拿大文化认同的有效途径。加拿大中小学的媒介素养教育在实施过程中，格外重视学生的理解能力、分析能力和批判性思考的能力，同时关注学生对媒介技术的掌握与思考的情况。

作为媒介素养教育的先行者，加拿大媒介素养教育成果颇丰。庞杰特“媒介素养八大理念”至今仍为世界各国开展媒介素养教育提供参照。加拿大媒介素养教育集政府、学校、社会组织、家长之力开展学生媒介素养教育，注重提高学生的批判分析能力。在信息技术迅猛发展的今天，加拿大在媒介素养教育上取得显著成果的同时，也存在问题与挑战，媒介素养教育的经费缺口、教师职业培训相对缺乏等问题都会影响媒介素养教育的发展，加拿大媒介素养的发展需要加拿大教育部门、社会组织、学校以及所有关注媒介素养人士的不断努力。

---

① MediaSmarts. Use, understand & create: a digital literacy framework for Canadian schools[EB/OL]. (2020-08-27)[2020-10-07]. https://mediasmarts.ca/sites/mediasmarts/files/pdfs/digital-literacy-framework.pdf.

第三章　英国中小学媒介素养教育

英国媒介素养教育有深厚的历史积淀，可以溯源到1933年英国文学批评家弗·雷·利维斯及其学生丹尼斯·汤普森（Frank Raymond Leavis & Denys Thompson）所著《文化与环境：批判意识的培养》（*Culture and Environment: the Training of Critical Awareness*）一书。作者从当时英国传统精英文化式微、大众文化不断发展的现状出发，希望通过将大众文化文本引入课堂教学之中，引导学生对大众文化文本进行批判性解读，从而实现抵制大众文化侵蚀精英文化的目的。利维斯和汤普森的媒介教育理念和方法成为英国媒介素养教育的滥觞，也使得英国媒介素养教育深深地打上了文化研究的烙印。20世纪60年代，随着媒介环境的变化以及英国文化研究的蓬勃发展，媒介素养教育理念和方法也发生了根本性的转变，更为重视学生媒介辨别能力的培养。20世纪70年代以后，媒介素养教育在正规教育系统内获得了发展的空间，逐步走向系统化和制度化。总体来看，英国媒介素养教育在理论研究和教育实践方面均特色鲜明，对全球媒介素养教育的发展起到了推动作用。

第一节　英国中小学媒介素养教育概况

英国的全称是大不列颠及北爱尔兰联合王国，主要由英格兰、苏格兰、威尔士和北爱尔兰四个部分组成，苏格兰和北爱尔兰享有广泛的地方自治权，本章主要涉及英格兰和威尔士的教育制度。

一、英国中小学教育制度

英国实行的是中央管理与地方分权制相结合的教育管理模式,在中央设立教育部(Department for Education),由教育大臣领导,主要管理中小学校的教育方针、课程计划、学校标准、教师标准及部分学校的办学经费;地方行政部门主要为市、郡、县的教育局,负责学校的具体培养目标、服务方向、基本规模、部分课程、校长任免及部分小学的办学经费等工作。在1988年《教育法》公布后,地方当局权利有所削弱,中小学的管理事务主要由学校管理委员会承担,校长作为学校首席执行官,向学校管理委员会负责,执行学校管理委员会的决议,并主持学校的日常行政管理事务。

英国基础教育实行的11年制的义务教育,所有公民在5—16岁期间均要接受义务教育,儿童5岁就要入学(威尔士儿童4岁)。基础教育大致可分为初等教育(5—11岁)和中等教育(11—16岁)2个阶段,此后还有扩展教育阶段(16—19岁),为大学做准备。其中初等教育学制为6年,分为5—7岁(第一关键阶段,key stage 1,KS1)和7—11岁(第二关键阶段,key stage 2,KS2)2个关键阶段。初中学制为5年,分为11—14岁(第三关键阶段,key stage 3,KS3)和14—16岁(第四关键阶段,key stage 4,KS4)2个关键阶段。根据国家规定,学生在整个义务教育阶段必须参加4次全国考试,分别在7、11、14、16岁,分别与4个关键阶段相匹配。在第一、第二、第三这3个关键阶段结束时,学生必须参加法定的国家课程考试(Statutory National Curriculum Test and Tasks)。在16岁第四阶段考试即全英高中毕业统考后义务教育结束,考试结果分为A—G各个等级,达到标准的考生进入扩展教育阶段,经过3年的学习后参加更高一级的普通教育证书进阶级考试(GCE A-Level),该成绩是大学录取的重要标准之一。

从办学性质上来说,传统的英国中小学教育将公立学校分成三种类型:文法学校、技术学校和现代学校,俗称三轨制。在世界性教育民主化运动的推动下,许多现代中学被合并或改制成了综合中学,到20世纪80年代中期,三轨制中学向综合中学的过渡和改造已经基本完成。①

---

① 朱皆笑.英美中小学多样化办学体制的改革演进与启示[J].教育进展,2016,6(2):65-72.

英国的中小学课程分为国家课程和学校课程两大类。① 1988 年,英国开始实施国家课程。国家课程有统一的课程标准,包括核心课程和基础课程,核心课程包括数学、英语、科学 3 门课程,基础课程包括公民、历史、地理、设计与技术、信息传播与技术、现代外语、音乐、美术、体育 9 门课程等,共计 12 门课程。为了体现学校特色,学校可以自由开设选修课,即学校课程,选修课的数量、质量是家长评价、选择学校的重要依据。

二、英国媒介素养教育概况

国内绝大多数媒介素养教育研究学者认为英国是媒介素养教育的发轫之地,这种说法虽然被欧洲其他国家的媒介素养教育学者所质疑,但英国媒介素养教育发展一直处于世界前列是一个不争的事实。1933 年英国学者利维斯和汤普森的著作《文化和环境:培养批判意识》出版,作者在书中提出将大众文化媒介文本引入学校课程的理念,倡导批判性地解读大众文化,保护传统精英文化。以此为开端,媒介素养教育在英国逐步发展起来。经过多年的努力,20 世纪 70 年代,英国正式将媒介素养教育纳入国民教育体系,在中学阶段开设“电影研究”“媒介研究”等课程。到 1997 年,英国已有将近 2/3 的学校开设进阶式媒介素养研究课程(UK Advanced Media Literacy Course),主要指将媒介素养教育内容融入现有的英语、艺术设计、公民和历史等 5—16 岁的课程体系之中,并以专题的形式出现,16 岁以上的课程中则单独开设媒介研究课程。随着媒介素养教育在英国国民教育体系中确立地位,媒介素养教育也进入高等学府,成为传播教育研究的重要领域。英国媒介素养教育已经覆盖从小学到中学再到大学的全教育过程,并逐步成为终身学习的重要内容,成为正式教育体系中的教学科目,并有完整的评价系统。②

英国青少年的媒介素养教育独具特色。英国对青少年的媒介素养教育的重视程度体现在诸多方面,无论是课程内容,还是具体的教育模式和对媒介素养教育的重视程度,都可圈可点。英国注重开发媒介素养教育的教材资源,重

① 施丽红.英国基础教育的发展及其启示[J].重庆教育学院学报,2006,19(1):123-126.

② 徐永贵,梁启冰.国内外媒介素养教育研究比较分析[J].中国教育技术装备,2006(12):74-76,79.

视中小学媒介素养教育的课程和学生的实践活动，尤为重视对教师的培训，培养教师的媒介素养能力和教学能力，还善于利用多种形式的社会媒介资源来提升中小学生的媒介素养。

在英国国民教育体系中，针对小学生的媒介素养教育课程内容包括“媒体把关人、媒介类型及特征、信息制造技术、电视语言”①等。英国将普及媒介素养教育课程的重点放在了中学阶段。在义务教育第三关键阶段和第四关键阶段，媒介研究课程融入英语课程，是这个学段学生的必修课程。媒介素养课程还广泛地融入了这两个学段的其他课程，如艺术与设计、ICT、历史、地理、个人社会与健康教育以及公民课程等。在第四关键阶段，学生除了可以在英语等课程中学习媒介内容外，还可以选修单独的普通中等教育证书（General Certificate of Secondary Education，GCSE）中的媒介研究课程，获得学分。

英国为各个学段的媒介研究课程都制定了详细的课程标准，并且注重各个学段课程内容的区分和衔接。以英语课程为例，第一关键阶段和第二关键阶段（即小学阶段）的英语课程开始培养学生的阅读理解能力，包括对诗歌、戏剧等文本的理解和鉴赏，同时英语课程还会培养学生的演讲与表达能力；第三关键阶段的英语教学标准要求学生理解文本创作的目的、目标受众和背景等；第四关键阶段的英语课程，则要求培养学生批判性评价文本的能力。② 面向普通中等教育证书考试和高中毕业升学考试（A-Level）的课程理论性、学术性更强，媒介作品制作的要求也更高。英国开设媒介素养教育课程的理念、课程框架和课程具体内容，为世界上许多国家所采纳，具有广泛影响。

除了学校开展的媒介素养教育课程外，在英国通信办公室（the Office of Communications，Ofcom）的带领下，民间团体和高校学者也加入推广中小学媒介素养教育的队伍。2003 年，英国政府颁布的《通信法》中规定，英国通信办公室负有促进媒介素养教育发展的法定义务。英国通信办公室主要关注媒介素养方面的深入研究，并为各组织和机构提供开展项目与实践活动的指导和帮助。

英国电影学院（British Film Institute，BFI）是受到英国政府支持的电影教学

---

① 邵素清，王清.从英国小学媒介教育看小学生媒介素养教育[J].东南传播，2009(3)：102-103.

② Department for Education.National curriculum in England：English programmes of study[EB/OL].(2014-07-16)[2020-10-26].https://www.gov.uk/government/publications/national-curriculum-in-england-english-programmes-of-study.

机构。2017 年英国电影学院提出了“BFI2022 战略五年计划”，与国家数字、文化、媒介和体育部(Department for Digital, Culture, Media and Sport)开展 13 个方向的合作，其中包括为学校电影教育和媒介教育提供支持。① 英国电影理事会(The Film Council)则在组织高级别会议之前起到了关键作用，2004 年理事会举办了“信息与赋权:21 世纪的媒体扫盲”会议，召集了 200 多名来自传媒界、教育界和文化界的人，讨论媒介素养教育与活动案例。

英国监护人基金会、国家扫盲基金会和 PSHE 协会共同开发了针对英国 9—11 岁青少年的免费跨课程新闻素养(News Literacy)计划——新闻智者(NewsWise)，旨在帮助他们掌握基本技能和知识，使他们能够分析新闻并融入数字新闻环境之中，有信心提出问题、质疑错误，形成自己的价值观和见解。② 伦敦拉夫堡大学(Loughborough University London)在 2018 年建立了在线公民文化中心(Online Civic Culture Centre, O3C)，通过社会学和信息学研究方法来了解社交媒体塑造英国公民文化的作用。2019 年，在线公民文化中心发布了报告《英国社交媒体上的新闻共享:错误信息、虚假信息及纠正》，提醒人们注意辨别新闻的真伪。③

英国的一些媒体机构也积极致力于中小学媒介素养教育。一些英国主流媒体如《金融时报》《泰晤士报》等平面媒体在改版的时候纷纷采用了比较鲜活的版面来吸引青少年读者，在内容上也增加了一些青少年比较关注的话题，青少年读者阅读兴趣的提高将有助于提升其媒介素养能力。2020 年 5 月，英国广播公司(BBC)为年轻人发布了一些新的在线媒介素养资源，包括如何分辨观点与事实等；BBC 的虚假信息小组也一直在行动，包括进行事实检查、报告社交媒体和网络平台上虚假信息和误导性故事等④。

英国媒介素养教育经过长期发展，积累了不少中小学媒介素养教育的理论

① British Film Institute. BFI2022: Year one[EB/OL]. [2020-10-26]. https://www.bfi.org.uk/strategy-policy/policy-statements/bfi2022-year-one.

② NewsWise. NewsWise evaluation report 2018-19[EB/OL]. (2019-07-16)[2020-10-26]. https://literacytrust.org.uk/research-services/research-reports/newswise-evaluation-report-2018-19/.

③ Loughborough University London. Research projects[EB/OL]. [2020-10-26]. https://www.lboro.ac.uk/research/online-civic-culture-centre/research-projects/.

④ BBC. BBC trending[EB/OL]. (2020-10-13)[2020-10-26]. https://translate.google.com/translate? hl=zh-CN&sl=en&tl=zh-CN&u=https%3A%2F%2Fwww.bbc.co.uk%2Fnews%2Fblogs%2Ftrending&anno=2.

和实践经验。在媒介素养教育发展过程中,政府发挥着重要的主导作用,政府的政策支持是英国媒介素养教育发展的重要动力源泉。师资培训成为英国媒介素养教育发展的可靠保障。为了配合学校开展媒介素养教育,社会各界积极参与媒介素养教育,开展各类活动,通过各种渠道为学校的媒介素养教育提供教学资源。

第二节　英国媒介素养教育发展历史

英国媒介素养教育起步较早,发展的脉络也很清晰。帕金翰在回顾英国媒介素养教育发展历史时,将其分为辨别阶段、文化研究和大众艺术阶段,以及民主化与防御阶段等三个阶段。他认为,这三个阶段在某种程度上均具有保护主义的特征,并指出在媒介素养教育发展历史较长的国家,媒介素养教育已经不再局限于保护主义的窠臼,已经进入了超越保护主义的媒介素养发展新阶段。下面从甄别与抵抗、文化研究与大众文化、荧屏教育与启蒙、超越保护主义与多元化四个阶段梳理英国媒介素养教育发展历程。

一、甄别与抵抗阶段(20世纪30—50年代初)

面对大众媒介中充斥的日常化的、庸俗的内容,英国的精英阶层痛心疾首,认为大众媒介、大众文化正日益腐蚀传统的精英文化,使整个英国社会的文化水平降低。20世纪30年代初期,以利维斯等为代表的学者,极力反对大众传媒中普遍流行的文化价值观,主张通过培养青少年的批判意识,使其具备抵抗大众传媒所提供的低水平满足。他们认为,应该及时地应对大众文化的流行,坚决地捍卫传统精英文化的正统地位,使精英文化得以传承下去。

1933年,利维斯和他的学生汤普森出版的《文化与环境——培养批判意识》一书,首次提出将媒介引入课堂,其目的是培养学生的一种批判意识,保护精英文化,使学生意识到电影和报纸这种形式的宣传品,以及商业化的小说都

只能提供一种低水平的满足。[①]书中还建议将新闻、通俗小说和商业广告等用在课堂教学中，

这一时期的媒介教育以电影教育为主。1929年，为了防止学生受一些低水平的早期电影的影响，伦敦市教育局在其出版的《建议手册：供公立小学教师及相关人员参考》(*Handbook of Suggestions：For the Consideration of Teachers and Others Concerned in the Work of Public Elementary Schools*)一书中，要求教师通过训练，培养学生抵抗低俗电影不良影响的能力。1933年，《国民生活中的电影》(*The Film in National Life*)一书指出，下一代的品位很大程度上是在学校形成的，因此学校不能忽视电影在教学中的重要作用。1936年，英国电影学院举办了"儿童电影"(Films for Children)会议，讨论电影对儿童的影响，政府、电影行业、医学界、家长、教育行业都派出代表参与了讨论，尽管讨论没有得出一致的结果，但是电影与儿童越来越紧密的关系使得电影教育再次受到重视。[②]电影电视教育学会(Society for Education in Film and Television，SEFT)也关注电影和儿童的重要关系。

这一阶段的媒介素养教育课程是一种处于萌芽状态的课程，除了电影教育外，英语、历史、音乐等课程中也融入了其他形式的媒介教育。到了20世纪50年代，媒介教育逐步从初中课程向高中甚至大学课程中发展和扩散。这一阶段的媒介素养教育有以下几个特点：第一，以保护精英文化，培养学生批判意识为主要目的；第二，媒介素养教育并不成熟也不普遍，大多是实验性质的，以融入其他课程为主要形式；第三，自发性和自主性很强，是否开设相关课程完全由教师自己决定；第四，引入媒介素养课程的媒介产品往往作为反面教材，目的是使学生学会如何抵制大众文化。即便如此，利维斯等人所提出的媒介素养教育课程融入其他课程的做法，是早期媒介素养教育的有益尝试。

二、文化研究和大众艺术阶段(20世纪50—60年代)

随着大众文化的进一步发展，人们开始意识到大众文化并非一无是处，英

---

① 陆扬.利维斯主义与文化批判[J].外国文学研究，2002(1)：10-15，169.

② BOLAS T.Screen education：from film appreciation to media studies[M].Bristol，Chicago：Intellect books，2009：13-14.

国的媒介素养教育开始由强调甄别和抵抗的保护主义向培养辨别能力和鉴赏能力的文化研究方向转变。20 世纪 60 年代,威尔逊政府开始推崇公共艺术的发展。1965 年,艺术部发布《艺术政策:第一阶段》(*A Policy for the Arts*:*The First Steps*)白皮书,提出"在任何文明社会中,艺术必须占据中心位置"。[①] 与此同时,起源于英国伯明翰大学的文化研究学派逐步发展起来,代表人物主要有雷蒙德·威廉姆斯(Raymond Williams)、理查德·霍加特(Richard Hoggart)和斯图亚特·霍尔(Stuart Hall)等人。文化研究学派认为知识分子与工人阶级的差别不仅表现在经济收入和福利待遇方面,就连文化方面,知识分子、精英阶层也占有垄断地位,根本没有属于工人阶级自己的文化,所以他们觉得应该为工人阶级争取文化权利。威廉姆斯对利维斯的"文化"概念进行了批判,他认为文化不应被看作是某一固定阶段的特权物品,文化作为"一种整体生活方式",其表现形式囊括从高雅到日常的各种层面。这种文化观念挑战了将精英文化与大众文化、艺术与生活经验区隔和对立起来的原有观念[②]。

文化研究学者认识到大众文化积极的一面,在英格兰,新成长起来的一代教师也开始转变观念,不再视大众文化为洪水猛兽。1964 年,斯图亚特·霍尔和帕迪·沃纳尔(Paddy Whannel)在《大众艺术》(*The Popular Arts*)一书中为媒介教育提供了广泛的建议。因此,虽然这一时期媒介素养教育课程关注的重点仍旧是电影,但是不管是教师,还是政府,都对电影等大众媒介有了更为客观的认识。他们认识到了电视和电影的价值,并将这些大众媒介的积极影响引入课堂,作为一种教学素材,或者是作为一种新颖的教学方式,并根据学生接触大众媒介的体验来引导教学。

这一时期,媒介教育在学校课程中的地位受到了肯定,媒介教育的价值也开始得到政府的肯定和支持,并将其作为文学课程的补充。英国教育部门也呼吁在中学增设电影课程。1963 年,教育部门在一份报告中指出:作为大众传播主要方式的媒介,其最重要和最基本的用途并没有在学校得到体现。我们几乎没有注意电视进入和影响人们生活的程度,也没有注意到媒介和文学、音乐、绘

---

① BLACK L.'Making Britain a gayer and more cultivated country':Wilson,Lee and the creative industries in the 1960s[J].Contemporary British history,2006,20(3):323-342.

② BUCKINGHAM D.Media education in the UK:moving beyond protectionism[J].Journal of communication,1998,48(1):33-43.

画一样，是交流个人经历的重要方式。[①] 可见，不能仅仅将媒介作为一种交流的手段，或者是一种素材引入课堂，而应该将媒介和现实生活联系起来，正视媒介所带给人们的影响。

三、荧屏教育与启蒙阶段(20 世纪 70—90 年代)

随着电视这种媒介的发明和普及，有些学者开始注意到电视给人们的生活带来的正面和负面影响。如何与电视这一媒介友好相处、如何利用电视造福人类、如何避免电视的负面影响等问题，成了研究者和教育家关心的话题。20 世纪 70 年代，媒介素养教育领域出现了一次影响深远的变革，那就是“荧屏教育”。其中，最具影响力的代表人物是莱恩·马斯特曼，他指出：跟电影相比，电视媒介或许与课堂学习的关联度更大，联系更加直接，更加适合成为课堂学习的媒介。因此，正如我们所看到的那样，许多教师都认为应该平衡电影教育和电视教育，应该更加迅速地对学生的直接观察经历做出反应，承认电视媒介具有更大的意义和力量。[②] 他在《电视教育》一书中列举了英国东部考试委员会提出的电视研究课程的目标，包括培养学生对影像符号的解读能力，提高学生综合性的美学素养，鼓励学生使用电视制作设备和技术以促进他们对于电视媒介构建了“现实”观点的理解，发展学生对于不同类型电视节目类型的特征认识与分析，引导学生进行批判性分析，培养学生对于电视特征的认识，以及提高学生的团队合作能力和社会技能等。[③] 因此，同时囊括电影和电视的荧屏教育成了媒介素养教育的一个新的热点。在部分学校教师的积极推动下，荧屏教育开始从电影教育时期民间的、非正式的和自发的实践活动发展成为更具有组织性的实践。英国电影协会和电影电视教育学会开始开展一系列主题性的活动。到了 20 世纪 80 年代，荧屏教育和相关研究在中学、大学以及继续教育领域都具有较高的地位，英国电影协会和

---

① Central Advisory Council for Education(England).The Newsom report:half our future[R/OL].H.M.S.O.,1963.[2020-09-10].http://www.educationengland.org.uk/documents/newsom/newsom1963.html.

② MASTERMAN L.Teaching about television[M].London:the Macmillan press LTD.,1980:3.

③ MASTERMAN L.Teaching about television[M].London:the Macmillan press LTD.,1980:193-195.

电影电视教育学会之外的团体和组织也开始行动。①

与荧屏教育一起兴起的还有“荧屏理论”，其主要观点在《荧屏》(*Screen*)和《荧屏教育》(*Screen Education*)两种期刊中有详细阐释。其中《荧屏》期刊在推动符号学、结构主义、精神分析理论、后结构主义和马克思主义意识形态理论的发展方面起到了十分重要的作用；而《荧屏教育》则致力于探讨如何将上述理论应用于学校课堂。② “荧屏理论”实际上强调避免情绪化解读，而是要对媒介文本进行系统分析，“揭露”隐含的意识形态，从而启蒙理性、打破神话，揭开媒介(这一阶段主要是电影和电视)的“神秘面纱”。这一阶段的媒介素养教育提出了如何欣赏大众文化和分析解读媒介这一命题。

四、超越保护主义与多元化阶段(20世纪90年代—)

不论是电影教育还是荧屏教育时期的媒介素养教育，实际上都蕴含着保护主义理念的色彩。这种理念代表了教师试图保护学生，帮助学生抵制媒体不良、消极影响的努力。然而从启蒙阶段对媒介的去神秘化开始，随着对媒介素养教育认识的深入，有些学者发现青少年并不像人们所想的那样，在媒介面前是毫无还手之力的“靶子”，这些年轻的受众对于媒介文本有着不同的看法和理解，有的甚至是欣赏，并不是一味地抗拒和排斥。研究者认识到了受众具有差异性、复杂性和主动性，这给英国媒介素养教育发展开辟了一个前所未有的新境界。媒介素养教育专家开始提出，面对日益发达的大众媒介，如果仅仅一味地排斥、拒绝可能并不能很好地解决问题，而是应该引导受众，特别是青少年的媒介接触行为，教给他们一种批判性思维能力、传媒分析能力、传媒生产能力和利用传媒进行互动的能力。

超越保护主义的范式给媒介素养教育课程提供了一个新的视野。1995年，英国教育部修订的国家课程大纲第一次要求在2000年以后的英语教学中增加关于动感图像文本的学习内容。媒介不仅仅是作为一种教学工具被引入课堂，

① MARTENS H. Book reviews on screen education: from film appreciation to media studies [J]. Historical Journal of Film, Radio and Television, 2011(31): 429-431.

② BUCKINGHAM D. Media education: literacy, learning and contemporary culture [M]. Cambridge: Polity press, 2003: 8.

更应是作为一种教学的媒介文本进入教师和学生的视野,成为学生学习和分析的对象,以提高学生一些传媒分析技能,包括使用、分析、评估、创造和参与媒介的能力。

到了21世纪,经过几十年的发展,媒介素养的内涵得到了极大丰富,媒介素养教育也向着多元文化理解的方向发展。自从玛格丽特·米克·斯彭斯(Margaret Meek Spencer)在描述幼儿与媒介游戏时引入的"新素养"的概念后,卡里·巴扎尔格特(Cary Bazalgette)、帕金翰、泰纳(Kathleen Tyner)等学者也使用了新素养/多元素养的概念,包括视觉素养、电视素养、电影素养和信息素养等。此外新素养的概念中还包含了对社会多样性和多元文化的理解等。随着数字媒介的发展,数字素养开始受到关注,英国将数字素养视为一项社会实践能力而不是技术实践能力。数字素养包括五个原则:(1)素养最好被理解为是一种社会实践;(2)不同生活环境和空间有不同的素养;(3)素养实践是由社会制度和权力关系所决定的;(4)素养根植于特定的历史情境;(5)素养实践正经历变化,而新的素养往往是在非正式学习和感知的过程中被创造出来的。①

第三节　英国媒介素养教育发展理念

英国作为世界上媒介素养教育发展最早的国家之一,其媒介素养教育理念也成为世界许多国家开展媒介素养教育的重要理论来源。学术界谈及英国媒介素养教育理念的时候,经常会用到的表述有:"免疫模式""保护主义模式""超越保护主义模式"等。这些概括在一定程度上描述了英国媒介素养教育发展不同时期所表现出的一些特征及发展理念。但从学术研究的角度来看,英国媒介素养的理念主要还是以文化研究的相关理论和实践为基础,结合不同时期的英国社会、经济和文化发展实际状况,以及当时的媒介环境形成的。

---

① MCDOUGALL J, PEREIRA L. Digital literacy and education: dedicated to Brian Street 1943-2017[R/OL]. (2017-07-04)[2020-10-29]. https://www.eln.eu/fotos/editor2/meetings/uk_report.pdf.

一、精英文化与免疫模式

英国文学批评家利维斯和桑普森的《文化与环境:批判意识的培养》一书,一直被认为是英国与媒介素养教育有关的最早著作。此书所阐释的思想对英国乃至世界媒介素养教育影响深远,此书中将大众文本引入课堂教学的方法,也成为媒介素养教育早期教学实践的典范。利维斯等对当时英国流行文化的发展状况表现出深深的忧虑,希望教师担当起捍卫英国传统精英文化的使命,捍卫传统文化价值观,使人类所应追求的价值观免受低俗媒介产品的侵蚀。① 利维斯等认为,大众媒介产品使得文化衰败,应当教育人们区分哪些是值得保存的价值,以及哪些是使人们生活更为美好的事物,并将文化区分为高雅文化(High Culture)与低俗文化(Low Culture)。认为教师应尽一切可能教授给学生高级文化,增加学生接触高级文化的机会,使学生免受流行文化的影响。莱恩·马斯特曼认为,利维斯是少数对实务现场教学有兴趣的理论研究者。② 此书引用的教学材料和提供的教学方法,为学校教师们提供了很好的指导。利维斯等的媒介素养教育理念和教学方法,一直影响英国媒介素养教育理论发展与具体实践,由于在教育过程中强调培养学生的甄别能力与批判意识,这一教育理念也被一些批评家称为"免疫模式"。

二、文化研究与流行文化

20世纪50年代末、60年代初,随着英国学术领域中著名的"英国文化研究"学派的兴起和发展,雷蒙德·威廉姆斯和理查德·霍加特等学者质疑利维斯的文化概念,提出了关于文化的新的界定,将文化定义为"一种生活方式"。在这一界定下,文化所表达的是人们日常生活中的种种样态。③ 斯图亚特·霍尔和帕迪·沃纳尔在《大众艺术》一书中,提出了关于教授电影等媒介的广泛建

① MASTERMAN L.Teaching about television[M].London:the Macmillan press LTD,1980:43.

② MASTERMAN,L.Teaching about television[M].London:the Macmillan press LTD,1980:43.

③ BUCKINGHAM D. Media education: literacy, learning and contemporary culture [M]. Cambridge: Polity Press,2003:113.

议,这使得传统的免疫模式的媒介素养教育逐渐失去了存在的根基。随着20世纪70年代“荧屏理论”的发展,“荧屏教育”运动蓬勃发展,学术领域新的理论发展以及教育领域的实践,推动了媒介素养教育的不断发展。

20世纪80年代,莱恩·马斯特曼在批判荧屏理论的基础上,吸取符号学理论,在他的《教授媒介》(*Teaching the Media*)和《关于电视的教育》(*Teaching about Television*)两本著作中对语言、意识形态和再现等问题进行了深入探讨,强调对媒介文本的分析。马斯特曼强调再现的概念,并提出了著名的媒介素养教育的十八项原则,其媒介素养教育理念使英国媒介素养教育从免疫式的教育转向批判性媒介素养教育。

这一阶段的媒介素养理念,一方面,有将学生的学校课堂学习文化氛围与学生学校之外的社会生活联系起来的特点,与进步主义教育策略相呼应;另一方面,在强调培养学生对媒介的批判能力的同时,仍强调对不良文化的抵抗能力的培养,学生的主动性和参与性仍没有受到应有的重视。

三、网络的崛起与新的理念

20世纪90年代以后,随着互联网技术的发展,新的媒介形式层出不穷,媒介环境也日益复杂。帕金翰的超越保护主义路径的媒介素养理念影响范围不断扩大。由于学生体验的变化、媒体规制的变化,以及教师群体特征的变化等诸多因素的影响,媒介素养教育从强调防御和抵制的保护主义范式,向着强调理解、强调参与的超越保护主义范式转化。这一新的范式下的媒介素养教育重视学生参与,重视媒介制作在媒介素养教育中的重要作用,强调学生创造性的培养,强调学生的呼声得到倾听。

第四节　英国媒介素养教育政策制定与实施

英国已经建立起自身的媒介素养教育体系,实现了媒介素养教育的制度化。英国之所以能够走在世界媒介素养教育发展的前列,很重要的一点是得益于政府的重视和相关政策的支持。英国关于媒介素养教育的政策,主要体现在相关报告之中。

一、英国早期媒介素养教育政策的制定与实施

(一)《流行电视与在校儿童》和《考克斯报告》

1983年,英国教育科学部(Department of Education and Science,DES)发表了一篇名为《流行电视与在校儿童》(*Popular TV and Schoolchildren*)的调查报告,对当时最受儿童喜爱、也最受教育者和家长担忧的电视媒介进行了量化分析,并召集教师、节目制作人、媒体公司、社会组织等群体就媒介素养教育融入学校课程这一命题进行了讨论。综合数据和讨论结果,报告指出通过将媒介素养教育纳入教育来帮助学生了解电视是十分必要的。这个时期,官方并不打算将媒介素养教育作为独立的学科,而是希望教师在英国文化课程中融入媒介素养教育。此外,报告过分强调儿童可利用电视学习自己所未见过的事物,也有将媒介教育与利用媒介进行教育两个概念混为一谈的嫌疑。

英国正式将媒介素养课程纳入中小学国家课程框架是在1989年,在此之前一年发布的《考克斯报告》(*Cox Report*)可视为发展义务教育课程中媒介素养教育的先期指南。报告的第二版在1989年发布,补充了之前未加以详述的信息科技课程,倡导学生在英国文化课程中接触媒介、学会利用媒介发送和接收信息,掌握媒介制作的相关流程和处理信息的方法技能。虽然报告中关于媒介素养教育的说明只有寥寥数十行,对媒介素养教育的细节也未进行详细说明,但已经定义了媒介素养教育,并且明确界定其实行的方式为在英国文化课程中实施媒介素养教育,这是在国家课程中首次明文规定媒介素养教育为学校课程内容。①

不过,在许多媒介素养教育倡导者看来,媒介素养教育未能单独成为一门课程,无疑是令人遗憾和失望的。大卫·帕金翰曾指出,将媒介素养教育与英语教学放在一起的做法需要仔细考量,他认为,毕竟两者的教学方法和教学目

① 周素珍.英国媒介素养教育研究[D].武汉:武汉大学,2014:26.

的并不相同。英语教学强调读写技巧练习，而媒介素养教育则注重批判思考，将概念和目的显著不同的两个科目摆在一起，对于教师及课程设计来说是相当大的挑战，这大大地限制了媒介素养教育的内容。他进一步提出质疑："除了与英国文化课程结合外，媒介素养教育与其他科目没有共通处吗？"①关于这样的问题，在推动媒介素养教育上一直发挥着引导作用的英国电影协会有不同于政府的想法，且出版了一系列相关的教程、教材手册以支持教师开展媒介素养教育。

（二）教育改革与媒介素养教育课程发展

1997 年，英国工党上台后兑现选举时的承诺，以提升国家竞争力为宗旨进行教育改革，并由英国课程与评鉴属（Qualification and Curriculum Authority，QCA）着手进行课程改革。经过长达两年的研究与咨询后，在 2000 年颁布新修订的义务教育课程，虽然在核心科目上并没有任何的改变，但在基础科目中加入"信息通信技术"（ICT）课程，以适应信息化社会的发展。

具体来看，英国课程与评鉴属为 5—16 岁学生的 ICT 课程规划了四个总体目标：（1）使用 ICT 工具搜寻所需资料并判断资料的真实性；（2）利用资料搜集与辨别能力来完善个人作业与作品；（3）通过电子媒介进行信息交流分享；（4）在学习 ICT 的过程中培养批判精神。由此可看出，英国政府极力发展学生使用媒介和技术的能力，虽然课程并未以媒介素养命名，但课程的理念却与媒介素养教育理念相一致。从 2005 年英国课程与评鉴属发布的《媒介事项：学校和学院媒介研究述评》（*Media Matters：A Review of Media Studies in Schools and Colleges*）中可以发现，媒介研究作为中学课程（主要是英语课程）的一部分，对学生和老师都充满吸引力；而在考试方面，当时每年约有 4 万名学生在中等教育普通证书考试中参加媒介研究考试。②

除了学校内的媒介素养教育之外，学校之外的媒介素养教育逐渐成为媒

---

① BUCKINGHAM D. Watching media learning：making sense of media education［M］. London：The Flamer press. 1990：15.

② Qualifications and Curriculum Authority，QCA. Media matters：a review of media studies in schools and colleges［R/OL］.（2005）［2020-10-20］. https://dera. ioe. ac. uk/5437/7/ReviewMediaStudiesWebfiles_Redacted.pdf.

介素养教育发展中非常重要的推动力量。2003 年,英国政府将以前管理通讯、广播的政府部门与电视委员会、传播标准委员会合并为英国通信办公室,负责监管媒体的同时,保证民众媒介使用方面的权利。同年 12 月,英国国会通过《通信法》(*The Communication Act*),立法规定了通信办公室的职责。其中,推动"媒介素养"发展是通信办公室的任务之一。通信办公室所承担的有关媒介素养方面的任务包括:帮助公众更好地理解电子媒介出版物的特点,使公众认识和理解媒介与媒介生产过程,了解媒介规制,帮助公众正确应用媒介技术和有效利用各种媒介信息,并为媒介素养教育提供各类教材、出版物等资源,开展各类媒介素养教育活动。[①] 但是,通信办公室最初所推行的社会媒介素养教育与学校内实施的媒介素养教育有很大不同。通信办公室教育对象主要是公众,采用定期发行电子传单的方式来单向传播关于媒介素养的相关知识、观念与议题,未能与公众进行对话或互动,公众之间也缺乏交流。除了着重使用新媒介(如计算机的使用),是否能借由这样的推广方式满足媒介素养真正的诉求尚不能确定。随着越来越多的媒介素养教育专家倡导通过亲子共同学习来加强对青少年的媒介素养教育,英国地方政府还与一些当地学校合作,开展学校外的媒介素养社区教育、教会教育和家庭教育,全民媒介素养教育的发展格局逐渐形成。此外,尽管通信办公室成立之时,互联网已经得到了一定的发展,借由网络而兴起的形式丰富的媒介教育话题和手段(如视频游戏)已经受到了社会的关注,但是学校内的教学依然是相对保守的,电影、电视和新闻仍然是媒介研究和媒介素养教育的主要议题。

二、数字时代英国媒介素养教育政策的制定与实施

英国政府 2017 年发布的《政府转型战略》(*Government Transformation Strategy*)指出,英国乃至全世界正处于技术高速发展的数字环境中,英国人平均每年花费大约 1500 英镑用于在线购物,英国数字经济是世界上最发达的经济体之一,每年价值约 1450 亿英镑。在全球范围内,Netflix、Spotify、Uber、Airbnb、Fitbit、

---

① Communications Act 2003[EB/OL].(2003-12-01)[2020-10-20].https://www.legislation.gov.uk/ukpga/2003/21/pdfs/ukpga_20030021_en.pdf.

Facebook、Amazon 等软件和平台正在改变人们的生活。[①] 为了迎接数字时代，英国颁布了新的政策法规，其中不乏与媒介素养教育相关的内容，但是这些内容只是体现在其他政策法规之中，并没有单独的数字素养教育政策出台。

信息专员办公室(Information Commissioner's Office，ICO)是一个由数字、文化、媒体和体育部赞助的独立机构，是英国数据保护和信息自由的独立监管者，在《2018 年数据保护法》(DPA)和《2000 年信息自由法》(FOIA)的规定下履行职责。2020 年，信息专员办公室颁布了一项保护在线儿童的法规(Children's Code)，明确指出："孩子和大人不同，他们的在线数据需要更强的保护，我们希望儿童能够上网、学习、娱乐和体验世界，但要有适当的保护措施。"[②]信息专员办公室还举办了一系列网络研讨会为游戏、在线视频、社交媒体和网络游戏行业成员提供法规解读与实践指导。

在课程设计方面，2016 年教育部对媒介研究课程的大纲进行了修订，强调学生要对"广告和在线营销"保持警惕，了解"在线社交、参与式媒介"和"媒介新兴技术及未来发展"，理解"新数字技术给媒介监管带来的挑战"。[③]

总的来看，英国主要通过教育部门的课程政策来指导学校的媒介素养教育，并且此举得到了落实。校外教育则多是依赖政府支持下的独立机构在法律法规的范围内自主探索。进入数字时代，作为媒介素养教育源起国之一的英国在数字素养和信息素养的具体政策制定和实施上，则显得相对滞后。

第五节 英国中小学媒介素养教育实践

英国中小学媒介素养教育实践以学校为主阵地，主要依托"媒介研究""电

---

① Cabinet Office. Government transformation strategy: background[EB/OL].(2017-02-09)[2020-10-26]. https://www.gov.uk/government/publications/government-transformation-strategy-2017-to-2020/government-transformation-strategy-background.

② Information Commissioner's Office. ICO's children's code will help protect children online[EB/OL].(2020-09-02)[2020-10-26]. https://ico.org.uk/about-the-ico/news-and-events/news-and-blogs/2020/09/ico-s-children-s-code-will-help-protect-children-online/.

③ Department for Education. GCSE media studies[EB/OL].(2016-02-04)[2020-10-26]. https://www.gov.uk/government/publications/gcse-media-studies.

影研究”等课程开展。同时,将媒介素养被融入其他各类课程的教学之中。社会组织和媒体机构也与学校合作,共同促进青少年和儿童媒介素养的发展。

一、中小学学校正规教育中的媒介素养教育实践

(一)中小学学校正规教育中的媒介素养教育实践概况

1.课程内容概要

英国中小学的媒介素养教育没有设置为一门独立的课程,而是融合在其他课程中进行,目前英语课和公民课是其最主要的载体。英国义务教育的中小学阶段划分为四个关键阶段,在英语课和公民课的每个关键阶段的教学中,都有明确的媒介素养的教育要求。此外,在信息通信技术、艺术、地理等课程的教学中也有媒介素养教育内容。根据英国国家课程英语课的学习要求,第一关键阶段至第四关键阶段的英语课程学习项目中,发展学生听、说、阅读、写作能力应采用的方法中均包含了使用媒介文本。第一关键阶段至第四关键阶段每个关键阶段的“听和说”部分均要求提供给学生接触广播、电视、电影材料的机会;在第二关键阶段至第四关键阶段的“阅读”部分中,要求学生阅读非文学类文本,其中特别列出了“媒介和移动影像文本(如报纸、杂志、广告、电视、电影、录像)”和基于信息技术的互联网信息文本;在第三关键阶段和第四关键阶段的“写作”部分中,用于练习的写作材料中包括了电影剧本、广告、社论等媒介文本。①

1999年颁布的新一轮英国国家课程中新设置了公民课,该课程从2002年起开设,在每个关键阶段的教学中均有一个单元直接以媒介素养为内容。在第二关键阶段第十一单元“什么是新闻”的学习中,学生了解媒介的各种形式,懂得媒体在提供信息时应负责任,认识同一事件在不同的媒介中会被不同地呈

① Department for Education.National curriculum in England:English programmes of study[EB/OL].[2020-09-28]. https://www. gov. uk/government/publications/national-curriculum-in-england-english-programmes-of-study/national-curriculum-in-england-english-programmes-of-study.

现,并学会写作新闻。[①] 在第三关键阶段第九单元“社会中媒介的重要性”的学习中,学生学习媒介在传达话题性事件和宣传其他活动——如体育活动中的作用,理解媒介能促进社会运动的开展,认识媒介在个人权利如隐私权方面的影响,并有机会参与社区媒体的工作。[②] 在第四关键阶段第八单元“制作新闻”的学习中,学生要在限定的时间内编辑制作简要新闻,在这个实际操作的过程中体会如何平衡对同一事件的各种相冲突的观点,思考媒介的社会角色和责任。[③]

综合各课程中的相关内容,英国中小学媒介素养教育主要由以下核心概念构建而成:媒介语言、类型风格、再现、机构、受众等。[④] 教学内容主要为:学习媒介的语言、呈现信息的方式及背后的价值取向,学习媒介与受众间的关系,学习媒介传播的各个环节。

2.教学组织形式

媒介素养教育的一堂课通常由教师讲解、小组合作、总结评价三个主要环节组成。课堂教学开始后,教师一般用 15 分钟时间回顾上次课的内容、提出思考题,然后学生被分成几个小组共同完成任务,有时是讨论,有时是制作媒介产品,最后各小组向全班汇报小组合作的情况和结果,教师进行必要的点评。[⑤]

小组合作完成任务在英国的媒介素养教育中有着非常重要的地位和作用。一方面这是分析、制作媒介作品的需要,通过小组讨论,学生们对自己和他人的观点进行表达、辩解和争论,通过小组合作,既分工又协作地制作完成媒介作品。另一方面,小组合作能培养学生表达观点、理解他人、团体合作的能力。

作品制作和社区参与也是重要的教学方式。第二关键阶段的课程标准建议进行的教学活动中就有“到当地报社或电台、电视台参观”“使用影像和声音

---

① Department for Education.Citizenship at key stages 1 and 2[EB/OL].[2020-09-28].https://www.gov.uk/national-curriculum/key-stage-1-and-2.

② Department for Education.Citizenship at key stages 3[EB/OL].[2020-09-28].http://www.standards.dfe.gov.uk/schemes2/citizenship/cit09/.

③ Department for Education.Citizenship at key stages 4.[EB/OL].[2020-09-28].http://www.standards.dfe.gov.uk/schemes2/ks4citizenship/cit08/.

④ STAFFORD,R.Media education in the UK.[EB/OL].[2020-09-28].http//www.mediaed.org.uk/posted_documents/mediaeduk.html.

⑤ HART A.Researching media education in schools in the United Kingdom[J].Studies in media & information literacy education,2001,1(1):1-13.

设备制作自己的新闻节目,在学校展示”等内容,[①]以使学生在接触真实的媒介产业环境、参观体验媒介产品制作的过程中加深对媒介功能的理解,在社区参与中体会媒介在社会中的角色和责任。

3.中等教育证书考试中的媒介类科目

学生16岁时,完成了义务教育阶段的学习,国家进行全国统一考试,即中等教育普通证书考试,此后学生进行义务教育后阶段的学习,或为升入高等学校学习做准备,或进入职业教育阶段。在义务教育后阶段,国家提供了多种资格证书考试,英国课程与评鉴署将其中的专业文凭框架分为15个领域,其中一个即“艺术、媒体和出版业领域”。[②] 对应于这些证书考试科目,中学均开设相应的课程,如电影研究、媒介研究、戏剧研究等。这些国家文凭考试中包括高级水平普通教育证书考试(General Certificate of Education Advanced Level,简称A Level GCE)和高级补充水平普通教育证书考试(General Certificate of Education Advanced Supplementary Level,简称AS Level GCE),其成绩作为大学的入学依据,也设置有媒介方面的考试科目。

有数据表明,到2000年,英国有1.8万名学生参加了媒介研究、电影研究、传播研究科目的高级水平考试,另有5000多人在职业教育中选修了媒介课程并参加考试,还有2.5万名学生选修了中级水平的媒介研究类课程,并参加了中等教育普通证书考试及相同类型的考试。[③] 随着中小学课程中媒介素养教育的进一步发展,参加考试的学生数有明显的增加。2005年,超过4.5万名学生参加了媒介研究和电影研究的中等教育普通证书考试,2001年这一数据上升到了6.7万。[④]

4.师资培训

目前,英国没有专门的媒介素养教育师资职前培养机制,只有伦敦大学的

---

① STAFFORD,R.Media education in the UK[EB/OL].[2020-09-28].http//www.mediaed.org.uk/posted_documents/mediaeduk.html.

② Department for Education.14-19 curriculum and qualifications reform.[EB/OL].(2008-11-02)[2020-10-26].http://homepages.shu.ac.uk/~edsjlc/ict/14-19_reform/Teachers_Lecturers_Trainers.pdf.

③ Department for Education.14-19 curriculum and qualifications reform.[EB/OL].(2008-11-02)[2020-10-26].http://homepages.shu.ac.uk/~edsjlc/ict/14-19_reform/Teachers_Lecturers_Trainers.pdf.

④ MCDOUGALL J,LIVINGSTONE S.Media and information literacy policies in the UK[R/OL].[2020-10-28].http://eprints.lse.ac.uk/57103/1/Livingstone_media_information_literacy_2014_author.pdf.

中央演说与戏剧学院开设了脱产的职前研究生课程，此课程面向有志成为中学媒介素养教育教师的人员开设，完成学业后可获得媒介教育的教育学研究生证书（PGCE Media Studies）。① 在中小学从事媒介素养教育的教师有的是英语专业背景，也有其他如商业或工业专业背景的，他们到学校任教后，根据学校的工作安排才开始从事媒介素养教育，因此从事该项工作更多的是出于偶然，而不是明确的职业选择。很多从事媒介素养教育的教师都认识到需要接受进一步培训，特别是有关媒介产品制作方面的各种知识和技能的培训。② 在英国，在职培训的形式多样，比如由媒介素养考试委员会或英语与媒介中心提供的为期一日的工作坊，由伦敦大学教育学院和英国电影研究院提供的课时较长的课程班或硕士课程。

（二）学校媒介素养教育实践实例

1.媒介研究课程

媒介研究原先是作为一门选修课程而存在的，后来发展成为可选的中等教育普通证书考试的科目。2017 年开始实施的《媒介研究：中等教育普通证书考试科目内容》（*Media Studies：GCSE Subject Content*）中对作为考试科目的媒介研究课程进行了修订，英国现行的媒介研究课程就是在这一框架下展开的。媒介研究课程的设计要求见表 3.1。

表 3.1 媒介研究课程的基本设计

类目	内容
课程目标	• 展示质询、批判思考、决策和分析能力 • 了解和理解一系列重要的媒介问题 • 对媒介及其作用进行分析，从而批判地理解社会历史和现状，理解文化和政治 • 理解并应用专业术语来分析和比较媒介产品及其制作环境 • 理解理论是如何指导媒介实践的 • 通过提供创造性的媒介制作机会来培养实践技能

① The Central School of Speech and Drama.Postgraduate courses for media studies（PGCE）[EB/OL].[2020-09-28].http://www.cssd.ac.uk/postgrad.php/18/media_studies_pgce.html.

② HART A.Researching media education in schools in the United Kingdom[J].Studies in media & information literacy education，2001，1（1）：28-39.

续表

类目	内容
四个领域	• 媒介语言:媒介如何通过其形式、符号和约定传达意义 • 媒介再现:媒介如何描述事件、问题、个人和群体 • 媒介行业:媒介行业的生产过程、发行流程、发行的形式和平台 • 媒介受众:媒介如何定位、吸引受众,如何看待观众对其的理解和回应;受众如何成为生产者并表达感受
涉及媒介	• 电视、电影、收音机、报纸、杂志、广告、在线社交、参与式媒介、视频、游戏、音乐等
技能专长	• 分析媒介文本及背景 • 创制媒介内容和作品

资料来源:本表由《媒介研究:中等教育普通证书考试科目内容》(*Media studies: GCSE subject content*)①整理而成。

英国资格评估与认证联合会(Assessment and Qualifications Alliance,AQA)在此基础上开发了媒介研究课程的评估框架,从其设计的试卷样张中可以发现,考核评估由“媒介语言和媒介再现”与“媒介受众和媒介行业”两个版块组成,包括报纸分析、电视剧分析、商业广告解读、游戏角色剖析、媒介中的性别意识等内容。② 由此看来,媒介研究课程搭建了一个媒介理解、媒介批评和媒介制作三位一体的综合培养模式,并且搭配了合理的评估体系,保障了课程的效果。

2.媒介素养教育课程实践——身体形象教育

除了在中学开设专门的“媒介研究”课程外,媒介素养教育也融入其他课程教学之中,如个人、社会、健康和经济教育(PSHE)课程、信息通信技术课程、英语课程、社会课程等,其中个人、社会、健康和经济教育的身体形象教育中就有媒介素养教育内容(见表3.2)。

表3.2 个人、社会、健康和经济教育课程身体形象教育中的媒介素养内容

具体课程项目	适用对象	媒介素养教育内容
自信培养	KS3	建立媒介素养,理解荧屏或社交媒介的广告图像和消息往往是对事实的操纵

① Department for Education. GCSE media studies. (2016-02-04) [2020-10-26]. https://www.gov.uk/government/publications/gcse-media-studies.

② Assessment and Qualifications Alliance, AQA. GCSE media studies: media one [EB/OL]. (2019-11-19) [2020-10-26]. https://filestore.aqa.org.uk/resources/media-studies/AQA-85721-SQP.PDF.

续表

具体课程项目	适用对象	媒介素养教育内容
健康选择和身体形象	KS3	思考每天看见的媒介图文信息中的身体形象问题
饮食失调预防	KS1、KS2	分析与质疑媒介呈现的内容
对身体图像采取行动	KS4	严格评估媒介上提出的身体理念 警惕社交媒体陷阱:探索社交媒体带来的挑战,增强信心

资料来源:本表根据个人、社会、健康和经济教育协会发布《教师指导:身体形象教学的关键标准》(*Teacher Guidance:Key Standards in Teaching About Body Image*)①整理而成。

身体形象是个人对身体的看法,包括但不限于性别、身高、体重、体形、皮肤、肤色和外貌等要素。媒介是塑造中小学生身体形象认知的重要因素之一。为了帮助学生发展自己的知识、技能和特质,应对生活中的挑战并充分利用生活中的机会,英国教育部和个人、社会、健康和经济教育协会(PSHE Association)将身体形象教育加入个人、社会、健康和经济教育课程框架中。从第二关键阶段开始身体形象教育对学生提出了具体的媒介素养要求,包括认识媒介对学生的身体和心理的正面和负面影响,了解媒介并不总是真实再现,还会影响人们对自我的感觉,明白媒介可能会给自己带来压力,了解媒介中的刻板印象,以及如何应对网络欺凌等。第三关键阶段的学生则需要在此基础上认识媒介刻画的内容并不一定真实,并理解媒介如何展现年轻人、身体形象和健康问题,以及认识媒介身份是受到包括媒介和积极的自我意识在内的复杂因素影响的。第四关键阶段阶段的学生还需要认识媒介展现形象时的美化与修饰作用,并学会正确对待媒介中所呈现的关于性的问题等。

(三)社会组织开展的丰富多彩的媒介素养教育课程

除了学校开展的媒介素养教育课程之外,一些致力于媒介素养教育的社会组织也设计和实施各类媒介素养教育课程。睿智媒体作为广告行业的非营利性教育项目,目的是确保英国每个7—16岁的孩子都能放心地浏览他们所使用的媒体,包括能够识别、分析和严格评估所有形式的广告。睿智媒体提供免费

① PSHE Association.Teacher guidance:key standards in teaching about body image[EB/OL].[2020-04-27].https://www.pshe-association.org.uk/system/files/PSHE%20%E2%80%93%20Key%20standards%20in%20teaching%20about%20body%20image%2022nd%20April.pdf.

的教学资源和有关社交媒体、身体形象和广告营销等主题的家长指南。2002 年以来,有数千名英国老师使用睿智媒体的媒介素养材料,睿智媒体为中学和小学学生和教师提供了不同类型的课程资源(见表 3.3)。

表 3.3 Media Smart 为中小学提供的课程资源

	课程主题	适合年龄段	内容
小学	广告概论	7—11 岁	利用真实案例,教授广告和媒介素养技能,使学生对广告、广告的目的和方法有更多的了解,培养学生识别不同媒介广告的能力
	数字广告	9—11 岁	探讨数字和社交媒体广告,包括在线或包括游戏在内的网站上的任何内容
	身体形象与广告	9—11 岁	了解一系列广告的目的,评估其方法,探索广告与身体形象的关系
中学	身体形象与广告	11—14 岁	帮助学生了解广告如何影响每个人的身体自信
	社交媒体与广告	11—16 岁	鼓励学生更多地思考他们可以使用的社交媒体类型、社交媒体上的广告、他们与社交媒体网站和广告商的关系等
	有影响力的营销	11—14 岁	帮助学生了解具有社会影响力的人与其可能推广的品牌之间的商业联系
	制作广告	11—16 岁	通过年轻人设计自己的广告的挑战来提高年轻人对创意行业的兴趣
	管理在线广告体验	11—16 岁	引导学生讨论什么是基于某种利益诉求的广告、这类广告存在的理由,以及年轻人如何应对此类广告

资料来源:本表根据睿智媒体官网①信息整理而成。

睿智媒体为这些课程资源提供了教师展示文件、教学影片、学生指南和学习成果评估表。如在“管理在线广告体验”课程中,要求学生回答:“你有没有注意到你在使用筛选过滤软件之前和之后看到的广告有什么不同?管理基于利益的广告可能带来的好处是什么?管理基于利益的广告可能存在的缺点是什么?你将来会继续使用广告筛选和过滤软件吗?为什么?”②等。

---

① Media Smart.Welcome to Media Smart[EB/OL].[2020-10-26].https://mediasmart.uk.com/.

② Media Smart.How to manage your online advert experience[EB/OL].[2020-10-26].https://mediasmart.uk.com/manage-your-online-advert-experience/.

网络时代的年轻人生长在一个充斥着大量商业信息的世界,因此他们应了解这些商业信息背后的东西,对广告要保持辩证的态度。睿智媒体通过引导中小学生研究数字广告、名人营销和身体形象等重要主题,发展他们媒介素养关键技能的同时,也帮助他们掌握生活技能,使他们在个人发展和做好全球公民等方面都能有所助益。

二、校外组织和机构参与的中小学媒介素养教育实践

(一)学校和校外社会组织联合举办的媒介素养教育活动

英国政府在 1988 年提出将媒介素养教育融入英国文化课程中,然而官方文件中并没有就如何融入给出详细说明和指导,这就增加了教师具体教学实践的难度。为了推广媒介素养教育,英国政府与相关社会组织合作,探讨媒介素养教育的理论和实践问题,通过发起各类项目和组织各类丰富多彩的活动,开发媒介素养教育教学所需各类资源。

1.英国电影协会的导向作用

英国电影协会成立于 1933 年,是一个由政府资助的全国性文化和教育社会组织,负责保存英国电影、电视、摄影作品等影像记录,以传承和保护与移动影像相关的英国非物质文化遗产。[①] 此外,英国电影协会还经常举办各种各样的课程、活动,出版刊物,向社会公众推广流动影像的相关知识,引导社会公众了解与欣赏流动影像。

英国电影学院在推动本国媒介素养教育发展的过程中做出了较大贡献,不仅提供了大量丰富的教学资源,在理论探索上也颇为深入、系统。1990 年,英国电影学院出版了由 20 多位教师根据实际教学经验撰写的媒介素养教育教学研究成果,总结出统一的媒介素养教育相关概念和教学大纲,并成为后来英国媒介素养教育发展所遵循的核心理念及教学依据和评价指标。在该项研究成果的基础上,英国电影学院与电影教育协会(The Film Council Education Fund)分别于 1989 年和 1991 年出版了《初等媒介教育:课程声明》(*Primary Media*

① British Film Institute,BFI.About the BFI[EB/OL].[2020-06-03].https://www.bfi.org.uk/about-bfi.

Education:*A Curriculum Statement*)与《中等媒介教育:课程声明》(*Secondary Media Education*:*A Curriculum Statement*)两本教师手册。书中简要说明了媒介素养与媒介素养教育的意义、媒介素养教育相关理论基础和实践背景,并建议媒介素养教育应包含六个关键概念(类别、语言、技术、机构、再现和受众)和相关教学范畴。① 在义务教育课程制定之初,这两本教师手册是教师在中小学英国文化课程中融入媒介素养教育的指南。

英国电影学院在媒介素养教育融入义务教育课程方面,不断探索,相继出版了相关的教师手册与教学指南,诸如《电影制作要义》(*Making Movies Matter*)、《课堂移动影像教学》(*Moving Image in the Classroom*)、《媒介素养概览》(*Mapping Media Literacy*)等,为教师的媒介素养教育实践提供指导和必要的教学资源。

2.英语与媒介中心

英语与媒介中心(English and Media Center,EMC)为一教育组织,以出版非营利性的教育出版物和增强教师能力为宗旨。该组织主要通过以下方式,为中学及继续教育的老师与学生提供媒介素养教育课程所需内容材料。② 内容材料主要包括(1)为教师和学生提供专业和多元的课程。对于学生,该组织开设符合英国课程和评鉴署所公布的如中等教育普通证书考试等升学测验的特殊课程,供学生报名参加,以帮助学生通过考试。对于教师,该组织则针对第三关键阶段的老师开设全国性训练课程,帮助教师将媒介素养教育融入英语科目教学中。这些课程包括中等教育中的媒介研究、剪辑技巧、漫画教学、新闻制作、交互式媒介研究课程、短片教学、媒介信息融入英语教学、未来媒介研究发展等课程。(2)设立网络数字图书馆,为教师提供高质量的教学资源和相关学术文献。(3)编辑出版《媒介杂志》(*Media Magazine*)和《电子杂志》(*e Magazine*)这两本刊物,为学生在继续教育阶段学习、使用媒介提供指导和帮助。

3.英国通信办公室的实践项目

英国通信办公室负责指导英国社会的媒介素养实践,在 2019 年发起了“媒

① BOYD-BARRETT O.BFI/OU media education:recollection and assessment[J].Television & new media,2010,11(6):463-465.

② English & Media Cneter,EMC.Courses at EMC[EB/OL].[2020-06-03].https://www.englishandmedia.co.uk/cpd-and-consultancy/courses/.

体意识”(Making Sense of Media)工作计划，旨在通过提供强有力的研究，为利益相关者及其活动的协调提供指导，帮助提高英国成年人和儿童的网络技能、知识水平和理解力。2006年以来，通信办公室每年都会开展儿童媒介素养研究项目;2014年以来的每个季度发布《媒介素养公告》(2019年底改名为《媒介意识报告》)，概述一个季度内英国和国外各种媒介素养活动。①

2014年开始，通信办公室开展了一项名为“儿童媒介生活”(Children's Media Lives)的跟踪研究项目，研究人员对18个8—15岁的孩子进行了连续观察，每年就他们的媒介习惯和态度进行采访。这项研究提供了有关媒介使用动机和背景的证据，以及解释了媒介如何成为日常生活和家庭环境的一部分。该研究还提供了有关媒介习惯和态度如何随时间变化的丰富细节，尤其是与儿童的情感和认知发展有关的信息。② 这个项目直到现在仍在进行中。2020年8月，中心发表的《儿童生活》报告，对新冠肺炎暴发后封锁时期儿童媒介生活进行记录和分析，对封锁期间儿童们都做什么，哪些社交媒体平台最受欢迎，儿童如何社交，青春期的女孩子们有哪些新习惯，儿童如何参与新闻等问题进行研究，发现参与研究的绝大多数儿童花费几乎所有时间在线上进行没有规律的活动;与其他媒介活动相比，玩抖音非常受欢迎;社交活动完全转移到线上，但通常这些社交活动与游戏、多屏互动等有密切联系;青春期的女孩子普遍关注与身体相关的锻炼内容;除了在开始阶段，儿童对有关新冠肺炎的新闻不感兴趣。这一研究结果为政府、学校、教师、家长，以及相关媒体机构和社会组织制定相关教育政策、开展具有针对性的媒介素养教育项目，提供了学术指导。

4.“新闻素养网络”的教育实践

“新闻素养网络”(News Literacy Network)成立于2018年，由国家扫盲基金会(National Literacy Trust)担任主席，由媒体、教育和慈善机构组成。这一网络的目标是加强各年龄层新闻用户的信心、知识和技能，使他们能够批判性地参

① Office of Communications. About media literacy [EB/OL]. [2020-10-26]. https://www.ofcom.org.uk/research-and-data/media-literacy-research/media-literacy.

② Office of Communications. Children's media lives [EB/OL]. [2020-10-26]. https://www.ofcom.org.uk/research-and-data/media-literacy-research/childrens/childrens-media-lives.

与新闻和时事。同时,网络还为学校教师提供了有用的关于假新闻和批判性素养的资源。

"新闻素养网络"为学校教学活动提供了很多便利,包括(1)提供中小学课程资源,帮助教师发展学生的识读和批判能力;(2)提供展示和教室资源,通过海报和其他展示材料帮助学生了解虚假信息和媒介素养的知识;(3)开展教育工作者培训,帮助他们更好地准备讲授有关假新闻和媒介的知识;(4)提供对青少年儿童友好的新闻等。①

(二)学校和传媒业界联合开展的媒介素养教育实践

在英国中小学媒介素养教育发展推进的过程中,不仅有民间机构的奔走呼号,还有来自传媒业界的助力,这其中英国广播公司(BBC)的行动颇具影响力。

BBC 面向广泛人群开展各类媒介素养教育活动,其中"BBC 新闻校园报道"(BBC News School Report)项目是专门针对中小学生的媒介素养活动。该项目于 2006 年在英国中小学校园发起,旨在为 11—14 岁的学生提供为真实观众进行新闻报道的机会。英国所有中小学均可参与该项目,项目利用来自"BBC 校园报道"网站的课程计划和材料,以及借助来自 BBC 的专业工作者的支持,帮助教师培养校园新闻记者。该项目还从 2007 年起举办年度"新闻日"(News Day)活动,所有参与活动的学校都在学校的网站推出自创的视频、音频和文本新闻报道作品,并与 BBC 网站链接。BBC 推出的"BBC 校园报道"项目不仅激发了年轻受众对各种新闻形式的兴趣,培养了学生媒体制作和报道的相关技能,也增强了学生的批判性思维能力、研究能力和沟通能力。

小 结

英国媒介素养教育起源于文化研究学者对英国精英文化的维护,以及对传统

---

① National Literacy Trust.News iteracy network:find the right fake news and critical literacy teaching resources [EB/OL]. [2020-10-26]. https://literacytrust. org. uk/policy-and-campaigns/all-party-parliamentary-group-literacy/fakenews/newsliteracy/.

价值观传承的忧虑。英国媒介素养教育经历了甄别与抵抗阶段、文化研究与大众文化阶段、荧屏教育与启蒙阶段,以及超越保护主义和多元化发展阶段等。但英国媒介素养教育早期发展所特有的文化研究的传统,一直深深根植于英国媒介素养教育的理论探索与实践活动之中。这使得英国媒介素养教育无论是在理论建构,还是在实践探索方面都发展比较平稳。日渐系统化的理论建构,成为英国媒介素养教育的坚实基础,而在理论指导下的丰富多彩的媒介素养教育实践,成为理论建构的现实基础,二者相得益彰。20 世纪 70 年代,媒介素养教育成为英国正规教育的重要组成部分,有了制度性的保障,实现了制度化,这对于英国媒介素养教育发展来说是具有历史性的意义。英国媒介素养教育由此获得了立法支持、政策支撑和经费保证。尤其是根据英国《1988 年教育法》,英国在 1989 年将媒介素养教育课程纳入中小学国家课程体系,媒介素养教育融入各科教学之中,媒介素养教育获得了长足发展。

面对网络技术的兴起,英国媒介素养教育呈现出多元化发展的趋势。英国一些高校和研究机构与中小学合作开展的媒介素养教育项目,对促进英国中小学媒介素养教育发挥了极大的促进作用。这些项目不仅理念先进,而且具有较强的科学性和可持续性,并在项目进行过程中和结束时进行较为全面科学的评估,以保障项目实施的效果。随着数字化时代的到来,英国政府于 2017 年颁布《英国数字战略》(*UK Digital Strategy*),[①]制定了英国脱欧后如何打造世界一流数字经济、实现全面数字转型计划。其中,“数字技能与包容性战略”直接与英国民众的数字时代的媒介素养教育相关,旨在为每一个人提供所需的数字技能和数字素养。未来英国媒介素养教育发展的重点,应该是能够胜任数字时代媒介素养教育的教师教育及培训。

---

① Department for Digital, Culture, Media & Sport. UK digital strategy 2017[EB/OL].(2017-03-01)[2020-10-30].https://www.gov.uk/government/publications/uk-digital-strategy/uk-digital-strategy.

第四章　德国中小学媒介素养教育

在20世纪初,德国的教育者开始关注媒介素养这一问题,通过不断地探索以及尝试,积累了丰富的实践经验,德国媒介素养教育理论框架基本显现。德国中小学媒介素养注重将相关媒介知识和媒介技能的教育融入学生公民意识的培养之中,通过媒介素养教育培养具有参与社会政治能力的公民。

第一节　德国中小学媒介素养教育概况

一、德国中小学教育制度概况

德国教育事业管辖权在联邦和各州之间进行分配,中小学教育的行政管理职权主要归属各联邦州,各州在教育上享有完全的自主权。通过各州文教部长定期的联席会议,德国确保各州教育学历及其毕业证书的一致性和可比性。

德国实行九年义务教育,学生免费就读公立学校。只有大约10%的中小学生上私立学校。德国中小学教育体系纵向分为三个阶段:初等教育阶段和中等教育第一阶段、第二阶段。通常儿童从6岁开始上小学(1—4年级),而后进入正规学校教育阶段:普通中学、实科中学和文理中学。德国大多数小学是非全日制学校,采用上午上课,下午休息的作息时间。小学教育注重基础知识教育,要求教学内容和形式与学生的身心发展状况相符合,主要设置德语、数学、音乐、艺术、体育和宗教课等,旨在激发学生的学习兴趣,培养学生的独立自主和实践动手能力。

中学教育分成第一阶段和第二阶段。小学毕业之后，不能或者不愿进入其他三类中学就读的学生，必须升入普通中学（5—9/10 年级）继续学习，以保证德国基本法中所规定的义务教育政策的落实。学生在普通中学接受中等义务教育，课程有必修课和选修课，包括德语、数学、英语、历史、化学、生物、体育和艺术等课程，主要培养学生独立处理日常生活问题的能力，课程强调实用性和可操作性，为未来家庭、社会和职业生活做准备。

实科中学在教学内容上提供比普通中学更进一步的中等教育，学制为 6 年（5—10 年级），课程内容与普通中学相比，增加了社会学、自然科学和第二外语等科目，涉及的知识面更广，重视学习现代科技知识，培养学生的创新能力。实科中学学生毕业后的个人发展方向更加灵活，学生可以毕业后升入完全中学，也可以升入职业学校继续学习。未能毕业的学生，还可以转入普通中学，最终完成义务教育。文理中学涵盖中学教育的第一和第二阶段，从 5 年级一直到 12 或 13 年级。由于大多数学生今后发展方向是进入大学接受高等教育，所以文理中学入学的条件较高，强调学术教育。文理中学毕业之后，学生有资格直接进入大学学习，当然也可以升入职业学校学习。在德国，只有部分联邦州设有综合中学。综合中学的就读年限分为义务教育阶段（5—10 年级）和自愿教育阶段（从 10 年级开始，最高可以到 13 年级）。课程分为基础课程和能力课程。

德国中小学教育体系完善，具有很强的灵活性。在课程内容设置上，各类学校不仅要求学生掌握一定的基础知识，同时能够根据学生今后教育发展的方向提供相关课程，为下一步的职业教育或者大学教育打下基础。

二、德国媒介素养教育概况

德国中小学没有强制性开设媒介素养教育课程，一般是由各个学校自愿在 5—10 年级开设媒介素养教育相关课程。德国的媒介素养教育受限于有限的资源，同时也缺乏师资培训，仅有 1/3 的教师接受过大学层次的媒介素养教育培训。没有专门的教科书和各种支持材料，更没有适应不同年龄阶段的教科书和辅导材料。德国媒介教育和传播文化协会(Gesellschaft für Medienpädagogik und Kommunikationskultur,GMK)等社会组织对推动德国媒介素养教育的发展发挥着重要作用。

媒介素养概念来自英文"Media Literacy",德语表达为"Medienkompetenz",媒介素养是一种综合能力的展现。在德国,由于对能力概念的解释不同,因此"媒介素养"一词始终没有一个统一的定义。迪特尔·巴克(Dieter Baacke)是德国媒介素养教育领域中的重要人物①,他在乔姆斯基②提出的语言能力基础上,结合尤尔根·哈贝马斯(Jürgen Habermas)③关于个人参与社会互动能力的理论,发展了适合媒介素养教育的理论体系,④从媒介知识、媒介评论、媒介使用和媒介组织四个方面来解释媒介素养概念。首先,媒介知识主要指关于了解和运用媒介和媒介系统的知识,包括掌握各种媒介和媒介系统的基本特征、运作机制及效果,这类知识体现在理论和实践操作两个方面。其次,媒介评论需要从分析、反思和道德层面上来理解。也就是说,一个有传媒能力的人能够对疑难的社会进程进行分析,这种分析性的认知能够反思地运用到个人的媒介行动中,同时能够察觉媒介对个人及社会的影响,并且认识自身在传媒文化发展中的作用和责任。再次,媒介使用中除了接受式使用,还有创造式使用。随着技术的发展,产生了愈来愈多的交互性媒介,主动创造性地使用媒介受到更多的关注。最后,媒介组织包括两层含义,即变革性和创新性地组织媒体,变革性的组织媒体主要指的是在现有媒介系统中进行改进和发展,而创造性地组织媒介更多地强调美学上的变化和改变交际中的习惯做法等。

贝尔恩德·施洛伯(Bernd Schorb)是德国莱比锡大学媒介素养教育专业教授。⑤ 施洛伯关于媒介素养的理论建立在交际能力理论基础上,并在概念上进

---

① BAACKE D.Handbuch Medien-Medienkompetenz-Modelle und Projekte[M].Bundeszentrale für politische Bildung,1999:34.

② Wikipedia.Avram Noam Chomsky[EB/OL].(2020-09-19)[2020-10-07].https://en.m.wikipedia.org/wiki/Noam_Chomsky.

③ Wikipedia.Jürgen Habermas[EB/OL].(2020-09-21)[2020-10-07].https://en.m.wikipedia.org/wiki/J%C3%BCrgen_Habermas.

④ BAACKE D.Medienpädagogik[M].Berlin:Max Niemeyer Verlag,1997:51.

⑤ Wikipedia.Medienkompetenz[EB/OL].(2017-03-07)[2020-09-29].https://de.wikipedia.org/wiki/Medienkompetenz.

一步细化和区分,从三个层面来解释媒介素养。第一个层面是媒介知识。与巴克的理论相比,施洛伯所提出的媒介知识在内容上更为完整,主要指关于媒介作用、媒介结构和媒介导向的知识。媒介作用是指媒介工具类使用知识和美学定义上的媒介创作知识,是开展媒介行动的前提。媒介网络及其特性,特别是网络内容及其政治和经济意义是媒介结构知识中的重要组成部分。通过学习相关的媒介结构知识,使用者可以对当前的媒介体系有较为全面的认识。媒介导向知识建立在之前的两项知识基础之上,是媒介知识中的关键。掌握这一知识的使用者能够通过评价和权衡媒介作用和媒介结构知识,来应对信息泛滥的媒体世界,找到和建立自己的立场。第二个层面是媒介评价。这是一种建立在基本认知和伦理道德基础上的反思能力。这一点与巴克的理论观点一致,施洛伯特别强调媒介评价是将媒介知识和媒介行动联系起来的能力。个人根据自己的媒介知识储备来选择媒介导向,为媒介行动确定方向和目的。媒介评价帮助使用者来辨认媒体现象背后所隐藏的利益,同时认清媒介结构和影响,反思和评价不同的媒介资源和技术。第三个层面是媒介行动。媒介行动是一种自发性、创造性和美学性的活动。媒介行动能力具体包括使用媒介、参与媒介活动和创造媒介产品的能力。从交际学的意义上来说,媒介行动首先是一种人与人之间的交流活动。开展媒介行动是使用者利用媒介所提供的可塑性和自身的创造能力,建立新的交流方式,以描绘和加工现实社会中的不同题材。这一行动的内涵已经超越简单使用媒介的范畴,而是一种社会性、创造性和创新性的合作交流活动。

对施洛伯而言,媒介素养是一种建立在整体知识结构基础上的素养,是对各类媒介形式和内容进行评价的能力。具备媒介素养的人,能够在享受性使用媒介的同时,对媒介进行评判和反思,同时能够根据自己对媒介内容和美感的认识,创新和合作地使用媒介。个人使用媒介的过程还会体现使用者对社会的责任感,这是一种建立在伦理道德之上的行为。

从 1985 年起,格哈德·图洛齐埃基(Gerhard Tulodziecki)教授开始研究中小学媒介素养教育,起草了行动和发展导向教育方案。[①] 在 1995 年德国文教部

① Wikipedia.Gerhard Tulodziecki [EB/OL]. (2017-03-23) [2020-09-29]. https://de.wikipedia.org/wiki/Gerhard_Tulodziecki.

长联席会议上,他的理论观点对当时拟定决议影响较大。他认为,媒介素养主要涉及两个行动范围,一方面指使用现有媒介资源,比如,在网络中对于生态、经济、自然和政治等主题信息的评价;另一方面是能够使用媒介创建个人的观点和见解,比如,在网络中建立自己的网页或者网络报纸。具备媒介素养的使用者能够开展一种自主性、创造性和对社会具有责任心的适宜行动。为此,需要以下三方面的知识:第一,在使用媒介过程中,媒介所提供的所有塑造可能性,比如,还原现实的照片或呈现抽象的图片,语言或表情符号所表达的问题等;第二,使用媒介的前提及其影响,比如,使用媒介对个体情感和个体行为指导所产生的影响,使用媒介对大众和个体交流方式的意义等;第三,媒介产品制造和加工的前提条件,比如,使用邮件的技术前提,关于个人隐私的保护法规等。根据以上两个行动范围和三方面的知识内容,格哈德·图洛齐埃基将媒介素养概括为一种综合行动能力,使用者能够有意识地选择和使用媒介资料,能够制作和传播自己的媒介产品,能够理解和评价媒介产品,能够辨认和评价媒介影响,能够认清和评定媒介产品制作和加工的前提条件。

总体上来看,在德国媒介素养教育研究中,迪特尔·巴克提出的媒介素养概念始终占据主导地位。许多德国媒介素养教育研究者在巴克的理论基础上,不断拓展媒介素养的概念。大多数德国研究者认为,媒介素养是在具备媒介知识的基础上,能够反思个人的媒介使用行为、评价不同的媒介技术、认清媒介在整个社会结构中的影响,从而促成个人有意义的、有创造性的、具有美学价值的媒介行动。

三、媒介素养教育在德国教育体制中的作用

随着现代传媒技术的不断提高,各类信息能够迅速传播,渗透到人们的学习、工作和生活的各个角落,影响着人们的思维方式和价值观。新媒体带来的变化愈来愈多地体现在教育领域中,其传播信息和政治文化功能受到教育者的广泛关注。早在20世纪初,媒介素养教育理念已经出现在德国的校园中,课堂教学不仅使用媒介工具,而且对最新出现的大众媒介进行内容上的分析。德国的教育一直以来较为重视媒介在课堂上发挥的工具作用,关于媒介素养教育的

大量活动主要在校外开展,主要培养广大儿童和青少年使用、掌握、认识和评价媒介的能力。

1995 年 5 月 12 日,德国文教部长联席会议首次发布了关于《学校媒介教育》(*Medienbildung in der Schule*)的决议[①],此决议明确说明媒介在学校和教育中的重要作用,确立了媒介素养教育在中小学教育中的地位。学校中的媒介素养教育是一项长期系统性的教育,它陪伴着学生成长,帮助学生学会面对各类媒介,并能批判性地构建自己的媒体世界。在这之后,几乎每年的文教部长联席会议,都提及关于媒介素养教育的内容,德国各联邦州在教育上享有完全的自主权,文教部长联席会议内容为其提供指导性的建议,各州结合自己的具体情况,发布相关的文件和政策,强调媒介在校园的作用,让更多的学生、教师和家长们了解和重视媒介素养教育的作用。

2008 年的联邦州媒介素养教育会议,围绕培养媒介素养的主题,为各个联邦州提供了学校媒介素养教育的参考方案。依据该方案,巴登·符腾堡州、柏林市、不来梅市、汉堡市、萨克森·安哈特州,以及图林根州相继制定了媒介素养教育计划,或者在教育大纲中加入与媒介素养教育相关的规定。萨克森·安哈特州除了推出与各课程相融合的媒介素养教育课程,还明确在 7[②]—10 年级开设媒介课程,作为限制性选修课程。[③] 2010 年,汉堡大学对德国中小学校媒介素养教育的地位开展了一系列的调研评估,关于教学计划和学校框架计划调查的分析结果显示,在开展媒介素养教育方面,各个州呈现不均衡的发展局面。2012 年 3 月 8 日召开的文教部长联席会议要求进一步贯彻 1995 年关于《学校媒介教育》的决议精神,结合现代教育所面临的媒介挑战,细化决议内容,强调开展媒介素养教育的紧迫性,明确将媒介素养教育列为学校的一项持续性的职责任务。课堂和教育实践要帮助广大学生了解媒体世界,特别强调将媒介所提供的新方法融入教学和学习设计过程中。根据 2012 年文教部长联席会议的决议,德国各个联邦州相继出台新政策。德国北莱茵-威斯特伐利亚州(以下简称

---

① Kultusministerkonferenz.Medienbildung in der Schule[R].Beschluss die Kultusministerkonferenz vom 8. März 2012.

② 德国学校七年级的学生年龄为 13 岁,相当于中国小学 6 年级。

③ HALDENWANG V.Medienbildung in der Schule[EB/OL].(2019-03-23)[2019-09-10].https://www.kubi-online.de/artikel/medienbildung-schule.

北威州)2015 出台的学校教育法[①],规定学校的教育任务之一是培养学生能够认真负责地运用媒介的能力。在课堂上,通过媒介素养教育帮助学生应对不断变化的信息社会,为今后的媒介化生活做好准备。各州通过不同的方式来培养学生的媒介素养。以巴登-符腾堡州为例,2016 年的教育改革计划[②]将媒介素养教育确立为六个主导培养方向之一,明确媒介素养教育定义,并对不同阶段儿童和青少年教育提出相应的要求和实施建议。

在德国教育体制中媒介素养教育已经成为基础教育的必要组成部分,同时也是学校、家庭和社会的一项共同任务。

第二节 德国媒介素养教育发展历史

早期的媒介素养教育在理论上尚未成熟,实践中关于研究对象和研究范围的描述较为粗略。因此,德国媒介素养教育发展历史是由各类媒介教育活动及相关教育理论研究共同谱写的。德国媒介素养教育的发展状况主要由各时期的政治状况、各类教育流派和媒介技术的发展决定。关于媒介素养教育发展历史的阐述和分析,学者们始终采取一种折中主义的方式,即在任何时期都不存在唯一有效的媒介素养教育理念,而是每个时期强调不同目标范畴,起主导作用的研究方向不断交替变化。特别指出的是,早期阶段的媒介素养教育(20 世纪 60 年代之前),几乎没有相关的理论研究,在实践方面仅有一些简单、笼统的概述。[③] 本节将德国媒介素养教育的发展历史为六个发展阶段,并对每一阶段的基本状况进行描述和分析,以期探究德国媒介素养教育发展的历史轨迹。

---

① Landesanstalt für Medien Nordrhein-Westfalen. Medienkompetenz in der Schule [EB/OL]. (2017-03-20) [2020-09-29]. http://www.medien kompetenzportal-nrw.de/grundlagen/handlungs felder/schule.html.

② NIESYTO H. Medienbildung in der Bildungsplanreform 2016: Digitale Medien-wenn vorhanden [EB/OL]. (2005-10-12) [2020-09-29]. https://www. arge-tuebingen. de/_ downloads/1cc0390c4c9ec54cc6486158c87b5449/Stellungnahme_Niesyto_20151012.pdf.1-4.

③ HÜTHER, J., SCHORB, B. Grundbegriffe Medienpädagogik [M]. München: Kopaed Verlag, 2005: 116-127.

一、保护性和预防性的媒介素养教育

早在18—19世纪，书籍和报纸成为大众媒介和启蒙媒介，为了保护广大市民免受大众媒介的负面影响，特别是低级文学作品的侵害，教会和政府要求实施保护性管理措施。20世纪前三十年中，随着电影的不断流行，这类媒介素养教育强调预防媒介干扰的趋势愈加明显。在当时的学校中，占主导地位的保护主义教育认为，媒介对儿童和青少年的成长有危害作用。学校通过推广媒介素养教育来保护学生，最具代表性的是教师在课堂上对电影内容进行分析讲解，培养学生具备防范电影负面影响的能力，使其免受伦理和道德上的危害。这一阶段的媒介素养教育导致学生缺少自我选择媒介和评价媒介的能力。

二、鼓动性和教化性的媒介素养教育

在第三帝国时期（20世纪30—40年代），当时的媒介主要是作为宣传和教化的工具，因此从教育的角度来研究媒介素养教育根本是不可能的。除了部分反对派教育者所提倡的批判性教育以外，当时的媒介素养教育几乎被政府的传媒教育政策所替代，其主要目的是介绍媒介和推广媒介消费等，而且所有媒介内容都在政府的监控之下。当时大众媒介和课堂媒介具有塑造意识形态的功能，媒介素养教育被伪装成为一种公民教育。

三、预防性和规范性的媒介素养教育

在1945年之后，许多教育者对媒体失去了信任，担心重现第三帝国时期的大众错觉，有意识限制媒介的操控能力。[①] 与媒介相关的教育活动尝试着纠正纳粹主义时期的错误，延续魏玛共和国时期的教育传统，为媒介素养教育创造新的开端。面对各类新媒介，教育者大力强调保护意识，防止媒介对人们产生“不良”影响。在沿用预防性媒介素养教育理念的同时，强调加强规范性治理，

---

① SCHORB B. Stichwort-Medienpädagogik[J].Zeitschrift für Erziehungswissenschaft,1998(1):7-22.

保护意识是媒介素养教育的核心。国家对学校内媒介选择和媒介制作的内容施加影响,在学校中建立图片资料室、学校广播台和电视台,在当时的西德还建立起一系列国家机构和自发组织对媒介内容进行监管,以保护儿童和青少年。

四、批判性的接受理论与媒介素养教育

一种建立在自我免疫基础上、过分强调保护青少年的媒介素养教育,让愈来愈多的青少年感受到一种强烈的束缚感。与成年人不同,青少年逐渐创造出自己独特的生活方式和媒体消费方式,在这一过程中,预防性的媒介素养教育失去了意义。随着20世纪50年代电视的飞速普及,媒介素养教育不再以预防为目的,而是在寻求一个新目标。

"批判性接受"理论大约创建在20世纪60年代中期,这一时期媒介素养教育受法兰克福学派的影响较大,主要目的是对青少年开展使用媒介启蒙教育。教育者强调探究媒介的背景,进行批判性的讨论。

20世纪60年代末,随着大众媒介和文化的迅速发展,接触媒介成为人们实际的生活方式之一。媒介素养教育愈来愈多地关注大众传媒的社会局限性,"批判性接受"理论发生了改变。一方面政治力量尝试不断增强对公共广播电视的控制,另一方面媒介素养教育开始致力于研究媒介日益增强的政治经济功能。特别是在20世纪60年代末,在西德的学生运动和新马克思主义的影响下,这一时期理论和实践研究的中心议题是消除媒介政治垄断性的威力,要求人们能够敏锐地感知媒介的影响,并认清媒介交流过程及形成的背景原因。媒介素养教育的目标是培养儿童和青少年的媒介意识,以及批判性分析能力。

五、强调教育技术功能的媒介素养教育

在注重研究媒介日益增强的政治经济功能的解放性媒介素养理念形成的同期,也就是20世纪60—70年代,产生了另一个研究方向,不再将媒介作为公共传播手段来研究,而是将媒介作为获取知识、传播信息和解释说明的重要工具来开展各项教学活动。这一理念的产生与当时教育政策的大背景密不可分,

在课堂上使用媒介成为媒介网络系统结构中新的支柱。一直到 20 世纪 70 年代末期,使用媒介始终保持着一片繁荣景象,在德国的中小学、大学和各类成人教育机构中,各类媒介被广泛应用。强调媒介的功能性,课堂学习被描述为一个“刺激—接收”的过程,媒介在这一过程中发挥着刺激信号和接收检测的作用,通过合理使用媒介和优化教学过程,更好地实现课程的学习目标。

解放性媒介素养教育提出反对意见,一方面反对在课程设计中过分强调实现学习目标的思想,这种教育技术功能理论将制约课堂中交流性和自主性学习;另一方面也反对媒介素养教育中媒介教育和媒介教学法两极化的发展。解放性媒介素养教育认为媒介与社会是相互依赖而存在的,因此从原则上来说,大众媒介和课堂媒介不存在根本上的区别。两者在不同的领域中均为服务于社会交际的工具,发挥着各自的影响作用。

在这一阶段后期,媒介素养教育者结合以上两种理念中的共同点,尝试着从解放性媒介素养教育的角度来分析说明如何使用课堂媒介,主要观点如下:(1)课堂被定义为学生开放式的学习过程;(2)在这个学习过程中,媒介作为工具是由参与使用媒介的学习者决定的;(3)教师和学生将为他们的课堂有意识地设计制作各类媒介产品;(4)使用媒介的目的是在思考过程中加入媒介;同时在社会情境中对使用媒介的行为进行反思。

六、反思实践性媒介素养教育

20 世纪 70 年代后半期,解放性媒介素养教育的理论不断发展,为反思实践性媒介素养教育的形成创造了基本条件。在全球媒介研究和媒介理论不断发展的背景之下,研究的焦点从媒介对人的影响,转变为人能够使用媒介来做些什么。媒介素养教育中,使用媒介行为被理解为由需求所指向的、有意识的社会行为。通过反思实践性的媒介活动来获得获取知识和表达需求的能力,其目的是运用媒介来改变人们的态度和行动,这一理论具有行动导向和参与导向的特点,强调引导人们思考如何在日常生活中面对各类媒介。

20 世纪 80 年代,教育者们尝试着从整体上来发展媒介素养教育,从人们生活环境出发,思考媒介与人之间的关系。该理念的出发点是使用者不仅被动地承受媒介的影响,而且在日常生活中主动地学会运用媒介安排自己个人的媒介生活。为此,反思实践性媒介教育者尝试帮助媒介使用者培养必要的媒介素养,强调对于使用媒介行为的反思。迪特尔·巴克是这一理念的杰出代表,他首先将媒介交流中的使用者定义为目标引导的行为主体。教育者将向使用者传授如何面对媒介和如何与媒介相处的知识,这种行动能力被定义为实际的分析能力、有效参与能力和调整媒介影响的能力。在这一理念的指导下,媒介素养教育实践使原来被动的媒介消费者成为公共传媒世界里主动的设计者。

第三节 德国媒介素养教育发展理念

随着媒介技术的不断进步,大规模的信息传播改变着人们的社会环境和生活方式,影响着人们的思维方式和价值观,媒介化的生活日益显著。媒介素养教育理念的发展历史其实是不同时期教育者对“新媒介”出现和发展做出回应的过程。具备媒介素养的人,除了自信地运用多样的信息处理方式,同时还能够一定程度地理解媒介世界,成功地融入媒介世界。

德国不同的教育机构制定了大量非官方的媒介素养教育方案,这使学习的内容和形式更为丰富。关于媒介化教育空间建构问题的讨论明确了媒介素养教育不能只局限在学校里,而应该在人们所生活的社会环境中展开对数字媒体和社交媒介的教育价值进行分析和讨论,以实现个体社会化。数字化背景下,媒介教育的构想更强调个体的完整性,比如,个体与媒介环境的关系。媒介素养教育更侧重于提高个体的媒介意识,对媒介化的知识构建和教育过程进行反思。媒介素养教育关注个体学习过程的结果、个人知识和常识知识相互转换的过程,以及教育系统在这一过程中发挥的作用,同时对媒介化教育空间的建构和运行的交流过程进行反思。① 媒介素养教育使儿童和青少年具备一定的能力,使其在成长过程中能使用各类媒介独立地建立起自己的教育空间,并在学习和教育过程进行不断地自我调整。从某种意义上而言,媒介素养教育是个体进行自我构建的一个过程,其目的是在媒介化的社会环境中,确定个体的位置

① HÜTHER,J.,SCHORB,B.Grundbegriffe Medienpädagogik[M].München:Kopaed Verlag,2005:126.

和承担相应的社会责任。

在媒介素养教育领域里,德国的理论研究始终与英语国家的研究保持着紧密联系,其成果是国际媒介素养教育研究的重要组成部分。① 在德国媒介素养教育研究中影响较大的理论有 1982 年赫塔·施图姆(Hertha Sturm)的接收者导向理论,1989 年迪特尔·巴克和汉斯-迪特尔·库伯勒(Dieter Baacke & Hans-Dieter Kübler)媒介生态理论以及 1986 年米夏埃尔·莎尔托(Michael Charlton)强调结构分析的接受性研究。这一系列的相关研究同时受到人种学及文化研究的影响,由最初的定量研究为主转变为以定性研究为主。② 德国的理论发展与国际上的相关发展基本同步,研究者参与部分国际性研究。德国的研究重点逐步从媒介导向的作用研究发展为以个体和社会环境为导向的接纳性研究。

德国媒介素养教育的研究存在不同的视角,主要研究方向有媒介教学法和媒介素养教育理论。媒介教学法主要研究在学习和教学中如何使用媒介,媒介素养教育理论则注重强调在新媒体世界中怎样开展必要的媒介素养教育。尽管以上两个问题所涉及的内容经常交织在一起,这两个问题的研究工作几乎都是平行展开的。在不断深入的研究工作中,将出现两个方向理论相互借鉴和相互依存的局面。与其他国家相比,德国不仅有大量关于媒介本身和媒介影响方面的研究,而且在关于教学和学习过程的研究中,有相对丰富的内容和影响较大的系列讨论。在关于媒介教学法的讨论中,提出了在设定环境下学习的方案。电脑和网络技术的飞速发展,以及行动导向教学理论和心理学理论的支持,确保和促进了这一类方案的实施。

德国的媒介素养教育研究根据不同的研究方向进行,积累了大量丰富的资料和数据,参考了国际上的相关研究结果。2002 年,拉尔夫·福尔布雷希特(Ralf Vollbrecht)对德国媒介素养教育研究进行了回顾和总结,重点关注媒介素养教育的成果。2004 年,彼得·温特尔霍夫-施布克(Peter Winterhoff-Spurk)全面概述了情感、认知和与行为有关的媒介作用,并总结德国媒介素养教育的研究成果,主要涉及媒介素养教育的作用、意义,以及关于媒介形象和青少年使用

① TULODZIECKI G.Zur Situation der Medinpädogik in der Bundesrepublik Deutschland.[EB/OL].(2005-10-05)[2020-09-29].https://www.medienpaed.com/article/download/73/73/.

② TULODZIECKI G.Medienpädagik in der Krise? [M].München:Kopaed Verlag,2005:30.

媒介的其他观点，阐述新的感知方式和新旧媒介的发展趋势，包括新闻、聊天、邮件、手机、电脑游戏和互联网的媒介社会，最后谈及虚拟世界的个体社会化问题。

特别值得一提的是，德国的媒介素养教育主要是通过媒介项目来实施的。1999年，由德国联邦政治教育中心出版的宣传册《媒介素养——模式与项目》共介绍了90多个项目。除了依据研究重点而组织开展的项目外，还有大量与探索未来发展相关的项目。在这类研究内容中，媒介素养教育活动前提、框架条件和活动结果及评价，都是媒介素养教育研究发展的要点。除了从方法论的角度来推广和完善项目过程外，媒介素养教育的评价工作被放在了首要位置。当然，媒介素养教育的发展还需要有明确的教育要求，加强理论指导，同时还需要解释和说明教育项目开展的前提、项目具体实施过程和项目结果之间的相互关系。

第四节　德国媒介素养教育政策制定与实施

1982年1月，联合国教科文组织在德国格伦沃尔德召开国际媒介教育会议，有19个国家的代表参加。会议公布了《格伦沃尔德媒介教育宣言》(*Grunwald Declaration on Media Education*)①，强调媒介作为文化要素在现代社会中发挥着重要作用。该文档明确了媒介素养教育的概念，并提出了开展媒介素养教育的一系列建议。这次会议推动了德国相关政策的制定和实施，使媒介素养教育得到迅速的发展。随着新媒介技术的发展，以及数字化时代的到来，德国高度重视数字产业的发展。2016年3月，德国经济与能源部(the Federal Ministry for Economic Affairs and Energy，BMWi)部长西格玛·加布里尔(Sigmar Gabriel)签署了《德国2025数字战略》，旨在实现德国数字化创新。在该战略的10个行动领域中，明确提出要实现所有年龄段的数字教育。② 2016年12月，教育和文化

---

① UNESCO. Grunwald declaration on media education［EB/OL］.(2020-10-07) http://www.unesco.org/education/pdf/MEDIA_E.PDF.

② Federal Ministry for Economic Affairs and Energy，BMWi. Digital strategy 2025［EB/OL］.［2020-10-06］. https://www.de.digital/DIGITAL/Redaktion/EN/Publikation/digital-strategy-2025.pdf? _blob=publicationFile&v=9.

事务部长常务会议宣布采取“数字世界中的教育”(Education in the Digital World)战略,对所有16个州、联邦政府、地方部门、教育部门和学校提出了具体目标和行动要求,强调媒介素养教育的重要性,要培养数字时代的合格公民。

一、2009年巴伐利亚州府文教办公厅公报

2009年巴伐利亚州府文教办公厅公报要求儿童和青少年在学校里了解媒介,学习选择媒介、分析媒介和评价媒介;在使用媒介的同时,学会如何进行反思;要求能够对媒介产品带来的可能性、局限性以及危险性进行评估,同时能够看清处于社会相互关系中的媒介产品。① 巴伐利亚州的部分学校被授予媒介素养教育的推荐学校,这些学校将本校持续有效地开展工作、提高质量等制定和实施媒介素养教育计划的过程记录下来,供其他学校参考。其工作重点是通过实施学校媒介素养教育大纲,以及校内媒介素养教育的系统教师培训,来提高课程质量,提高学生的媒介素养能力。

二、德国文教部长联席会议关于媒介素养教育的相关决议

2012年,德国文教部长联席会议关于“学校媒介教育”的决议确立和说明了学校媒介素养教育的重要性,主要涉及以下五个层面:第一是运用媒介来促进和提高教与学的质量;第二是自主、积极和民主地参与政治、文化和社会生活;第三是青少年的自我教育和个性构成;第四是塑造个体的道德立场、价值观和审美判断力;第五是有效应对媒介和媒介使用所带来的不良影响。

从媒介素养教育作为学校教育的重要组成部分被纳入大纲中,到提高媒介素养教育质量和持久性开展下去的相关保障措施,这些都是德国媒介素养教育取得成功的前提条件。2012年的决议具体提及了八个重要的实施领域,明确这八个领域的相互关系和相互作用,能帮助各州中小学有效地推行教育政策,最

---

① Bayerisches Staatsministerium für Unterricht und Kultus.Medienbildung:Medienerziehung und informationstechnische Bildung in der Schule[R].2009:385.

终实现教育目标。①

(一)教育教学计划

虽然媒介素养教育已经无一例外地写入各个联邦州的教学计划中,但是从进行的方式、规模和具体程度而言,各州有较大的区别。决议要求各州能够重新审阅学校课程中媒介素养教育部分,并进行内容更新,拟定媒介素养教育中部分跨学科的评价标准,特别要求重视学生媒介素养的评价工作。

(二)教师培养

在媒介素养教育中,广大的教师自身不仅需要具备媒介素养,而且还需要有一定的媒介教育能力。媒介教育能力主要是要求所有教师在课堂中,有能力组织学生进行媒介体验和分析不同的媒介产品,培养学生使用媒介过程中的反思性和创造性。必须开展关于媒介素养教师基础培训计划,并根据需求提供相关的教师进修内容。

(三)学校发展

为了更加有效推动媒介素养教育发展,需要有仔细详尽的计划框架。因此,每所学校的媒介素养规划需要与各自学校教育、组织、设备和人员条件相符,以适应本学校工作和使用需求。

(四)设备和技术支持

学校需要拥有一定的设备,为学生进行媒介学习和媒介制作创造条件,特别需要提供一些必要的媒介学习和制作软件。通过学校相关决议,将网络连接和学校电脑设备保养等工作写入学校媒介素养教育发展计划中。教师能够得到技术人员的全力支持,全身心地投入到媒介课程设计中。

---

① Kultusministerkonferenz. Beschluss der Kultusministerkonferenz vom 8. März 2012: Medienbildung in der Schule [EB/OL]. (2012-03-08) [2022-07-10] https://www.kmk.org/fileadmin/veroeffentlichungen_beschluesse/2012/2012_03_08_Medienbildung.pdf.

（五）教育媒介

无论课堂教学所使用的媒介，还是其他具有教育功能的媒介产品，都将被系统地开发、记录和保存下来，并在网络上公布，提供给各类学校使用。这类媒介和媒介产品由各州和各地方的媒介中心调控，以保证师生在校内和校外都可以使用。

（六）著作权和数据保护

网络数字媒介使用起来简单便捷，随着其使用量的日益增长，学校也面临着法律方面的新挑战。需要增强教师和学生在数据保护、青少年保护条例和隐私权、相关著作权和许可权的问题方面的敏感性，增强学生的著作权和数据保护意识。

（七）校外合作伙伴

学校需要加强与校外其他机构和组织的合作，开展相关媒介素养教育活动。比如，校外教育组织、文化组织、图书馆和公共传媒机构等。媒介素养教育还涉及儿童、青少年媒介保护和个人隐私保护问题。由于学生的媒介素养教育很大程度上受到家庭的影响，因此学校与家长的合作也尤为重要。

（八）质量保障和评估

学校媒介素养教育一方面必须符合相关的质量标准，另一方面也是评价学校和课堂质量的一个重要标准，所以校内和校外质量评估都需要重视媒介素养教育。这里主要是监督学校是否推行媒介教育计划，是否定期评估教师的媒介素养。

三、2015 年北威州的学校教育法关于媒介素养教育的相关规定

德国北威州的学校教育法明确指出学校的教育任务之一是培养学生能够

有把握、认真负责地运用媒介。[①] 在课堂上,通过媒介素养教育帮助学生应对不断变化的信息社会,为今后的媒介化生活做好准备。北威州在媒介素养教育方面已经积累了丰富的课程资料,以培养不同年级的学生正确运用各类媒介,特别是使用网络的能力。在学校和课堂上使用电子媒介的机会逐渐增多,特别是电脑和平板电脑已经成为日常的教学工具。在开放式的项目中,青少年变得更加积极主动,他们制作自己的媒介产品,并进行反思。

四、2016 年巴登-符腾堡州的教育改革计划

巴登-符腾堡州的教育改革计划指出,媒介素养教育是基础教育中的一项重要任务。在行动导向式的教育方案中,不仅能够激发媒介在教与学过程中的潜能,而且能够预防性、批判性和反思性地处理媒介交往中出现的问题和风险。通过教育,使儿童和青少年能够自主、自信地面对传媒社会中的要求和挑战,包括使用数字媒体来学习和交流的能力,以及根据自己的需求批判性地选择使用媒介的能力。2016 年的教育改革计划,为了能够培养学生的媒介素养,要求将媒介素养教育融入课程主题和任务中,除了开设一个媒介素养教育基础课程外,还需要将媒介素养教育的内容融入其他各类课程中。此外,在课程中设有专门的时间和地点,开展项目导向的媒介素养教育,提升学生的行动能力。另外,家长、校外辅导员,以及整体的社会环境都需要关注青少年的媒介素养教育。

第五节　德国中小学媒介素养教育实践

根据 2012 年文教部长联席会议决议的具体要求,德国各州中小学在学校课程中尝试融入媒介素养教育内容。

---

① Landesanstalt für Medien Nordrhein-Westfalen. Medienkompetenz in der Schule[EB/OL].(2017-03-20)[2020-09-29].http://www.medien kompetenzportal-nrw.de/grundlagen/handlungs felder/schule.html.

一、德国学校教育系统的媒介素养教育——以巴登-符腾堡州为例

(一)中小学课程发展

1.中小学课程基本情况

巴登-符腾堡州2016教育改革计划要求各个中小学在1—12年级,将媒介素养教育融入每门课程中。[①] 该州媒介素养教育的六个主题内容包括:信息与知识、制作与展示、交流与合作、媒介社会、媒介分析和信息技术的基础等。经过各方不断努力,媒介素养教育已经较为成功地整合为德语课程的一部分。计划还明确规定在5年级开设媒介素养教育基础课程,培养学生的媒介素养,为下一阶段媒介素养教育打下基础。[②] 这个基础课程共包括35课时,在课程大纲中占有30课时,另外5课时将由各个学校根据各自学生的实际情况开展不同程度的强化式教育。联邦州媒体中心(Landesmedienzentrum,LMZ)具体介绍了不同的课程实施方案。比如,每周有规律地开展课程,强化周课程和以项目活动日的形式开展媒介素养教育等。在时间允许的情况下,教育者可以根据各自的课堂情况,选择性使用联邦州媒体中心所提供的课程资料。这些方案和资料在推广和实施各个学校媒介素养教育中发挥着指导作用。该州的学校媒介素养教育主要涉及以下三个特定能力领域:(1)掌握数字媒介操作和结构基本知识;(2)对个人的使用媒介行为和社会媒介发展进行反思,还包括有意识和有目的地选择加工信息,负责任地与数据和媒介打交道,能够认识和评价媒介所带来的影响,在不同的情况下,能够对媒介资料和媒介文化进行分析和讨论;(3)在音频、视频等视听符号系统方面,或者在网络文本和多媒体数字的环境中,具备基本的技术操作能力和美学创作能力。具体来说,主要指的是在媒介环境中交流、学习和创作;掌握媒介语言,制作和传播个人的媒介作品,其中还包括关于媒介伦理和法律问题。

---

① NIESYTO,H.Medienbildung in der Bilungsplanreform 2016:"Digitale Medien-wenn vorhanden"[EB/OL].(2015-10-12)[2020-09-29].https://www.ph-ludwigsburg.de/fileadmin/subsites/1b-mpxx-t-01/Niesyto/Stellungnahme_Niesyto_20151012.pdf.

② 德国五年级的学生年龄为11岁,相当于中国小学4年级水平。

在巴登-符腾堡州，媒介素养课程尚处于广泛推广的初期阶段，旨在通过观察和分析部分试点学校的情况，发现在课程实施过程中存在的一些困难和问题，为进一步开展媒介素养教育提供必要的指导。在课程的内容方面，媒介素养涉及很多的单项能力，比如，操作不同媒介的能力，或者使用媒介进行创新的能力等。在数字化时代，要求学生们能够系统理解数字媒体的符号语言，并且能够掌握与之相关的结构和实践知识。学生们需要有足够的时间来消化课堂知识。在2016年教育改革计划听证会上，部分教育者和专家提出，在35课时的课程时间内，如果仅仅示范性地讲授媒介的影响、作用、体系知识和使用方法，无法保证学生达到相应的课程要求。学生们至多能够了解部分基础知识，无法掌握所有的知识，也无法深入地开展媒介研究和反思自己的个人经验。

在如何将媒介素养教育内容与各门课程内容相结合的问题上，该州在媒介素养教育实践方面尚缺乏系统的操作方法，特别是在通过媒介培养个性方面和创造性地有效使用媒体方面，都需要在内容和形式上尽快地补充和完善。不同课程虽然都有一些关于媒介素养教育的论述，并进行了初步的尝试，但是大部分的课程内容缺乏系统性和持续性。此外，关于保护个人隐私的相关法律知识和自主学习等主题都是目前学校媒介素养教育所忽视的内容。

从实施课程的外部环境来看，也存在需要改进和完善的内容。联邦州政府一方面强调推广媒介素养教育的重要性，但另一方面在经济上，对学校基础设施建设的支持甚少。由于各类媒体设施是由所属城市或乡镇政府自筹资金购买，所以媒介素养教育工作只能在设备较为完善的学校中开展。因此，联邦州政府在教育拨款方面，需要重视中小学媒介设施的建设，为学生提供具体的实践场所。另外，大量的研究显示，在媒介素养教育方面，许多教师关于媒介方面的知识匮乏，以至不能胜任相关的教学工作。相关专业教师队伍建设，全体教师媒介素养的培训和进修工作，都是在媒介素养教育中需要加强和发展的方面。

2. 中小学课程计划

媒介素养是21世纪人们参与社会和职业生活必备的关键能力之一，现代数字媒体的发展要求个体能够不断完善和提高这一能力。开展媒介素养教育，需要将其作为一项循序渐进的工程来进行。总体来看，在不同课程和年级中推广媒介教育工作仍缺乏系统性和协作性。为此，2008年，在联邦州媒介素养教育会议上，联邦州媒体中心依据能力导向的媒介素养教育方案，拟定了教育计划的主体内容和媒体素养的课程计划，明确了学校媒介教育的广度和深度，为媒介素养课程和跨学科教育要求提供了方向性的指导。以小学阶段的媒介素养课程计划为例，1 年级和 2 年级的课程共包括六个媒介素养模块，主题分别是信息技术的基础、信息掌控、相互交流、媒介呈现、媒介作品制作和媒介社会分析。每一模块又划分为六栏内容，包括主题、媒介素养、具体内容和说明、课程名称，以及具体的实施建议（见表 4.1）。

表 4.1　巴登-符腾堡州的小学阶段媒介素养课程计划（模块 1）

媒介素养模块 1：信息技术的基础（适用于 1 年级/2 年级） 电脑使用的第一步：以信息技术为主题，学生们通过与其年龄相适的方式，学习如何与电脑打交道。				
主题	**媒介素养**	**具体内容和说明**	**课程名称**	**实施建议**
基础电脑知识	学生了解一台电脑的主要组成部分	观察一台电脑，能够了解电脑各组成部分的定义，如：机箱、屏幕等	入门课程（德语课、人文自然课）	下载：图片；关于电脑主题的图片
在课堂中适宜地使用电脑	学生理解并接受与电脑打交道的行为规范	关于使用电脑和机房的规范（建议相关规定以海报文字形式明确）	入门课程（德语课、人文自然课）	相关链接：课堂资料（电脑和外部设备的操作使用；鼠标；电脑使用中的创新）
电脑屏幕桌面及其结构	学生了解电脑桌面各种符号的意义，并且能够很好地操作	点击打开各类程序，如：文字处理程序、加工图片程序、学习软件和浏览器等	入门课程（德语课、人文自然课）	背景知识：电脑上在 Word 文档里的书写；关于媒介素养教育的资料：键盘等
电脑鼠标、触摸屏和电脑键盘的使用	学生掌握打开程序的能力，并能够在操作界面进行与其年龄相适合的操作	巧妙控制程序的操作界面，比如：练习双击程序标识	入门课程（德语课、人文自然课）	对学生而言：文件夹资料；电脑操作工具等
学校电脑的储存系统	学生能够储存和打开一个已建目录中的文件资料	将文件和图片储存在个人的文档中	入门课程（德语课、人文自然课）	相关信息：简单的电脑知识课堂模板；我们是一个整体
文件打印	学生认识打印标志，并能够顺利完成打印任务	打印文件和图片	入门课程（德语课、人文自然课）	相关链接：促进阅读和写作的发展；文件资料管理（虚拟的文件夹）

资料来源：Lüthje-Lenhart，Fries，Jaklin：Mediencurriculum Grundschule. 7-8，Landesmedienzentrum Baden-Württemberg，2014.

3.中小学课程资源建设

在媒介素养教育发展过程中,德国已经积累了丰富的经验,拥有大量的项目实例和课程范例,适合不同年龄阶段的媒介素养教育。这些资料以文字版或者电子版的形式提供给所有教育者使用。在巴登-符腾堡州的中小学中,虽然已经明确设立媒介素养教育的基础课程,或在其他课程中融入媒介素养教育内容,但是还没有统一出版的相关教材。在巴登-符腾堡州国家媒体中心的网站上,可以了解2016年教育计划中专设的基础课程,其中包含媒介素养教育的内容,以及媒介素养教育与各类学校课程相结合的情况。该网站还为广大教育者提供大量关于媒介素养教育的资料、有价值的建议和丰富的课堂创意,教育者可以参考学习,并在不同的课程中直接进行尝试。

4.建立媒介素养教育示范性小学

为了进一步发展小学阶段媒介素养教育,联邦州媒体中心为地方小学提供了一套开展"小学媒介素养教育"的推荐模式。[①] 这个试点项目为小学的媒介素养教育制定计划、准备相关的技术设备和具体实施方案提供一个全面的规划,同时为有兴趣参与的小学、学校董事会,还有教育规划委员会,提供一手的资料和一些推行建议。

根据巴登-符腾堡州媒体中心推荐的学校模式,自2018—2019学年以来,里登伯格小学(Modellgrundschule Riedenberg)一直是斯图加特市媒体中心(Stadtmedienzentrum Stuttgart,SMZ)的示范小学。该学校得到了媒体教育顾问西蒙·基什内尔(Simon Kirschner)和斯图加特市媒体中心整个团队的大力支持。通过使用数字设备和媒体来重新考虑和尝试教学方案是该项目的重点。随着2016年新课程的推出,媒介素养教育已成为小学教学不可或缺的一部分。里登伯格示范学校的工作,使人们能够从课程中获得使用数字媒体的经验。

建立媒介素养教育示范性小学后,一方面这套模式可以全面支持和帮助教师们开展媒介素养教育;另一方面,通过示范性小学里的实践工作,管理机构能收获更多关于媒介素养教育的知识和启示。联邦媒体中心的中期计划是每个

---

① Landesmedienzentrum.Der Referenzschulen für die Medienbildung in der Grundschule gesucht[EB/OL].(2017-04-02)[2020-09-29].http://www.lmz-bw.de/medienbildung/news-einzelansicht/article/referenzgrundschule-im-ostalbkreis-gesucht.html.

地区建立一所示范性小学,其最重要的作用是加强同行间的交流联系,不断积累教育实施过程中的经验。示范性小学起草制定适合各自学校的媒介发展计划,在已有的设备条件基础上,将现有的媒介素养教育更系统化地发展下去。在这一背景下,各小学主要是计划和实施校内的媒介素养教育大纲,采用与其相适应的评价方案、相应的技术设备,以及与校董事会合作等。

这一项目经过几年的尝试,管理部门发现小学成功开展媒介素养教育,需要具备一定的条件,其中,密切地进行教育指导和技术监管尤为重要。所有参与使用这一推荐模式的学校能够得到全面系统的支持和帮助,具体的工作由联邦媒体中心和奥斯塔尔伯县媒体中心共同合作完成。关于教育和技术问题,校内的咨询任务由来自媒介素养教育咨询处(MPB)和学校网络咨询处(SNB)的顾问们承担,他们会定期到学校开展面对面的咨询工作。示范性学校可以通过联邦媒体中心的技术热线,获得远程访问权限,来提高学校在网络技术方面的监管维护能力。在内容上,他们为推荐学校提供方向性和计划上的指导,以及推广样本和评价措施等。另外,示范性学校还需要与其他学校加强联系,发挥指导者的作用。通过定期的讨论交流会,示范性学校将积累的经验分享给同地区的其他学校,提供相关的例证材料,尝试继续开发新项目,让更多感兴趣的教育者能够参与和体验媒介素养教育具体付诸实施的过程。

(二)中小学师资培训情况

所有的研究调查表明,在开展媒介素养教育过程中,教师的培训工作对实现媒介教育目标起到决定性的作用。教师作为学校教育的核心,是学校实施媒介素养教育的主导因素,直接影响学生媒介素养的形成和提高。德国学者西格利德·布洛梅克(Sigrid Blömeke)把“教书”和“育人”(Teaching and Educating)作为教师的核心任务。在教师应具备的媒介素养能力中,他提出了媒介素养的“双向技能”①:一方面教师应当能够以课程创新的思想为指导,在课堂中充分应用新媒体来帮助和促进教学;另一方面教师应当及时意识到媒介素养的教学任务并加以贯彻实施。

2012年文教部长联席会议决议,关于进一步发展媒介素养教育方面提及了

① 张晓寒.德国教师媒介素养发展的概况与启示[J].当代职业教育,2018(1):95-99.

八个重要的实施领域,其中就包括师资培训的内容。在德国,媒介素养教育课程作为必修和选修课程出现在各类学习培训领域,其中包括幼教培训、中小学教师进修、大学社会学专业课程、教育学硕士课程、师范类院校课程等。

德国高校当前正处在结构调整阶段,媒介素养教育学内容被融入到教育学以及其他相关专业的课程中,有部分大学已经建立了独立的媒介素养教育学专业。师范类学校将媒介作为手段和内容融入课程中,使未来的教育者获得与媒介相关的附加职业能力。在中小学教师的培训中,有大量涉及媒介素养教育主题的课程。各类教育机构、基金会与大学合作,推出一系列相关的教师培训项目,“教师培训和新媒体”①是其中最具代表性的高校网络项目,由多所高校参与。在区分媒介素养和媒介素养教育能力的基础上,该项目明确了教师培训的五个能力范围,分别是在使用媒介、对媒介意义的敏锐度、在教与学过程中使用媒介、对教育任务的感知度,以及在学校开发媒介素养教育方案。德国很多高校参与媒介素养教师教育。以路德维希堡教育学院(Ludwigsburg University of Education)为例,该学院主要以提供初等教育和中等教育教师证书的课程作为根本任务。此外,该学院还提供媒介文化管理等硕士学位和教育博士学位。该大学非常重视媒介素养教师教育问题,关于媒介素养教育的研讨班内容主要集中在基础媒介素养教育、媒介发展与儿童和青少年利用媒介的研究、媒介制作与以绩效为导向的媒介问题、媒介引导方法与媒介学习安排、媒介素养教育研究与媒介素养教育项目评价等五个方面。路德维希堡教育学院重视在不同的学科领域中开展媒介素养教育,学院的媒介素养和媒介研究跨学科研究中心(Interdisciplinary Centre of Media Education and Media Research,IZMM)建立于1998年,目的在于促进各学科领域的同仁对媒介素养教育进行跨学科研究。教育科学、艺术教育、音乐教育、德国研究、哲学、宗教教育、社会学、文化管理和教育管理等学科领域的学者在中心进行跨学科的媒介素养教育研究和媒介研究。除了高校的教师教育活动之外,德国各个联邦州还提供许多关于媒介素养教育的教师进修活动,各州推行的教师进修计划中,就包含新媒体导论的内容。

从总体上而言,德国提供了丰富的媒介素养教师教育内容和进修活动,但

---

① TULODZIECKI G.Zur situation der medinpädogik in der bundesrepublik Deutschland[EB/OL].(2005-10-05)[2020-09-29].http://www.medienpaed.com/article/download/73/73.

是其中部分课程的质量和培训推广的范围还不能满足相关的要求,需要进一步的发展和完善。

二、德国校外媒体教育机构的媒介素养教育实践

在德国中小学努力推动媒介素养教育发展的同时,许多媒体教育研究机构也投入到这项重大工程中,主要是各联邦州的媒体技术中心、青少年活动中心,各类专业机构和媒体组织等。在各类校外媒介素养教育项目中,一部分是属于各联邦州的资助计划或项目,但主要还是以协会组织的形式居多。以下介绍德国一些重要的教育机构所开展的媒介素养教育研究与实践。

(一)德国媒介素养教育和传播文化协会

德国媒介素养教育和传播文化协会已有30多年的历史,在德国媒介素养教育的发展过程中发挥了重要作用。其创办人是德国媒介素养教育的代表人物之一迪特尔·巴克,协会旨在积极负责地参与和推动德国乃至欧洲地区的媒介素养教育和传播文化的发展。具体来说,协会力求促进从学龄前至一定年龄段的媒介素养教育的发展,同时避免出现"数字鸿沟"现象。协会主要通过以下一些行动和措施来实现其目标。①

1.搭建沟通网络

德国媒介素养教育和传播文化协会定期举办专业会议、不同主题的研讨会和各类大型会议,媒体制作人、政治家和教育工作者聚集一堂,针对大家所面临的媒介教育问题,进行商议和讨论。其中影响较大的是每年举办的为期3天的"传播文化论坛"。论坛内容包括各种专业报告和研讨会,介绍各种媒介素养教育活动,与会者共同探讨和拟定媒介素养教育的内涵。在过去的30多年里,该协会通过组织的各类会议,已经搭建起一个基本完整的沟通网络,为媒介素养教育发展创造良好的前提。同时,德国媒介素养教育和传播文化协会还支持和

---

① FRIEDRICHS, H., SANDER, U. Ein Vierteljahrhundert Gesellschaft für Medienpädagogik und Kommunikationskultur-Von den Kabelpilotprojekten zum Web 2.0[J]. Diskurs Kindheits- und Jungendforschung Heft. 2009(1):123-130.

组织欧洲各类相关协会、机构，以及学校之间的合作项目和活动。

2.创新教育

德国媒介素养教育和传播文化协会的一项基本任务是发展和促进围绕媒介素养教育和传播文化的主题新想法和新项目的发展。德国媒介素养教育和传播文化协会起草和协调各类媒介素养教育项目，提供校内和校外相关领域的教师培训。比如，幼儿教师的专题进修，旨在提高教师自身的媒介素养。德国媒介素养教育和传播文化协会设有"迪特尔·巴克"奖，每年表彰优秀的媒介素养教育项目，其中包括校外组织者的项目和校内校外的合作项目，如在青少年工作中的网络项目和幼儿园里的照片项目等，这些具有教育创新意义的项目提高了学生的媒介素养水平。

3.专业化指导

德国媒介素养教育和传播文化协会围绕媒体政策、文化政策和媒介素养教育热门主题，撰写相关的报告，拟定专家意见和鉴定等，比如，关于各个联邦州媒介素养教育现状的报告，针对杀人游戏潜在危险的文章等。德国媒介素养教育和传播文化协会积极参与一些委员会、评审会和机构的工作，以媒介素养教育者的身份，主要负责儿童网络、德国电脑游戏奖、社会文化基金和德国文化协会等工作。同时，德国媒介素养教育和传播文化协会拟定媒介素养教育者的职业资质要求，并促进媒介素养教育者职业化的进程。

4.资料和服务

德国媒介素养教育和传播文化协会定期发布媒介素养教育信息和资料，主要介绍一些可效仿的项目，并将理论知识和媒介素养教育实践有效结合起来。德国媒介素养教育和传播文化协会的主页提供大量的专业信息和一份以媒介、文化和教育为主题的报告人名册。

在过去的30多年中，德国媒介素养教育和传播文化协会实现了其制定的部分目标，另一部分还需要继续努力。媒介素养教育需要加快专业化发展。德国媒介素养教育和传播文化协会下一步计划是加强媒介素养教育的职业化建设，逐步树立起媒介素养教育者的基本职业形象，完善职业轮廓。

（二）学校接入网络协会

1996年成立的学校接入网络协会是由德国电信公司与德国联邦教育及研究部共同合作创建的协会。其组建目的是为了明确新媒体在学校中的地位，将使用媒体与学校日常生活有效地联系起来。① 借助德国电信公司、德国联邦教育及研究部和其他赞助商所提供的资金，到2001年为止，这一协会成功地让大约34,000所普通教育和职业教育系统学校的学生接入了网络。在这一目标实现之后，该协会主要致力于在课堂上投入新媒体设备，关注新媒体技术与课堂内容的融合。这一协会组织虽然已经在2012年12月31宣布解散，但在德国媒介素养教育发展进程中发挥了重要作用。

（三）联邦和各州教育规划与科学研究促进委员会

联邦和各州教育规划与科学研究促进委员会于1998年启动媒介素养教育方面的计划，此计划为期5年，其主要目标是持续性地将新媒体使用教学融入各类学校所有年级的课程中。这个项目包括由16个联邦州参与的25个主题项目，其工作重点是教师的培训和进修工作、学校发展、课程设计完善、课程大纲的改进，以及各类新媒体设备的供给。

（四）德国联邦教育及研究部的资助计划

在过去的几十年中，德国联邦教育及研究部在教育领域使用信息交流新技术方面，推出了一系列独立的发展和研究计划。特别值得一提的是2000年启动的"教育中的新媒体"项目，其活动范围涉及中小学、职业学校和大学，重视多媒体教学和学习资料的发展，以及在教育领域中根据电脑使用情况拟定适宜的教学规划。

（五）联邦州各项举措

根据促进信息交流技术的相关政策，几乎所有的联邦州均在教育领域推出

---

① TULODZIECKI G. Zur Situation der Medinpädogik in der Bundesrepublik Deutschland [J]. Medien Pädagogik, 2005(11): 1-44.

了各种学习使用媒介的项目,比如,下萨克森州关于“n-21”的系列活动,此活动主要包括“e创新活动”和“网络学校”。其中,“e创新活动”是2000年开始的一个州政府项目,为期5年,主要由当地相关的媒体教育机构实施,以促进学校里学生使用媒介学习的进程。学校伙伴基金会和下萨克森州媒体咨询处承担相应的协调工作。2000年开始,下萨克森州的学校可以凭借各自的媒介素养教育项目,向“网络学校”活动项目申请设备资助,这个项目同时还为新媒体融入学校课堂提供各类帮助。

三、德国中小学媒介素养教育实例及分析

全面开展媒介素养教育活动,培养人们应对媒介化社会的能力是当前媒介素养教育的内容和方式,是人们掌握媒介知识,实现媒介素养教育目标的重要途径。在过去的几十年中,德国的媒介素养教育主要是以项目形式开展的,面对日益变化的媒介世界,媒介项目可以激发儿童和青少年固有的内部动力,能够将教师指导和学生自主学习有机地结合起来。以下介绍一些德国媒介素养教育实例。

(一)校内一体化媒介素养教育

根据德国文教部长联席会议1995年发布的“学校媒介教育”决议精神,由迪特尔·施潘埃尔(Dieter Spanhel)教授指导,慕尼黑学校教育研究所与教育局合作,在埃朗根的凯斯特-彭措尔特学校开展了一体化媒介素养教育项目。①

1.项目设计

该项目作为联邦和各州教育规划与促进科研事务委员会的一项实验性尝试,是巴伐利亚州媒介素养教育规划方案中一项重要调查内容。参与项目人员有学校内42位教师和400多位学生及其家长。项目利用校内所有媒介,比如,图片、幻灯片、电视、电影、电脑和多媒体等。这个项目重点研究学校开展媒介素养所需的硬件条件。

---

① SPANHEL D.Integrative Medienerziehung in der Hauptschule:Ein Entwicklungsprojekt auf der Grundlage responsiver Evaluation[M].München: Kopäd Verlag,1999:185-187.

2.项目目标

项目目标主要包括以下四个方面:(1)调查和了解媒介素养教育与课堂教育和学校教育相融合的一切可能性,并持续深入地发挥媒介素养教育的影响力;(2)发展和尝试不同的媒介素养教育方案,主要通过与学生讨论和分析媒介世界中的暴力问题,以减少校园内的暴力现象;(3)为媒介素养教育拟定课程培养方案,要求在内容和结构上与新的巴伐利亚州普通中学课程计划相适应;(4)编写拟定可行的课程模式和项目,为普通中学教师成功地开展媒介素养教育提供帮助。

3.项目实施过程

这一开发项目为期三年(1995—1998 年),项目的第一年主要围绕校园暴力主题,利用媒介手段,以学生课程、教师培训和主题项目的形式,开展一系列的活动,具体涉及的课程内容和项目活动都被记录保存下来。第二年,根据各类调研资料,总结和研发制定一体化教育方案,并将核心内容写入试行的培养计划中。在第三年里,尝试推行培养计划,并对试行方案进行评估。

4.项目成果

该项目的主要成果是形成了一份媒介素养教育培养方案,并积累了大量的活动记录和资料,为之后中小学开展媒介素养教育提供了指导性意见,经验具有重要的参考价值。在以减少校园暴力为主题的教育中,教师们认识到项目的中心任务并不是传播相关媒介知识,而是改变学生包括教师本身固有的行为模式,建立新的行动导向和行动方式。

5.项目评价

该项目是多个项目的集合,主要目标是为之后学校全面开展媒介素养教育搭建基本框架。学校媒介素养教育持续有效开展的关键是教师培训,组织校内教师培训班和系列会议,激发教师对媒介素养教育的兴趣,传播必要的知识和技能,同时指导教师进行实践。完善校内媒体设备和制定媒体组织方案,是成功开展媒介素养教育项目的重要前提。同时需要建立一个合适的组织体系,使项目指导人与学校间的沟通更为流畅,促进相关教师间的合作。在项目评价中,较为注重评价学校和教师的作用。

(二)政治课中的摄影项目

北莱因-威斯特法伦一所中学的教师库诺·英科(Kuno Rinke)特别关注学生在理解照片内涵和创造照片间的相互关系,发挥数码照片的特点,结合政治课的教学内容,设计和开展了一系列的摄影活动。①

1.项目设计

本项目使用相机和照片,采用创造性的摄影活动来帮助学生掌握的方式,培养学生认知、创造和联想等能力。在这项计划中,照片不仅是教师的教学手段,而且也是学生自主创造性学习的成果。该项目设计者关注媒介素养教育内容与政治课程的融合。

2.项目目标

学生们在掌握数码摄像和加工的基本知识和技术的基础上,结合政治课程的主题,开展摄影活动。学生们用照片来理解和思考相关的社会主题,学会主动和创造性地使用媒介来表达自己的观点和看法。

3.项目实施过程

在德国文理中学政治课程中,教师挑选一些适宜的主题,开展摄影活动。政治课程中,有一些重要的核心概念,比如,"陌生""暴力""融合"等。在课堂上,教师首先对这些概念进行理论讲解,然后学生们以小组形式,在课后拍摄系列主题照片,学生也可以通过为照片配写短文表达主题。学生作品在课堂上被展示,教师和学生们围绕作品进行讨论和交流,从而理解课堂内容。

4.项目成果

项目的主要成果是围绕不同的主题概念所拍摄制作的照片。原本抽象的课本概念通过拍摄的人和物,变得具体化、情境化和现实化。这是一个行为导向的项目范例,摄影技术和加工技术并不是该项目的重点,照片拍摄过程本身是项目的焦点,其中包括理解照片和创作照片两个过程。学生们通过摄影过

---

① RINKE,K.Zur Integration produktiver Fotoarbeit in den Politik und Sozialwissenschaftsunterricht[M].Wiesbaden:VS Verlag für Sozialwissenschaften,2004:231-255.

程,不仅掌握媒介使用技术,而且更好地理解政治课程中的抽象概念。

5.项目评价

项目所使用的媒介是较为普及的手机或相机,大部分的照片制作软件的操作也较为简单,因此这一项目对设备和技术要求较低,开展起来比较便捷。该项目充分发挥媒介传播信息的特点,通过摄影作品来表达主题,并与政治课程内容有机地结合起来。如有适宜的主题,这类项目也可以在其他课程中推广。摄影过程是一种开放式的学习过程,学生是项目的主体,教师给予学生足够的空间展示和说明他们的摄影作品以及对主题的理解。在学生们交流过程中,教师发挥其沟通能力,保证主题讨论的顺利进行,并做好最终的总结陈述工作。

(三)城市维基百科

2009—2011年,媒介教育机构有限公司负责人汉斯·道姆(Hans Daumann)在莱茵兰-普法尔茨州的各大城市中,设计并组织了一系列主题为"城市维基百科"的大型项目。[①] 该项目的合作伙伴是莱茵兰-普法尔茨州的一些教育、文化和青少年机构。

1.项目设计

建立城市维基百科需要有大量关于城市主题的文章和资料,需要多个团队合作才能完成。项目开始之前组织者明确文章的写作标准,确保文章的真实性、实效性和统一性。每位参与者的使用网站权限可以是开放式或半开放式的,参与者通过各自的端口,进入页面撰写、修改和评论文章,也可以运用其他媒介形式来展示自己所处的城市。该项目使用的网络、照片、音频、视频和手机等媒介,均适用于儿童和青少年。项目持续时间相对较长,是学生长期学习的过程。

2.项目目标

通过建立城市维基百科,让青少年了解Web 2.0的基本概念,了解自由、免费和内容开放的网络百科全书,特别是网络上合作撰文的方式,并能使用不同

① DAUMANN H.Stadtwikis im(außer)schulischen Einsatz[EB/OL].(2017-04-05)[2020-09-29].https://www.medienpaedagogik-praxis.de/2012/12/11/ stadtwikis-im-auserschulischen-einsatz/.

的媒介手段在维基百科中展示关于城市的相关内容。

3.项目实施过程

项目实施过程分为准备阶段、制作阶段、加工和维护阶段。项目正式开始之前,先普及关于 Web 2.0 和维基百科的知识,还包括介绍各种不同媒体的使用方法。根据活动团队的大小和参与者知识储备的情况,确定和安排准备阶段的内容。这一阶段也是青少年思考和确定制作主题的关键时刻,比如人物或者地点的筛选。在制作城市维基百科过程中,除了撰写文稿之外,青少年也可以使用不同的媒介来表现主题,比如照片、音频和视频等。

4.项目成果

项目主要成果是建立以城市为主题的网络维基百科,提供关于城市的各类信息,全面展示城市风貌。青少年通过参与整个项目,学习和掌握相关的网络知识和媒介技术,参与网络维基百科的运行,体验公共网络平台的功能。公开发表相关文章、音频和视频内容,成为青少年参与公共社会生活的第一步。

5.项目评价

城市维基百科是一个校内或校外开展的项目。除了撰写关于城市主题的文章外,青少年可以挑选使用不同的媒介来表现主题,在掌握各种媒介使用技能的同时,也熟悉自己所处的城市,加强合作意识,了解网络维基百科建立和运作的过程。这个项目的适用范围较大,可以根据不同主题进行适当地调整。在校外,以项目网页的形式记录各类活动内容。在学校内,可以为不同的科目建立知识百科。在项目结束之后,青少年根据自己的兴趣爱好,继续参与网络维基百科的建设。从这个角度来看,这是一项可持续发展的项目。

四、德国中小学媒介素养教育评价

从全国范围来看,德国中小学媒介素养教育发展还未能系统化,在媒介素养教育的评价方面上,一直较为薄弱,是广大教育者讨论和思考的主要问题之一。在评价媒介素养教育课程时,通常以学生掌握媒介操作能力作为评价的基本依据。以巴登-符腾堡州为例,该州根据制定的课程计划要求开展教学和评估。通过开展媒介素养课程教学评估，促进课程计划的不断完善和发展。通过媒介项目学习的做法突破了由教师和学校组织学习的局限性，成功地实现跨科目学习。在评价与媒介素养教育相结合的课程时，主要关注课程内容能否有机地融合，是否符合各个年级学生的需求，是否有多样化和适龄化的形式等。培养教师媒介素养教育意识和建立一支媒介素养教育的教师队伍也是评价的重要指标，测评内容包括教师的媒介素养和媒介素养教育能力两个部分。由此可见，对于学校媒介素养教育的评价更多地注重搭建课程的基础框架和对教师测评。

作为一种敞开式的教学方法，项目法指的是教师将相对独立的一个任务交给学生，通常以小组的形式进行，从信息收集、方案设计、项目实施到最终评价，基本都是学生们独立完成。迪特尔·巴克明确地指出，媒介具有复杂多样的特点，它最初是以项目的形式出现在人们的面前，所以，媒介就是项目。为了将日常生活中各类媒介经历转化为经验，并进行反思，通过使用媒介来开展各类媒介项目是尤为必要的。运用媒介来开展项目活动，是一个生产、创作、反思和展示合为一体的过程，无论是校内还是校外，德国中小学主要倡导推广行动导向的媒介项目。由于项目使用不同媒介，围绕不同主题开展，所以尚没有统一的评价标准。格哈德·图洛齐埃基（Gerhard Tulodziecki）教授明确了媒介素养教育的工作领域，所有的教育项目需要围绕选择和使用媒介产品、创作与传播个人媒介产品、理解和评价媒介产品、正确评估和鉴定媒介的影响、清晰判断媒介产品和媒介加工的前提条件等五个方面内容开展，并努力达到其目标要求。[①] 在媒介素养教育项目结束后，评价工作由项目组织者和参与者共同完成。组织者主要对项目实施过程中存在的问题和困难进行总结，对项目参与者媒介操作水平进行评估，对持续性地开展项目提出可行性的意见和建议；参与者则对项目的主题内容、团队合作和自我感受进行总体的评价。

小　结

德国媒介素养教育以传授媒介素养知识为基础，旨在赋予和提高个体的媒

---

① TULODZIECKI G. Aufgabenfelder der schulischen Medienpädagogik [EB/OL]. (2017-03-25) [2020-10-10]. https://www.bildungsserver.de/onlineressource.html? onlineressourcen_id=58474.

介意识和媒介能力，并对媒介化的知识构建和教育过程进行反思。特别强调这是个体进行自我构建的一个过程。德国媒介素养教育不仅在理论研究上发展迅速，而且也开展了多元化的实践活动，积累了丰富的经验。适应德国教育体系的特点，相关的教育活动主要以校外项目的形式展开。直到20世纪90年代末，德国媒介素养教育者开始尝试将上述的教育理念融入中小学课程中，实现媒介素养课程与其他课程的有机结合。进入智能媒体时代，媒介素养对于青少年成长的意义进一步凸显。部分联邦州的小学阶段，已经开设了媒介素养课程，但在设置课程、编写教材和教学评估等一系列环节上还不健全，有待进一步发展和完善。

由于计算机和网络的飞速发展，使用基于计算机的各类媒介成为德国媒介素养教育中的重要组成部分，在教育政策上广受关注。新技术和政策发展为媒介素养教育提供新的契机，也使媒介素养面临新的问题。① 总体来说，媒介素养教育在德国教育中已经占有一席之地，媒介素养教育者需要不断更新教育观念，大力宣传和推广媒介素养教育，争取得到政府更多的支持。教师培训和进修需要扩大覆盖范围，加大力度。在建立中小学媒介素养教育课程过程中，逐步完善课程设置和课程评价。与此同时，积极推进各项校外活动。媒介素养教育的发展是一项全社会的任务，这将是学校、家庭以及社会政治、经济和文化各方人士共同合作努力的成果。

---

① TULODZIECKI G. Medienpädagik in der Krise? [M].München:Kopaed Verlag,2005:22-37.

第五章　法国中小学媒介素养教育

法国媒介素养教育的突出特点是政府将媒介素养教育与法国教育改革密切联系,通过政府的一系列立法和教育政策,指导学校开展媒介素养教育。媒介素养教育的目的是指导学生阅读、解密信息和图像,培养批判性思维能力,发展学生的基本技能,培养有道德的和负责任的公民。法国政府在 1983 年创建了教育与媒介中心(CLEMI)专门负责媒介素养教育,开展各种活动,实施各类媒介素养教育项目,提供媒介素养教育相关资源。2013 年,法国政府将媒介素养纳入了每个学生必须获得的知识、技能和文化的共同基础中,以培养适应数字时代的合格公民。

第一节　法国中小学媒介素养教育概况

一、法国中小学教育制度简介

法国对教育的管理实行中央集权,中央设立国民教育部,负责制定国家的教育方针政策、执行有关教育的各项法律、审核并拨发教育经费、统领咨询机构和督导机构等工作。学区是教育部设在地方的教育行政管理单位,学区执行教育部制定的教育政策。学校是管理机构中的最基本单位,小学从属于市镇,初中从属于省,高中从属于大区。①

法国教育部直接管理基础教育。全国采取统一的教育制度,学制为“五四三”制,即小学5年、初中4年、高中3年。1959年颁布的《教育改革法》规定实行10年义务教育。基础教育结构全国统一,初中分为适应阶段、中间阶段和专业定向阶段3个阶段。高中阶段分为确定阶段和最后阶段。小学和初中属于义务教育的范围,实行单轨制,高中进行分科教学。中小学课程由法国教育部制定。20世纪80年代后,实行中央集权下的弹性学制,即将9个年级的中小学教育,划分为五大学习阶段,分别为基础学习阶段(Cycle des Apprentissages Apprentissages Fondamentaux),包括小学1—2年级(CP、CE1);深入学习阶段(Cycle des Approfondissements),包括小学3—5年级(CE2、CM1,CM2);适应学习阶段(Le Cycle D'adaptation),包括初中1年级(Classe de Sixième);核心学习阶段(Le Cycle Central),包括初中2—3年级(Classes de Cinquième et Dequatrième);方向指导阶段(Le cycle D'orientation),包括初中4年级(Classe De Troisième)。各学习阶段按学生实际心智发展水平和实际学习能力,实行同学科同水平教学。

法国由教育部统一设计大纲,根据2016年制定的课程改革理念“新共同基础”设置课程,以必修为主,结合辅修。在小学和初中阶段,课程全部为国家规定的必修课,不设选修课。高中阶段,三种类型的学校在第一年都会设置法语、史地、外语、数学、体育等必修课,普通高中和技术高中还设有要求不同的必选课和根据学生兴趣自主选择的自选课,职业高中则主要开设各类专业课和操作、参观、实习等实践课。在高中第二年和第三年,普通高中和技术高中要进行极其细分的分科教学。②

在小学、初中拓宽知识的基础上,高中教学越来越注重学科选择的多样化,共有文科、经济与社会、科学三大类专业和第三产业科学技术、工业科学和技术、实验科学和技术以及医学社会科学四个技术专业供学生选择。

法国政府非常重视教育,确立了教育的优先地位,强调公民受教育的权利和机会均等。设立“国家教学大纲委员会”,定期审查修改教育内容。

---

① 方友忠,马燕生.法国学区制的发展状况及其启示[J].世界信息教育,2015(19):47-49.

② 苏燕,法国中等教育发展述评[J].基础教育参考.2006(1):27-29.

二、法国媒介素养教育概况

作为世界文化和传媒强国之一，法国有较长的媒介素养教育发展历史，以及比较完善的媒介素养教育体系。法国政府还设置了专门负责媒介素养教育的机构，负责在全国范围内推广媒介素养教育，开展媒介素养教育实践，以将媒介素养教育融入各门中小学课程之中的做法为核心特征。这些政策与举措为法国媒介素养教育良性发展提供了重要保障。

法国媒介素养教育在40多年的发展历程中，随着新的教育问题的不断出现和被解决，形成了具有自身特色的媒介素养教育体系和模式。

（一）在现有学科课程目标中融入媒介素养教育培养目标

法国国民教育部统一颁布的义务教育阶段媒介素养教育培养目标，以整合和跨学科为特点。该目标并非一门独立学科的培养目标，也未融入义务教育阶段所有学科的培养目标中，而是根据媒介素养教育"应视作其他学科学习的先决条件，处于学科教育的上游，应涉及教育科学、信息与通讯科学、语言学、符号学领域，实现教育信息与数字化教育共享"的培养理念，和与之联系紧密的学科的培养目标整合。2012年颁布的《法国义务教育阶段"共同基石"中媒介素养教育的基础知识与能力标准》中，法国义务教育阶段媒介素养教育的培养目标，涉及掌握法语、掌握常用信息与通信技术、人文文化、社会与公民和自主性与主动性五个方面的标准。[①] 这五个方面的标准与该教育阶段的法语、现代外语、历史—地理—公民教育、艺术、科学及技术教育课程目标融为一体，实现了媒介素养教育与教育科学、信息与通讯科学、语言学、符号学等领域的信息化共享。

（二）分层与跨学科相结合的媒介素养教育框架下课程内容的延伸

教育与媒介中心统一制定的义务教育阶段媒介素养教育开展基本框架，以分层和跨学科为特点，延伸不同领域的学科课程内容，形成分层与跨学科相结合的媒介素养教育框架。该框架按法国现行学制中义务教育的五大学习阶段

① 姚姿如，宇璐.法国媒介素养教育评述[J].社会科学战线，2017(2)：275-278.

对媒介素养教育内容分层,具有符合不同年龄段学生心智水平和学习能力的发展的特点。随着学习阶段的升高,这些课程中涉及媒介素养教育的内容越丰富、深入。如以媒介为核心设置的教育内容,因涉及对媒介作用的理解和解密等较深内容,是从较高学习阶段(初中1年级)才开始开展的。教育与媒介中心2012年颁布的《小学媒介素养教育开展框架》(*Lecture des programmes scolaires sous l'angle de l'ducation aux médias-ecole-primaire*)和《初中媒介素养教育开展框架》(*Lecture desprogrammes scolaires sous l'angle de l'ducation aux médias-collège*)①显示,法国义务教育阶段媒介素养教育内容主要融入法语、现代外语、历史—地理—公民教育、艺术等涉及语言学、符号学、文化、政治等领域的学科课程,以及科学、技术教育等涉及科技领域的学科课程。这些领域的学科课程内容与媒介素养教育内容有许多共通之处,在将共通之处进行合理融合过程中,法国实现了媒介素养教育内容为学科课程服务、学科课程内容为媒介素养教育服务的互惠。

(三)形成性评价与终结性评价相结合的评价方式

融入媒介素养教育的学科用跨学科的形成性与终结性相结合的评价方式对学生进行评价。法国国民教育部统一为每名学生建立学业评价跟踪记录手册——"个人能力评价手册"(Livret Personnel de Compétences,LPC)。在9年的义务教育过程中,对学生学业进行三次形成性评价,用于评估学生是否达到义务教育阶段"共同基石"涉及的基础知识和能力标准的要求,媒介素养教育的评价也包含其中。"个人能力评价手册"记录的三次评价结果、学生的平时表现、初中最后一学年末的笔试和口试成绩等,共同作为获得"初中结业证书"(Le Diplme National du Brevet,DNB)的依据。

根据法国义务教育分阶段组织教学的特点,三次形成性评价针对义务教育的三个不同阶段,分层对包含媒介素养教育在内的"共同基石"基础知识和能力进行评价。第一次评价(Palier 1)针对基础学习阶段(小学1—2年级),在小学2年级期末或3年级开学后两周内进行;第二次评价(Palier 2)针对深入学习阶段(小学3—5年级),在小学5年级期末进行;第三次评价(Palier 3)针对整个

① 王薇.法国义务教育阶段媒介素养教育及启示[J].民办高等教育研究,2016,13(1):35-45.

初中阶段,在初中4年级期末进行。三次评价分别不同程度涉及媒介素养教育在掌握法语、常用信息与通信技术、人文文化、社会与公民道德和自主性与主动性五个方面的基础知识与能力的具体评价指标,形成以分层和跨学科为特点的形成性评价方式。

为突出分散在“个人能力评价手册”各项评价指标中的媒介素养教育方面的评价,根据“共同基石”中“掌握常用信息通信技术”方面的基础知识与能力标准的要求,法国国民教育部规定,从2012年进入小学1年级的学生开始,“个人能力评价手册”中,增加计算机与互联网能力合格证书(le Brevet informatique et internet,B2i)评价项目。该评价项目从适应计算机工作环境,负责任的使用态度,合理创建、加工和利用数据,咨询、学习、沟通和交流等方面,对小学和初中学生使用多媒体和互联网工具的能力提出更为具体的评价指标。该评价项目既是义务教育阶段技术教育的整体评价指标,也是媒介素养教育的整体评价指标。

第二节　法国媒介素养教育发展历史

法国是电影艺术的发源地,法国的媒介素养教育可以追溯到20世纪20年代巴黎的电影俱乐部的教育活动。法国政府对媒介素养教育的关注始于1979年由法国文化部、教育部、青年及体育部、社会活动部等政府部门和一些相关社会组织、电视媒体联合举办的“青年电视观察家”活动(Jeune Téléspectateur Actif,简称JTA)。此活动与国内外媒介素养教育领域的相关部门进行了一系列的交流合作,一直持续到1982年,取得了丰硕的成果。此项活动提出了学习电子视听设备使用技能及其表达方法,理解大众传播脉络的媒介教育目的,在全国范围内首次广泛传播媒介教育理念。亚历山大·费德罗夫(Alexander Fedorov)将法国媒介素养教育发展历史划分为电影教育期(1920—1950年)、审美概念期(1950—1970年)、媒介与教育整合期(1970—1990)、多元化时期

(1990 年至今)等四个发展阶段。[①] 本节结合费德罗夫的阶段划分,将法国媒介素养发展历史分为以电影为媒介阶段、以美学理论为基础阶段、审美与实践相融合阶段和以中小学课程改革为主阶段等四个阶段。

一、以电影为媒介阶段

作为电影艺术的发源地,法国媒介素养教育的初期发展以鉴赏和批判电影作为主要方式。1922 年,法国召开了首届地区电影教育全国性会议,并在一次关于电影教育问题的会议上,强调应该在大学培养电影教育教师,以促进开展电影教育。1936 年,法国教育联盟(French League of Education)发起"青年与电影"(Cine-Jeunes)运动,培养学生的批判性思维能力和艺术品味,以及创造技能。第二次世界大战之后,法国联邦电影俱乐部(Federation Francise des Cine-clubs)成立,注重实践和审美的保护主义媒介素养教育在法国盛行。

二、以美学理论为基础阶段

20 世纪五六十年代,法国媒介素养教育发展较好,这一阶段的媒介素养教育以美学理论为基础,在培养学生媒介技术的同时,注重培养审美情趣。自 1952 年起,在中小学校中,教师开始教授视听课程。由于广播和电视媒体的发展,1953 年,法国地区电影教育部联合体(Union Francaise des Offices du Cinema Educateur Laique,UFOCEL)更名为法国视听教育联合体,开展视听方面的教育。1966 年,建立了"新闻业、信息和青年协会"(Press-Information-Youth),致力于媒介素养教育。这一阶段,媒介素养具有明显的美学理念,这一倾向也反应在法国教育部的文件之中,该文件鼓励教师通过研究电影艺术的历史、语言、类型和电影拍摄技术、电影审美等开展电影素养教育。20 世纪 60 年代中期,法国中学开始尝试将媒介素养融入课程之中。

---

① FEDOROV A.Media education literacy in the world:trends[J].European researcher,2014,67(1-2):176-187.

三、审美与实践相融合阶段

20世纪70年代,法国媒介素养教育有了很大发展。1972年,媒介素养教育被正式写入法国教育部文件之中。1975年,法国电影文化发展教育学院(L'Institute de formation aux activites de la culture cinematographique-IFACC)建立,在该机构的指导下,大学媒介素养教育强调语言学教学。1976年,媒介素养教育成为中学国家课程的重要组成部分,课程大纲建议学校将10%的课时用于讲授媒介素养课程。1978年,教育部文件中可以看到将审美和实践融合的媒介素养教育概念。从1979年开始,媒介素养教育由几个政府部门负责。1983年,法国教育部在巴黎建立教育与媒介中心专门负责媒介素养教育。长期以来,该中心在巴黎和法国所有省份,以及海外法语区开展媒介素养教育,促进媒介素养教与学的活动,定期为教师提供培训,收集整理媒介文化、媒介和ICT教育资源。1989年开始,教育与媒介中心一直成功开展"媒体周与学校媒介"活动,目的是使青少年更了解媒体,了解新闻生产,此活动每年举行一次,以提高公民媒介素养。法国媒介素养教育与英国比肩而行,是欧洲媒介素养教育发展最快的国家之一。此外,法国还是电影诞生之地,电影教育独领风骚。这些都是法国媒介素养教育发展的良好基础。欧洲关于媒介素养教育的基础研究及相关出版物,成为这一阶段法国媒介素养教育发展的理论基础。

四、以中小学课程改革为主导阶段

20世纪90年代之后,媒介素养教育延伸和拓展到多个领域。教育与媒介中心不仅关注教师和学生的媒介素养教育问题,还关注俱乐部讲师、新闻记者和图书管理员等的教育培训。该中心还将媒介素养教育作为公民教育的重要内容,认为可以将媒介和ICT教育内容融入所有学科。1995年,媒介与教育中心发起世界范围内的"FAX"项目,将学生印制的校报发到世界各国和地区的合作学校。在互联网技术不断发展的背景下,该项目发展迅速。2000年初,该组织还发起了教育网络(Educanet),培养具有批判性思维能力的、有责任和安全意识的网络信息时代公民。1990年底,法国已经将ICT融入媒介素养教育之中,项目的资助方是法国教育部和地区教育部门。教育信息将边远地区的小学校联系在一起,各学校相互交换信息和研究成果,相互交流沟通,利用计算机开展教与学活动。① 这一阶段法国中小学媒介素养教育与法国义务教育阶段课程改革同步进行,国家教育大纲委员会(CNP)对中小学教育内容进行全面调查,提出在义务教育阶段设置学科及课程群——"共同基石"(le socle commun),以保证让所有学生掌握共同的基础知识和能力,成为未来法兰西共和国的合格公民。2006年7月,教育部颁布《共同基础知识与能力法案》(*Lesocle commun des connaissances et des compétences*),规定"共同基石"为全国义务教育阶段必修学科及课程群,"媒介素养教育"(L'EAM)融入组成该课程群的多门课程中。该规定在2008年进入义务教育阶段小学1年级的学生中正式施行。法国的"媒介素养教育"自然地融入各阶段多门相关学科的教育中,在其义务教育阶段,形成以整合、分层、跨学科为特点的媒介素养教育课程体系。2013年7月8日,法国教育部颁布《共和国学校改革指导和规划法》(*LOI n°*2013-595*du* 8 *juillet* 2013 *d'orientation et de programmation pour la refondation de l'école de la République*),将被视为保证学生学业成功基础的"共同基石"及其所包含的媒介素养教育,作为重建共和国学校运动(la refondation de l'école de la République)中优先发展的重要一项。② 2013年,法国根据立法进行教育改革,将媒介与信息素养(Media and Information Literacy,MIL)作为根本任务。现有的教育与媒介中心和Canope等机构负责帮助教师开展媒介素养课堂教学,以及为教师提供教育资源。此外,在教育与媒介中心的支持下,各学校组织"学校媒体周"(the Week for Press and Media at School),每年开展活动,让学生了解新闻媒体、与记者见面、在学校杂志上发表自己的观点和作品。2013年,有330万学生参加这一活动。还有一些项目重点促进电影文化发展,如,"高中电影"等。教育部还专门设立教师职位,负责学校图书馆工作,专门教授媒介与信息素养课程。学校图书馆协会(FADBEN)发表了几个关于媒介与信息素养的声明,推广媒介素养教育。③ 2014年,法国国民教育部对义务教育阶段9个年级的学段划分进行改革,

① FEDOROV A.Media education literacy in the world:trends[J].European researcher,2014,67(1-2):176-187.

② 王薇.法国义务教育阶段媒介素养教育及启示[J].民办高等教育研究,2016,13(1):35-45.

③ RANIERI M. Populism, media and education: challenging discrimination in contemporary digital societies [M],London and New York:Routledge,Taylor & Francis Group.2016:151.

原有的5个学段改为3个:基础学习阶段(cycle des apprentissages fondamentaux),包括小学1—3年级(CP、CE1、CE2);巩固学习阶段(cycle de consolidation),包括小学4—5年级和初中1年级(CM1,CM2,sixième);深入学习阶段(cycle des approfondissements),包括初中2—4年级(cinquième,quatrième et troisième)。教育与媒介中心提供了一个涵盖五个主要领域的媒介素养教育能力框架,这五个主要领域包括:逐渐意识到自身与媒介环境之间的关系、辨别各类媒介形式及其语言、从媒体获取信息、产制媒介信息、明了媒介在社会中的地位和作用等。每一个领域都有三个阶段:第一阶段包括两年的小学教育(CE1);第二阶段小学的最后一年(CM2);第三阶段包括中学的最后一年(3eme)。每一个领域都包括三类能力:知识、技能和态度,这三类能力也体现在教师的参考框架中:做有道德和有责任感的公务员、有很好的法语能力进行教学和沟通、了解各种课程知识且知识广博、对教学进行设计和实施、组织课题教学等。[①] 法国除了在本国中小学开展系统的媒介素养教育,将媒介素养教育纳入国家课程体系,还积极参与促进欧洲媒介素养教育课程建设。2014年,欧洲媒介与信息素养论坛在法国巴黎举行。参加会议的有联合国教科文组织、巴塞罗那自治大学(Autonomous University of Barcelona)和欧洲委员会(the European Commission),论坛的目的是要将媒介素养课程纳入欧洲所有学校课程中,尤为关注教育不利群体。

第三节　法国媒介素养教育发展理念

媒介素养教育的定义在世界范围内未得到统一,法国教育部及媒介素养教育专家将媒介素养教育定义为:使学生具备了解、阅读、理解、欣赏和评价日常的各类型媒体信息的能力,并能对主流媒体传播的内容进行迁移和适当使用,了解主流媒体的传播方式。基于这一定义,媒介素养教育专家结合法国媒介环境,对法国媒介素养教育的培养理念进行了深入的探讨。

---

① FRAU-MEIGS D,LOICQ M,BOUTIN P.Media and information literacy policies in France(2013)[EB/OL].[2020-10-29].http://ppemi.ens-cachan.fr/data/media/colloque140528/rapports/FRANCE_2014.pdf

一、以美学理论为基础的媒介素养教育理念

法国是电影艺术的发源地,电影被视为"第七艺术",电影研究理论颇为丰富和系统化。法国媒介素养教育汲取了电影美学理论,在开展以电影为媒介的媒介素养教育过程中,重视电影的鉴赏和批判,注重提高青少年的艺术品位以及创作能力。因此,法国早期媒介素养教育主要以电影美学为基础,重视在实践中培养学生的批判能力、鉴赏能力,以及创作能力。1963 年,法国教育部将以美学理论为基础的媒介素养教育理念写入其相关文献之中,鼓励教师对学生进行电影素养教育,研究历史、语言、电影艺术流派、电影拍摄技术、电影审美品质等。长期以来,审美理论一直是法国媒介素养教育发展中非常重要的理论基础,电影和摄影被看作个体表达自我的形式。

二、以符号学理论为基础的媒介素养教育理念

20 世纪 60 年代,随着媒介素养教育在欧洲国家,尤其是英国的蓬勃发展,法国以电影和电视为主要媒介的视觉素养教育发展得如火如荼。全国大学促进电影艺术协会(the National Association for the Promotion of the Screen Arts at University)等围绕电影开展电影俱乐部活动,促进大学生对电影及其发展历史的了解。1979 年,法国国民教育部部长鼓励教师在课堂上使用媒体内容和媒体工具。同时,法国研究人员、教师等发起了两项具有开创性的媒介素养教育项目,即视听传播基础课程(Introductory Course in Audiovisual Communication, ICAV)和青年电视观察家。这一时期的媒介素养教育研究项目主要是基于罗兰·巴特(Roland Barthes)和克里斯蒂安·梅茨(Christion Metz)的符号学方法。20 世纪 80 年代以后,莱恩·马斯特曼的相关研究对法国开展以电影和电视为主要媒介的研究,尤其是基于媒介文本分析的课堂教学产生了重要的影响。在马斯特曼媒介素养教育思想的影响下,法国媒介素养教育重视批判性思维的培养。教育与媒介中心的创建人、曾担任该中心主席 20 年的媒介素养专家雅克·贡内(Jacques Gonnet)与其同事范德沃德(Pierre Vandevoorde)将通过比较

不同来源的信息发展批判性思维作为中心的目标之一，强调个体应批判性地感知和评价媒介文本，了解媒介对周围所施加的影响，了解媒介文本对受众的影响方式。

第四节　法国媒介素养教育政策制定与实施

随着信息技术的不断发展，媒介生态环境发生了巨大改变。为了适应日益复杂的媒介生态环境，解决由新媒介技术所带来的信息社会的冲突与矛盾，法国政府制定和实施了一系列的媒介素养教育政策，促进媒介素养教育发展。

一、法国媒介素养教育政策制定

法国关于媒介素养教育的方针和政策统一由法国国民教育部制定，媒介素养课程已经被纳入法国中小学义务教育阶段正规教育体系。法国政府在有相关立法保障的前提下，出台了一系列的相关政策，规范和引导媒介素养教育。

（一）进行媒介素养教育相关立法

2005 年，根据《学校未来教育法》（*Loi d'orientation pour l'avenir de l'école*）及法律附加报告，法国确定了教育的基本技能和目标，媒介研究成为义务教育课程组成部分，媒介素养成为学生共同核心能力之一。2006 年，根据学校培育目标，法国向具有信息与通信技术能力的小学生和中学生颁发信息与网络技术证书（IT and Internet Certificates，B2i）。2008 年，小学开设媒介素养教育课程。2009 年，中学开设媒介素养教育。2011 年，媒介素养成为获得中学普通证书（French General Certificate for Secondary Education）的必修课程。[①] 2013 年，法国颁布教育法案《共和国未来方向和课程法》（*Loi d'orientation et de programme pour l'avenir de l'école de la République*），法国教育委员会首次明确将媒介素养教育纳

① FRAU-MEIGS D，LOICQ M，BOUTIN P. Media and information literacy policies in France（2013）[EB/OL]. [2020-10-29]. http://ppemi.ens-cachan.fr/data/media/colloque140528/rapports/FRANCE_2014.pdf.

入《法国基础教育计划法案》中，将媒介素养教育教学融入各个专业学科的教学中，并针对不同层级的学生制定差异化的教育方针与目标，媒介素养教育成为教育的核心任务之一。2013 年的《全国教育战略与关键目标》(*Eurydice Overall National Education Strategy and Key Objective*)，将媒介素养作为一项学术训练，强调培养具有知识、技能和文化素养的公民，使之能够在信息与传播社会中发挥应有的作用。随着媒介素养教育内涵的拓展，2015 年，法国教育部在义务教育阶段的小学和初中引入媒介与信息素养教育课程，旨在培养信息社会所需的公民。

(二)制定明确的媒介素养目标

法国教育部相关文件中针对媒介素养教育提出了五个明确的目标，作为媒介素养教育实践的指针。(1)媒介素养教育的目标之一是指导人们有意识地在公民角色和世界认知层面重构重塑；(2)图像媒介素养的教育目标，强调在图像媒介素养的教学过程中整合图像平台，包括图像媒介的不同呈现方式和对静态图像、动态图像的分析等；(3)以"媒介"本身作为学习目标，强调对媒介自身的运作流程及语言的学习和掌握，将媒介本身作为媒介素养的教育目标；(4)对教师的要求，提出要把媒介手段作为教育教学的技术工具辅助各学科教学，以期达到更好的教学效果；(5)关于学生的媒介使用能力，强调学生能辨别和理解媒介信息，掌握和使用媒介工具，尤其是指出了学生应该具备独立完成媒介作品的能力。① 文件根据这五个目标，针对不同层级的学生提出了不同的要求，确定明确的教学计划和课程内容。

随着数字化时代的来临和新媒介技术的不断发展，法国积极开展数字化社会建设，出台了一系列的相关政策。2015 年，法国为了促进社会数字转型发展，应对一系列的数字安全问题，开始实施"数字安全战略"，将数字战略置于前所未有的高度，并积极推动欧洲数字战略的制定与实施。该战略共有五个具体目标，其中，第二个目标是要应对数字安全战略领域数字诚信、个人隐私、个人数据、网络犯罪等问题，第三个目标是关注提升民众网络安全意识、开展培训活

① 王薇.法国义务教育阶段媒介素养教育及启示[J].民办高等教育研究，2016，13(1)：35-45.

动、开展继续教育等，[1]这两个具体目标都与提升公民的数字素养密切相关。为了配合法国社会数字转型的发展，2017 年，法国欧洲与外交事务部长提出“法国国际数字战略”(France’s International Digital Strategy)作为未来发展框架和蓝图，聚焦治理、经济和安全三个关键问题，从全球视野促进法国数字能力建设，保障数字安全。2019 年 4 月，法国开启“数字通行证”(Digital Pass)项目以促进数字素养的发展。根据该项目，20 万人将接受数字技能培训。该项目首期在 48 个城市投入 1000 万欧元，使普通市民接受以前只有教师才能得到的网络使用培训。[2] 这些具体的战略目标，成为法国中小学媒介素养教育的指针，指导具体的媒介素养教育实践。

(三)成立专门负责媒介素养教育的政府机构

1983 年，法国教育部成立了教育与媒介中心，作为专门机构负责在全国范围内推广媒介素养教育，开展各类培训活动，促进信息资源在教育领域中的应用。该机构创建伊始，就将“媒介实践”作为媒介素养教育的目标，从实践层面推动媒介素养教育。教育与媒介中心注重媒介素养教育实践的同时，也进行了一系列的理论探讨，深入探究视听媒介的特征，探究媒介素养教育的一系列本质问题，探索媒介素养教育的有效途径，推动法国媒介素养教育不断发展。在教育与媒介中心的推动下，1983 年，法国教育部开设了“视听媒介”课程，并作为高中会考科目之一。1985 年，法国教育部联合 164 个信息和传播新技术部门开展“互动图像计划”，成立了“社会传播工作坊”以及“全国电视观众协会”。1986 年，“媒介—家庭”协会成立，旨在推动在家庭中实施媒介素养教育。1990 年，“儿童、青年和电视”协会成立，该协会尤其关注儿童和青少年的电视暴力问题。在 1993—1999 年间，法国青年和运动部在全法范围内资助成立了 12 个“视频制作”试验点，并组织了两个专门负责分析和指导年轻人在“视频制作”

---

① ANSSI.The French national digital security strategy: meeting the security challenges of the digital world[EB/OL].(2020-10-20)[2020-10-29]. https://www.ssi.gouv.fr/en/actualite/the-french-national-digital-security-strategy-meeting-the-security-challenges-of-the-digital-world/.

② ITU, Digital Inclusion Division.France launches ‘digital pass’ programme to boost digital literacy[EB/OL].[2020-10-29]. http://digitalinclusionnewslog.itu.int/2019/08/14/france-launches-digital-pass-programme-to-boost-digital-literacy/.

中心拍摄实践作品的专业团队。① 2014年,教育与媒介中心与法国教育部下辖的凯诺比网络(The Canope Network)为教师提供媒介与数字教育培训课程和教学资源,在正规教育系统开展媒介素养网上安全教育,教育学生解读信息、使用媒介和网络时具有安全意识,有效开展媒介与信息素养项目,以培养"网络世代的公民"(cybercitizens)。该项目着重培养学生判断力,使学生熟悉所处的媒介环境,了解媒介的多样性,引导学生制作自己的媒介作品,此外,还在非正规教育系统开展媒介素养教育。同时,法国政府认识到新媒体所带来的风险,通过开展媒介与信息素养教育培养学生更好地使用媒介技术,为父母和教育专业人员提供使用数字技术方面的服务。在推进媒介素养教育的过程中,教育与媒介中心密切联系各类社会组织,注重发挥不同社会组织的优势,开展各类媒介素养教育项目。随着网络技术的不断发展,网络安全教育问题日益凸显。2016年,家庭基金会(Family Allowance)及其合作伙伴农业互助组织(Agricultural Mutual Assistance Association,MSA),与青年部等政府部门联合启动"网络行走者"(Web Walker)项目,为青少年提供帮助。②

二、法国媒介素养政策的实施

法国的媒介素养教育目标清晰而具体,不但给出了需要掌握的媒介具体形态,也给出了媒介素养的标准,这为开展丰富而高效的媒介素养教育实践活动奠定了基础。法国的媒介素养教育实践活动主要包括专项组织培训、"校园周"活动、学习平台的建设及对校园刊物的扶持等。法国媒介素养教育政策主要体现在教育与媒介中心各类项目,以及该中心组织和领导下的不同政府部门、社会组织、媒体机构以及相关方参与的各类活动中。这里仅以该中心的具体活动,以及中心组织和领导的各类活动为例,介绍和分析法国媒介素养教育政策的实践情况。

① 姚姿如,宇璐.法国媒介素养教育评述[J].社会科学战线,2017(2):282-285.

② Anon.Media literacy and safe use of new media[EB/OL].[2020-10-29].https://eacea.ec.europa.eu/national-policies/en/content/youthwiki/68-media-literacy-and-safe-use-new-media-france.

(一)媒介素养教育专项培训

教育与媒介中心制订了名为《媒体与信息,我们学习!》(*Médias & information, on apprend*!)的学习手册,作为全国范围内媒介素养教育的培训指南。教育与媒介中心坚持其"指导、引领、推动和陪伴"的宗旨,每年都举行各种形式、各个层级的媒介素养培训活动。培训的对象主要为教师、学生及合作者,既有全国性培训也有地方性培训,培训的内容多为媒介素养教育的前沿热点问题。培训不但促进了媒介素养教育实践者之间的交流,也促进了媒介素养教育机构之间的合作。

(二)媒介素养教育实践活动

法国每年都会举办全国范围的校园新闻媒体周活动,这既是法国媒介素养教育的独特风景也是法国媒介素养教育推广实践中极为重要的组成部分。1989 年开始,教育与媒介中心一直成功开展校园新闻媒体周活动,此活动使青少年更了解媒体和新闻生产。

校园新闻媒体周以"多元、自愿、合作、免费"为主旨,为参与的学校和教学组织提供了解多元化媒体的机会(包括纸媒、广播、电视、网站等);以教育界与媒体从业人员(传媒界)合作为目标,旨在帮助幼儿园到高中的学生了解媒体系统,形成批判性判断,发展对时事的品位和对自己的公民身份的认识,共同培养学生对媒介信息的思辨和评判能力。在校园活动周期间,一般会采用多种活动形式,如通过竞赛和媒体从业人员见面会等活动让学生们了解动画制作、编辑、制片等相关职业技能和传媒产品的制作生产过程。2020 年,校园新闻媒体周的主题是"信息无国界",教育与媒介中心及其合作伙伴提供 130 多个免费的在线资源。

教育与媒介中心采取多种方式来推广和宣传校园新闻媒体周。教育与媒介中心在活动周期间都会举办大量的展览和巡展,并且自 2011 年起开始聘请专业机构和人员为活动设计海报以吸引公众的注意。2019 年,该中心与 1800 个媒体合作伙伴一起动员了超过18,000所学校,涉及 400 万学生和 23 万教师。

教育与媒介联系中心不但利用大众媒介提高公众对活动周的关注度,而且还推动专业媒体从业机构为媒介素养教育提供教学方面的支持,指导公众如何把热点新闻作为教学内容,如何用批判的眼光看待媒体,如何让媒体和新闻走进对外法语课堂,如 TV5。

(三)媒介素养教育学习平台

2014 年,教育与媒介中心在自己的学习网站开设了 CLEMI TV,提供媒介素养教育教学和培训的最新资源,教师和学生可以直接在线上观看一些报告会、演讲、访谈等内容。网站的内容更新快,同时还增设了教学模块,新增建立视频、音频文件信息、回看功能和 PDF 文件自由下载等功能,这些举措都让教育与媒介中心网站的浏览量直线上升。教育与媒介中心还成立了自己的试听终端工作室,录制相关作品,并开设了在线广播,试图通过不同的媒介(平面纸质、视频音频、网络课堂)传播与媒介素养教育相关的文件和教学资源,以满足教师和学生的需求。

教育与媒介中心为所有注册的教学人员专门编辑了媒介素养教育教学法大纲,旨在指导中小学媒介素养教育的课堂教学活动,其主要内容包括基于启发教学理念的教学法文件,关于教学技术应用建议的文件,关于媒介运作知识的文件等。调查结果表明,89%的教师认为这些措施对媒介素养教育教学大有帮助。

(四)媒介素养教育成果扶持

法国在媒介素养教育中大力扶持出版校园刊物,建立起了中小学的刊物资源库,教育与媒介中心还为校园刊物提供免费的技术制作软件,其目的在于观察校园媒体作品的发展变化,提高学生在媒体运作及作品方面的话语权。

第五节 法国中小学媒介素养教育实践

在法国,媒介素养教育并不作为一门独立的学科开设,而必须纳入学校课程中和在各种组织机构的开展的活动中体现,以确保所有的学生都具有媒介素养,减少文化和社会不平等。为了实现这一目标,法国各方都在自己的领域开展、促进媒介素养教育实践。

一、法国教育部制定的《媒介信息素养教育指南——在第二和第三阶段》及其实施

法国教育部起草的《媒介信息素养教育指南——在第二和第三阶段》[*Orientations pour l'éducation aux médias et à l'information*(*EMI*)——*Cycles* 2 *et* 3]①及其具体措施,成为法国政府主导的媒介素养教育领域的重要实践指针。该指南强调将媒介信息素养教育融入所有学科的教学之中,以培养全体学生在大众媒体以及数字网络时代应该具有的技能和能力,并将此作为学校发展的一项新的使命。

(一)第二阶段——基础学习阶段的媒介信息素养教育

第二阶段的媒介信息素养教育是在第一阶段的基础上进行的,在教师指导下,学生在媒体上搜索适合其年龄发展阶段的信息,并进行制作、展示和传播信息等活动。学生使用媒体和对这些活动的思考是密切联系的,因为学生只有通过使用、创建和操作媒体,才能实现对媒体的深入理解。

在第二个阶段,学生通过四个主要领域的学习和活动发展自己的媒介信息素养能力,这四个领域为:学生能够合理地研究和阅读不同来源的信息;学生观察、体验各种表达、创作和呈现内容的方式;学生认识交流和传播的规则,并认识到由此产生的责任;学生了解和熟悉生活的媒介环境,并了解各种媒体的运作方式。这四个领域具体体现在以下四种能力当中(见表5.1)。

法国教育部根据《媒介信息素养教育指南——在第二和第三阶段》将媒介信息素养教育作为一个长期的教育与培训行动在中小学全面实施,将媒介素养教育融入学生的整个学习过程之中,通过多种途径,调动政府、地方教育机构、媒体机构、图书馆、博物馆、各类社会组织的力量,使学生获得必要的媒介信息素养技能。

---

① Ministère de l'Éducation nationale.Orientations pour l'éducation aux médias et à l'information(EMI)Cycles 2 et 3[EB/OL].[2020-10-29].https://cache.media.eduscol.education.fr/file/Mediatheque/09/8/RA16_C2C3_EMI_887098.pdf.

表 5.1　学生需要掌握的四个方面的媒介信息素养能力及其具体教学目标

能力	具体操作目标
搜索、识别和组织信息（信息处理能力）	1.学会质疑，学习如何找到问题答案的相关信息；在教师的指导下，能够在不同媒体上获得所需信息； 2.可以从不同的来源了解如何信任某些人，如何作出判断，以及如何比较和区分不同类型的文件，以便就自己感兴趣的问题作出相关和有针对性的选择； 3.能够对收集到的信息进行分类，以便于记忆和重新组织。
编辑、创建、发布、集体制作（创作与合作能力）	1.使用不同的方式或媒体来编写、创建、转换和发布内容，学会如何使用不同的表达和交流方式和工具来表达自己的想法； 2.发展表达、解释、改编的能力，知晓交流规则，清楚根据目标受众调整语言的重要性； 3.学习交流、共享文档以实现集体制作媒介内容； 4.学会引用信息来源； 5.参与学校媒体的制作。
了解个人在使用媒体方面的权利和责任（权利和责任）	1.在活动过程中了解基本的沟通和出版规则，并能够评估各种机会、限制和风险，知道在何种情况下行使言论自由的权利； 2.认识到言论的使用范围和使用传播工具的责任；清楚网上活动所留下的痕迹可能包含个人信息，其他人可能在本人不知情的情况下看到和收集这些信息； 3.学会以尊重自己和他人的方式来交流和表达自己的感受和意见。
适应信息环境以及了解各种形式的媒体（表达与创作能力）	1.熟悉信息和交流工具，能够区分虚拟空间和物理空间，清楚了解自己所处的媒介环境； 2.能够适当使用信息资源与环境； 3.了解各种媒体机构及其组织和运行情况； 4.利用多媒体手段开展各种活动，进行表达。

资料来源：本表由法国教育部官网相关信息①整理而成。

（二）第三阶段——巩固阶段的媒介信息素养教育

第三阶段的目标是通过媒介信息素养教育使学生能够加深在第二阶段发展的知识和技能，并在研究、行动和选择方面获得自主权，培养学生对信息和通信机制的批判性判断和理解能力，能够自己制作、表达和传播信息。与第二个阶段一

① Ministère de l'Éducation nationale.Orientations pour l'éducation aux médias et à l'information(EMI) Cycles 2 et 3[EB/OL].[2020-10-29].https://cache.media.eduscol.education.fr/file/Mediatheque/09/8/RA16_C2C3_EMI_887098.pdf.

样,在这一阶段,媒介信息素养教育工作以使用和处理信息材料为基础,使学生能够充分利用这些材料进行创作,并促使学生进行反思。这一阶段同样也是在四个相互联系的主要领域内培养学生的媒介信息素养能力(见表 5.2)。

表 5.2　第三阶段媒介信息素养教育学生需要获得的能力和具体教学目标

能力	具体教学目标
搜索、识别和组织信息(信息处理能力)	1.熟悉各种文献资料来源,并确定研究方法,获取与回答和解决问题相关信息; 2.质疑信息来源和信息来源的可靠性; 3.学会对信息进行优先排序,对信息进行分类,区分信息中的观点、谣言或言论; 4.比较多种类型的文档; 5.清楚信息来源。
编辑、创建、发布、集体制作(创作与合作能力)	1.能够使用编辑、创建、重新设计、转换和发布内容所需要的工具和材料; 2.能够使用不同的表达、交流工具和方式,学会如何有效利用这些工具和方式,以便根据不同的受众取得预期效果; 3.通过学习数字共享和写作工具等方式,参与设计和实施集体项目; 4.参与学校媒体与网络活动。
了解个人在使用媒体方面的权利和责任(权利与责任)	1.在活动过程中加强对交流和出版规则的了解及使用;能够评估机会、限制和风险; 2.学习在网上发表内容,注意到自己留下的痕迹; 3.学会区分私人领域与公共领域; 4.熟悉个人数字身份的概念; 5.能够辨别不适当的内容和行为(如:商业或意识形态、骚扰、侮辱、歧视性言论等),并能做出反应; 6.理解言论自由是一项权利,但行使这项权利时必须遵守道德和法律规则。
适应信息环境以及掌握各种形式的媒体(表达与创作能力)	1.能够适应自己的空间和工作环境,并在其中建立自己的准则; 2.能够根据自身需要利用这种环境和资源,并按照分类原则组织这些资源; 3.在活动过程中,学生巩固对各种媒体的知识,包括各种媒体的运行机制和组织结构,以便充分发挥其媒介使用权; 4.了解每种表达方式(文本、图像、声音、多媒体)的具体特点,并知道如何恰当地使用这些媒介进行表达。

资料来源:本表由法国教育部官网相关信息①整理而成。

① Ministère de l'Éducation nationale.Orientations pour l'éducation aux médias et à l'information(EMI) Cycles 2 et 3[EB/OL].[2020-10-29].https://cache.media.eduscol.education.fr/file/Mediatheque/09/8/RA16_C2C3_EMI_887098.pdf.

二、@miclick① 教育游戏

@miclick 是由奥尔良学院(Académie d'Orléans)团队制作的教育游戏,旨在帮助9—12岁儿童以合理的方式使用社交网络,并感知社交网络中的风险和局限,就像在其他经典角色扮演游戏中一样,孩子们必须完成相应的任务,以达到了解互联网相关的风险、绝对禁止攻击他人,强调法律在社会组织中的重要性的目的。

在游戏中,每个任务都会有具体的细分目标。任务一是关于学习管理朋友的,此阶段鼓励对朋友请求保持警惕。特别是,在给予信任之前,您必须确保该人确实是周围环境的一部分。这是为了使孩子们意识到,虚拟生活与现实生活中需要同样的谨慎。任务二是关于学习发布照片的,这种游戏活动鼓励玩家只允许可信任的人访问他们的照片。在互联网上,尤其是在社交网络上发布的照片,会在没有时间限制和无法控制的情况下被重复使用。任务三专注于“发布、评论”的目标。儿童是广告客户的主要目标,这项活动的目的就是向儿童表明,他们的屏幕可能会受到无法退出内容的入侵,窗口将接管页面内容,电脑可能会受到广告消息的影响。任务四旨在学习互动。针对网上霸凌和不适当的评论,最好直接与相关人员交谈,公开在网上回应会产生不必要的风险。避免社交网络风险或网上霸凌影响现实生活和带来破坏性的后果。任务五的目标是知道如何管理个人资料,许多商业公司寻求从社交媒体收集个人信息、兴趣和地理信息,这些对于他们而言是有价值的信息来源,将会被他们转售给其他公司。任务六就是学习如何安全地进行游戏,警惕互联网上的要求,点击这些要求可能会产生垃圾邮件,弹出窗口和病毒,这些病毒不仅会干扰计算机的正常运行,而且有可能会严重威胁儿童。

除此之外,2025 Exmachina 是2010年特拉雷尔(Tralalere)在互联网安全(Saferinternet)计划中推出的一款教育游戏,主要是针对青少年(12—17岁)如何使用社交网络的问题设计的,自2010年以来,一共有四集。这款教育游

① Fjarraud. Réseaux sociaux: Avec @miclick, un jeu d' enfant? [EB/OL]. (2014-11-13) [2020-10-29]. http://www.cafepedagogique.net/lexpresso/Pages/2014/11/13112014Article635514597141642688.aspx.

戏的重点是使用社交网络、保护隐私以及网络活动的后果等,特别强调使用照片方面所存在的问题。这个游戏的四个版本的点击率已经超过 50 万次。此类教育游戏在促进媒介素养教育方面均取得较好的成果。

除了法国政府及相关机构以及一些社会组织积极倡导和推广媒介素养教育外,法国的一些媒体机构也积极参与中小学媒介素养教育活动。2020 年 4 月,针对新冠疫情,法新社(AFP)与脸书联合开展媒介素养计划,以应对虚假信息问题。① 自新冠肺炎流行之初,法新社就一直处于这次前所未有的危机的战斗前线,应对虚假信息所引发的不良影响,通过数字核验,帮助公众了解真实信息,与全球主要组织合作,推广媒介素养教育。法新社与脸书合作制作关于如何应对新冠疫情所中的虚假信息猖獗的视频,通过这些视频核验新闻事实,更好地说明虚假信息是如何产生、扩散的,是如何蒙蔽大众的。这些视频在法国的脸书和法新社事实核验网站上共享。

小　结

法国是世界上较早关注媒介素养教育的国家,通过颁布具体的政策确立了媒介素养教育在教育体系中的地位。法国教育部成立的教育与媒介中心专门负责媒介素养教育的方针和政策。该中心通过制定一系列政策,采取丰富多样的媒介素养实践活动,包括媒介素养专项组织培训、“校园新闻媒体周”活动、学习平台的建设及对校园刊物的扶持等形式,推动法国媒介素养教育的发展。教育与媒介中心根据法国义务教育阶段的五大学习阶段,统一制定五大学习阶段跨学科开展媒介素养教育的分层框架,将媒介素养教育融入各个阶段多门相关学科的教育中,在义务教育阶段,形成以整合、分层、跨学科为特点的媒介素养教育课程体系。这一媒介素养教育模式与其义务教育阶段的课程体系相适应,但同时也存在媒介素养教育内容和教育实施过程中的不确定性问题。针对这些不确定性,雅克·克尔内(Jacques Kerneis)致力于运用“联合行动理论”(la

① AFP.Launches media literacy initiative in France with Facebook[EB/OL].(2020-04-17)[2020-10-29].https://www.afp.com/en/inside-afp/covid-19-afp-launches-media-literacy-initiative-france-facebook.

théorie de l'action conjointe, TACD)研究法国媒介素养教育中所存在的不确定性问题,试图给出解决方案。

在法国,媒介素养本身不是一门学科,而是融合在不同的学科当中,尽管教育与媒介中心为教师提供了较多的资源,以促进媒介素养教育的实施,但是由于缺乏足够的教师培训,一些教师在实施的过程中感到无助。因此,高级视听委员会与国家教育部签署了两项协议,加强各部门在媒介素养教育领域的合作,继续为小学和初中学生、高中生、大学生和老师开展培训活动。法国媒介素养教育虽然存在诸多问题,但是其媒介素养教育体系已经建立,并在媒介素养教育行动和研究中日臻完善。

第六章　芬兰中小学媒介素养教育

芬兰的媒介素养教育历史悠久,不仅得到教育与文化部等政府部门和机构的支持,许多社会组织和媒体企业也大力推进媒介素养教育,并开展形式多样的媒介素养教育活动。芬兰政府将媒介素养教育纳入政府政策之中,使其成为国家发展战略的重要组成部分。在芬兰,媒介素养被视为公民的基本能力之一。芬兰的媒介素养教育是从孩子幼儿园时期就开始进行的,媒介素养贯穿幼儿教育、中小学教育以及大学教育。自 2004 年以后,芬兰政府与媒体机构和各类社会组织合作,制定立法,保护儿童免受媒介有害内容的影响,促进媒介素养研究,鼓励制作高质量的媒介产品,并支持家庭教育。总体来说,芬兰在媒介素养教育以及有关媒介素养的政策方面已经较为成熟,在欧盟成员国中处于领先地位。

第一节　芬兰中小学媒介素养教育概况

一、芬兰中小学教育制度简介

芬兰属于教育发达国家之一,从学前教育到高等教育都实施免费教育。芬兰的教育系统包括:早期儿童教育和保育(Early Childhood Education and Care)、学前教育(Pre-primary Education)、基础教育(Basic Education)、普通高中教育(General Upper Secondary Education)、职业教育(Vocational Education)、高等教

育(Higher Education)和成人教育(Adult Education)等。芬兰教育实施两级管理体制,芬兰教育与文化部(Ministry of Education and Culture)作为最高教育权力机构负责所有公共资金资助的学校的管理、教育立法、相关教育政策和政府教育预算等。芬兰国家教育局(Finnish National Agency for Education,EDUFI)作为国家发展机构,负责管理幼儿教育与保育(ECEC)、学前教育、基础教育、普通高中和职业教育、成人教育与培训等。教育与文化部直接负责高等教育。芬兰政府的教育投入一直维持较高比率,2018 年,芬兰教育系统的开支为 119.08 亿欧元,约占国内生产总值的 5.1%。①

芬兰的早期儿童教育和保育比较发达,重视幼儿教育和保育的融合。芬兰国家教育局批准的《幼儿教育和保育国家核心课程大纲》(*National Curriculum Guidelines on Early Childhood Education and care*)指导幼儿教育和保育内容的规划与实施,并为草拟各地的相关课程奠定了基础。

学前教育是指儿童在进入综合学校之前接受的教育,目的是提高儿童的学习能力。儿童通常是在游戏中学习新知识、新技能。芬兰立法规定,所有的市级政府机构都要为年满 6 岁的儿童提供免费的学前教育。自 2015 年以来,芬兰所有儿童都必须接受学前教育。2014 年,芬兰国家教育局批准的《学前教育国家核心课程》(*National Core Curriculum for Pre-primary Education* 2014)指导全国各地区学前教育内容的规划。

在芬兰,义务教育要求年满 6 岁的儿童接受 1 年的学前教育,年满 7 岁的儿童进入综合学校进行 9 年(7—16 岁)义务教育阶段学习,每个永久居住在芬兰的儿童都必须接受义务教育。义务教育之后的教育包括 3 年的普通中学或者职业教育与培训。接受普通中学教育的学生参加大学入学考试,接受职业教育的学生获得职业资格。2019 年,芬兰有 105,200 名学生进入普通高中学习,其中,29,100名学生参加大学入学考试。② 芬兰义务教育的总体目标是,鼓励学生成为一个具有社会适应能力和道德责任感的社会成员。综合学校教育特别注重培养学生在日后成为社会一员时所需的知识和技能。

---

① Statistics Finland.Current expenditure on education has decreased in real terms since 2010[EB/OL].(2020-0507)[2020-10-20].http://www.stat.fi/til/kotal/2018/kotal_2018_2020-05-07_tie_001_en.html.

② Statistics Finland.Upper secondary general school education[EB/OL].(2020-10-20)http://www.stat.fi/til/lop/2019/lop_2019_2020-06-16_tie_001_en.html

芬兰学校的教师均受过高等教育,学校各年级的教师都必须具有硕士学位、全面的教育学学习经历,以及特殊科目的资格证书,这使得学生在芬兰能拥有高质量的课堂教学。同时,教师的高等教育水平使得教师能够独立地规划自己的教学工作并选择自己的教学方法,芬兰学校系统较为宽松的管理体制,也能够使教师积极地开展教学活动。

二、芬兰中小学媒介素养教育概况

随着媒体技术的不断发展,使用媒介的能力成为个人的必备技能。同时,使用媒介能力也给个人利用媒介表达观点、分享想法以及创作媒介产品提供了更多的机会。根据 2014 年颁布的《新基础教育国家核心课程》(*New National Core Curriculum for Basic Education*)①,芬兰的中小学媒介素养教育体现在培养广泛能力的方面,主要包括文化能力、互动和表达、多素养能力,以及信息和通信技术能力。

文化能力、互动和表达部分强调学生在文化、语言、宗教以及视觉多样化的世界中成长,具有鉴赏力的互动技巧以及表达自我和观点的能力,是学生在多样化的环境中开展活动的基础。基础教育注重引导学生识别和欣赏环境的文化含义,并建立自己的文化身份以及与环境之间的良好关系,教学生学会了解和欣赏其生活环境及文化遗产,以及社会、文化、宗教、视觉和语言渊源,鼓励学生反思自己的背景,认识到文化传承的重要性。在学校中,鼓励学生发展其社交能力,学会以不同的方式表达自己的观点。教师指导学生欣赏自己、表达自己的感觉和观点,鼓励学生发挥想象力和创造力,指导学生通过活动提高自己的审美能力,欣赏美好的事物。

在多素养能力部分,强调通过实践,培养学生解释、生产和评价不同文本的技能,以帮助学生理解文化交流的各种形式,并在此基础上建立自己的身份认同。同时,强调培养学生的多元素养,指导学生通过不同方式,应用各种工具,在不同的环境和情况下培养其获取、组合、修改、生产、呈现和评估信息的能力。

---

① Finnish National Agency for Education, EDUFI. New national core curriculum for basic education: focus on school culture and integrative approach[EB/OL]. [2020-20-15]. https://www.oph.fi/sites/default/files/documents/new-national-core-curriculum-for-basic-education.pdf.

多元文化支持批判性思维和学习技能的发展。通过学习,学生可以在传统和多媒体学习环境中提高自己的技能。在教育教学活动中,学生可以单独或者与他人合作,制作和解释各种文本,更好地理解文本以及真实世界。

信息技术部分强调,信息和通信技术技能是公民所应具备的必要技能,也是多语言技能的组成部分。ICT 技能既是学习的对象,也是学习的工具。信息和通信技术被系统地用于基础教育的所有年级,各个学科和多学科的学习以及其他学校作业中都要求学生掌握信息和通信技术能力。具体来讲,信息和通信技术能力主要包括四个方面:(1)指导学生了解使用和操作信息和通信技术的原理和关键概念,并在生产自己的作品时发展实用的信息和通信技术技能;(2)指导学生以负责任、安全和合乎伦理的方式使用信息和通信技术;(3)教导学生在信息管理,以及研究和创造性工作中使用信息和通信技术;(4)学生在互动和联网中获得使用信息和通信技术的经验和实践。在所有这些方面中,重要的是让学生积极参与,充分利用各种机会发挥创造力,发现适合自己的工作和学习途径。

在芬兰,媒介素养的重要性得到广泛的认可,教育与文化部通过资源分配和制定相关立法,支持媒介素养教育的发展,国家教育委员会作为教育与文化部下属的一个国家机构,负责课程的开发。芬兰的社区、学校和教师在规划教育行动方面有很大的自由,加之芬兰的教师均受过高等教育,这使得教师在开展媒介素养教育教学活动时,能够更为自主地进行具有创新意义的教学。芬兰的媒介素养教育除了在学校系统中得到体现外,在芬兰有近 100 个不同的组织在推广媒介素养。例如,有着悠久媒介素养教育历史的芬兰报业协会(the Finnish Newspaper Association)将发展儿童和青少年媒介素养作为其战略和社会目标。总体来说,芬兰中小学媒介素养教育是在芬兰教育与文化部、中小学学校以及相关的组织机构的推动下稳步发展的。

第二节　芬兰媒介素养教育发展历史

芬兰的媒介素养教育的发展,与芬兰社会独立、芬兰语的发展,以及芬兰的国家认同形成息息相关。[①] 从这一角度来看,在芬兰媒介素养教育发展的过程中,芬兰政府一直发挥着重要作用。芬兰语博雅教育和艺术教育等在媒介素养教育政策和实践中都有明显体现。芬兰媒介素养教育,最初将媒介素养教育与语言教育、艺术教育与审美相联系,强调道德教育维度,后受英国等西方国家媒介素养教育理念和实践的影响,将媒介素养教育作为提高青少年免受不良信息影响能力的有效途径。芬兰媒介素养教育在保护主义和社会参与之间寻求平衡。随着媒介环境的不断变迁,芬兰媒介素养教育的内涵也不断拓展,与计算机素养、数字素养、视觉素养、信息和通信技术技能等联系密切,媒介素养被视为 21 世纪公民的必备素养之一。

一、强调审美和道德维度阶段

芬兰系统的媒介素养教育出现在 20 世纪 50 年代,关注电影对个人和社会的影响问题。1954 年,赫尔之 · 米图宁(Helge Miettunen)受美国大众传播实证研究的影响,认为大众传播已经越来越肤浅,媒介素养教育的任务在于正确引导受众理解和区分高雅艺术和低俗娱乐,使受众更了解电影、广播和电视艺术,教育观众理解和欣赏并享受这类艺术。[②]同时,他也充分肯定电影的巨大影响力,这也促进了 20 世纪 50 年代以电影为主要媒介工具的“视听大众博雅教育”(audiovisual popular liberal education)的发展,此活动旨在培养大众批判性理解电影和有效利用电影的能力。在赫尔之 · 米图宁的指引下,“视听大众博雅教育”为学校的教学过程和课堂引入了媒介工具,加强了对电影这一工具的有效利用。与此同时,一些视听机构的建立也推动了媒介素养教育的发展。1958 年,芬兰建立了第一个媒介教育机构电影和电视教育中心(Film and Television Education Centre,简称 Metka),该机构充分利用电影这一媒介,强化人们对电影的批判性理解。这一时期,芬兰的许多城市和城镇也设立影音中心,可为附近学校提供视听资源,如幻灯片、影片等。1976 年,芬兰正式成立了国家影音中心,专门为学校的电影教育提供支持。芬兰的国家公共服务广播也在视听教材编撰中发挥了一定作用。

---

①② KUPAINEN R,SINTONEN S,SUORANTA J.Decades on Finnish media education[EB/OL].[2020-10-20].https://www.researchgate.net/publication/257116839_Decedes_of_Finnish_Media_Education.

二、在保护主义与社会参与之间寻求平衡阶段

20世纪六七十年代,电视的兴起使芬兰的媒介环境更趋复杂,人们开始担忧电视对儿童和青少年的不良影响。芬兰媒介素养教育也从关注批判性电影教育转向关注电影、电视、广播、报纸等批判性大众媒介教育。芬兰广播公司(Finnish Broadcasting Company, YLE)的研究者西尔卡·闵基宁(Sirkka Minkinen)认为,在新的媒介环境下应当扩展媒介教育的目的和内涵,致力于培养学生使用大众传媒工具的良好习惯和对信息传播保持批判性态度,具备利用大众媒介解读媒介信息的能力。[①] 闵基宁对大众媒介教育的判断奠定了芬兰媒介素养教育在教育领域的领先地位。同时,这一时期芬兰的媒介研究者们发现,媒介教育并没有改善边缘人群以及弱势群体的生活现状,也未能有效推进社会的民主化进程,反而扩大了不同社会阶层之间的社会差距而且产生了"知识沟",这与芬兰发展媒介素养教育以促进社会公平与平等价值观的初衷有所出入。为此,芬兰学者和教师重新思考媒介素养的目的,重新定位的媒介素养教育契合了培养学生整体素养和人格的教育理念,整个教育课程体系分为认知教育、审美教育和道德教育,其主要目的在于帮助学生建立对媒介及其内容的批判性态度,发展学生批判性思考能力,使其成为一个具有独立思考能力的媒介使用者。

三、从素养教育转向传播教育阶段

20世纪80年代出现了音乐电视和家庭录像机等新的视听媒体。由于视频制作技术迅速发展,成本低廉的视频制作工作室在芬兰蓬勃发展,带动了青年文化、草根文化的盛行,出现了代表新青年文化的"性手枪"组合(Sex Pistols)这类新的文化表现形式,这要求媒介素养教育满足新一代青年的需要,媒介文化研究的视角进入了媒介素养教育。芬兰媒介素养教育更关注媒介使用和传播

---

① KUPAINEN R., SINTONEN S., SUORANTA J. Decades on Finnish media education[EB/OL].[2020-10-20].http://www.mediakasvatus.fi/publications/.

的维度。进入20世纪90年代，受马斯特曼媒介素养教育理念的影响，媒介素养研究者开始关注青年文化中的各种媒体现象和问题，[①]媒介素养教育转向传播教育(Communication Education)。1994年，芬兰结合本国国情实际，对小学媒介素养教育课程进行了进一步的改良，“传播”课程被列为学校课程中的基础课，要求学生认识美学、伦理学之间的互动模式的生成、运作和发展过程，要求学生能够理解信息表达的维度以及如何传播信息。[②] 20世纪90年代，随着电脑和互联网等新媒体的发展，信息和通信技术教育势在必行。芬兰教育领域的许多学者提供了适应信息化社会的策略，在教学方面也积极地引入新媒体技术，开启了电脑素养、IT教学、计算机辅助教学、远程信息教学以及多媒体教学等新的教育分支，促使这一时期开展大量科研课题研究，如虚拟课堂研究、移动教学等。

四、多模式媒介素养教育阶段

进入21世纪，芬兰媒介素养教育也朝向更加多元的领域发展，呈现出数字游戏、网络技术、社交媒体、多媒体以及上述这些领域交叉渗透的特征。[③] 媒介素养教育被作为一种提高个体福祉与参与社会能力的教育活动。与此同时，国家教育与文化部等也纷纷制订政策或开展实践项目以强化媒介素养教育。如2003年，教育与文化部开发了“儿童和媒介计划”项目，目的是在新的媒介环境下为儿童提供多维度的发展空间。2004年，芬兰教育委员会将媒介素养教育纳入国家核心课程体系中，并启动了该项目。总体上看，21世纪后的媒介素养教育不再仅仅关注正确运用媒介工具这一维度，而是开始更为关注儿童和青少年与媒介的关系问题，媒介素养教育也更强调青少年的媒介制作和创新能力。如芬兰每年都会有专门的节日如电影节或其他活动，为青少年提供展示自己作品的机会，增强其参与社会文化活动的能力。

---

① KOTILAINEN S, KUPIANEN R. Media and information literacy policies in Finland(2013)[EB/OL]. [2020-10-20]. https://www.researchgate.net/publication/262991801_Media_and_Information_Literacy_Policies_in_Finland.

②③ KUPAINEN R, SINTONEN S, SUORANTA J. Decades on Finnish media education[EB/OL]. [2020-10-20]. http://www.mediakasvatus.fi/publications/.

第三节 芬兰媒介素养教育发展理念

芬兰的媒介素养教育发展的理念与媒介素养教育发展的历史相关,在不同的历史阶段,媒介素养的教育理念呈现出不同的特点,侧重点也有所不同。芬兰的媒介素养教育理念的发展经历了多个阶段:基于审美维度进行的媒介素养教育,强调批判思维的媒介素养教育,侧重信息技术的媒介素养教育,21 世纪强调媒介文化的媒介素养教育。尽管不同阶段的媒介素养教育理念存在差异,但芬兰媒介素养教育的目标始终都是提高人们在媒体环境中积极和负责任行动的意愿和能力以及获得理解和为媒体创造内容的能力,更好地帮助个人成长、发展创造力和批判性思维。

一、媒介素养教育理论的发展变迁

1954 年,赫尔之·米图宁首次涉足了媒介教育研究方向问题,他受美国经验主义大众传播研究和实践的影响,指出大众媒体,尤其是电影,在内容上包含商业和宣传色彩,使大众传播变得肤浅和乏味。因此,媒介素养教育的使命就是教育受众区分艺术与娱乐,重视电影、广播和电视的艺术维度,教育受众理解和欣赏其中的艺术内涵,媒介素养教育是一种基于审美维度的教育。

在 20 世纪 70 年代,人们认为电影教学既有积极的一面,也有消极的一面,必须保护儿童和年轻人不受电影消极一面的影响,培养他们对电影的批判性态度。媒介素养包括观看和解释媒介、批判性和选择性地“采用”媒介,以及理解信息技术的表达模式和叙事方式。媒介素养教育是围绕批判性这一主题进行的。

20 世纪 80 年代,媒体教育转向了传播和传播教育,特别是与个人表达和制作有关的方面。在 1994 年综合学校课程基础上,传播被定义为与认知、美学和伦理有关的互动。在 20 世纪 90 年代,电脑、互联网以及手机的应用影响了社会生活方方面面,也影响了媒介素养教育的理念。通信和信息技术在当时的教育中使用得更加普遍,媒介素养教育被定义为教育科学的一个分支,侧重培养通信和信息技术能力。

进入 21 世纪后,媒介素养教育实践在芬兰呈现出稳步发展的态势,媒介素养教育的概念倾向于强调素养的重要性。随着新媒体技术的不断发展,媒介素养教育更加关注公民社会参与问题。芬兰政府对媒介素养教育的认识也不断深化,认为传播活动应该超越简单的信息发送和接收,要与媒介文化和意义生产相联系,应被视为一种文化互动和意义生产的过程,认为媒介素养教育的最终目标是保持世界的多样性。同时,强调开展良好的媒介素养教育要考虑儿童和青少年接受媒介素养教育的权利,尊重每个儿童和青少年的独特个性和世界观。

二、践行媒介素养教育理念的行动框架

芬兰践行媒介素养教育理念的活动是通过政府、学校、学校的管理部门、学术界和社会组织合作进行的。从 21 世纪初开始,芬兰政府非常重视年轻人的媒体素养和如何为年轻人创造一个安全的媒体环境。2003 年,教育与文化部启动的儿童和媒体方案,支持儿童适应不断变化的媒体环境。该方案确定了九个独立的业务领域,包括保护儿童免受有害材料和犯罪内容影响的立法、媒体教育的新方面、发展信息传播和促进媒介素养教育研究、鼓励制作高质量内容、媒体行业的责任以及支持父母和家庭。在学校方面,媒介素养教育成为国家核心课程中广泛能力的一部分,融入不同学科教学之中,体现在各种学科的教学内容、教学目标中。在组织机构方面,芬兰媒介素养教育协会通过网络服务和研讨会支持全国媒介素养教育的研究和实践。在政府相关政策的指引下,芬兰的学校和社会各界紧密配合,共同为达成媒介素养教育目标而努力,形成了较为统一的行动框架。

第四节　芬兰媒介素养教育政策制定与实施

芬兰的媒介素养教育在欧洲处于领先地位,被纳入国家政策之中,成为国

家发展战略的组成部分。在欧盟相关的媒介素养政策的框架下,芬兰制定了一系列国家层面的媒介素养教育政策。这些政策呈现出关注幼儿媒介素养的培养、强调青少年媒介素养教育、重视国家认同教育、为媒介企业和各类社会组织参与媒介素养教育提供广阔的空间等特点。

一、芬兰媒介素养教育政策的制定

(一)芬兰制定媒介素养教育政策的主体

芬兰的媒介素养教育拥有悠久的发展历史,具有很好的传统,也积累了丰富的理论和实践资源。为了让每一个芬兰人都获得媒介素养教育,跨部门的、多方参与的合作推动了媒介教育的发展,使得更多人群受惠于媒介素养教育。因此,芬兰的媒介素养政策是多方参与、共同努力的结果。

1.教育与文化部及其下属机构

作为芬兰政府的一部分,教育与文化部负责教育、科学、文化、体育和青年政策的制定以及相关的国际合作。教育与文化部通过分配资源以及提供信息支持媒介素养教育,制定有关的媒介素养教育政策是该部的职责之一。2013年,芬兰教育与文化部制定了《培养良好的媒介素养:2013—2016年国家政策规划》(*Good Media Literacy:National Policy Guidelines* 2013—2016),并据此启动了青少年媒介素养教育计划,以提升青少年儿童的批判性思维、创造力、自我表达能力等。教育与文化部的下属机构,国家视听研究所(the National Audiovisual Audiovisual Institute,KAVI)及其媒体教育和视听媒体部负有提高儿童媒介素养、儿童媒介技能和为儿童发展提供安全媒体环境的法律义务。

2.国家教育局

芬兰国家教育局(the National Agency for Education)作为一个权力机构,负责基础教育和高中教育的核心课程、早期儿童教育与保育,以及基于职业和能力的核心课程等方面的工作。国家教育委员会参与制定其职权范围内的法令,并发布有关执行法令的条例、指示和建议。2014年,国家教育委员会颁布《基础教育国家核心课程》,并将媒介素养作为要培养的能力之一。

在芬兰,除了以上介绍的部门、机构之外,还有其他的组织代表参与制定媒介素养教育政策。曼纳海姆儿童福利联盟(the Mannerheim League for Child Welfare)、芬兰媒介素养教育协会(the Finnish Society on Media Education)以及芬兰媒体艺术中心(the Centre for Finnish Media Art)等组织的代表都会参与制定媒介素养教育政策。有100多个组织代表在不同的阶段参与了《芬兰的媒介素养:国家媒介素养教育政策》(*Media Literacy in Finland:National Media Education Policy*)这一政策的制定。

(二)芬兰媒介素养教育政策的基本内容

芬兰政府重视学生媒介素养能力的发展,推出了许多媒介素养教育政策和计划等,旨在提升青少年儿童和教育工作者的媒介素养,巩固和促进整个国家的媒介素养事业发展。劳里·帕尔撒(Lauri Palsa)对2000—2019年芬兰政府文件中有关媒介素养教育方面的内容进行了详细研究,发现共有108个政府文件中有关于媒介素养方面的内容,这些政策文本包括战略、规划、报告、出版物、建议、计划、备忘录和行动计划等,涉及多个政府部门。[①] 媒介素养教育已经成为政府政策的重要组成部分,教育与文化部是制定和实施媒介素养教育政策的主要部门。本书主要对2013年芬兰教育与文化部出台的具体的媒介素养战略计划——《培养良好的媒介素养:2013—2016年国家政策规划》[②],以及2019年芬兰教育文化部出台的《芬兰的媒介素养:国家媒介素养教育政策》等全国性媒介素养教育政策文件进行简要介绍和分析。

1.《培养良好的媒介素养:2013—2016年国家政策规划》

《培养良好的媒介素养:2013—2016年国家政策规划》的出台主要有以下几方面原因:一是芬兰的媒介素养教育已不单局限于政府行为、学校行为,而涉及众多社会利益相关部门,如公共图书馆、青年工作部门、文化部门等,以及一些公共或私立的媒介机构,需要一个较为统一明晰的媒介素养政策使各个参与

① PALSA, L. Media literacy in the Finnish policy framework[EB/OL].[2020-10-15].https://www.ulapland.fi/loader.aspx? id=caaa80e7-a658-4268-97e8-47af3f45e139.

② The Finnish Ministry of Education and Culture. Good media literacy: national policy guidelines 2013-2016 [EB/OL].[2020-10-15].https://julkaisut.valtioneuvosto.fi/bitstream/handle/10024/75280/OKM13.pdf?sequence=1&isAllowed=y.

主体沿着一致的方向和目标开展教育;二是媒介素养教育已越来越受到芬兰全社会的关注,成为学术研究的热点,也是备受关注的实践教育领域,这种重视需要被转换成政策文本,以更好地促进媒介素养教育的发展;三是面对快速变化的媒介形式和媒介环境,芬兰媒介素养教育也在国际领域寻求合作的可能性,这要求芬兰国家结合本国国情去探索新的理念和模式,并及时根据媒介环境及教育环境的变化调整政策。

在政策的发展原则方面,《培养良好的媒介素养:2013—2016 年国家政策规划》从儿童与青少年、教育从业者以及芬兰社会三个角度明确规划了芬兰 2013—2016 年媒介素养教育的发展方向和愿景。该政策要求儿童与青少年面对媒介时应具有理性的思辨能力和选择能力,增强其自我表达、社会参与以及理解文化生活的能力;要求教育者具有较高的媒介素养水平,对媒介素养及其内涵有更为清晰的认识和理解,以更好地帮助青少年儿童提升媒介素养,并引导其在媒介环境中安全生活。此外,该政策也确立了媒介素养教育工作的四大原则。一是公平和多元化原则,即应考虑每个受教育者的平等受教育权利及独特个性,包括对特殊障碍群体教育的关注,以保证每位青少年儿童都能够享受到真正的媒介素养教育;二是教育的系统性与持续性原则,应秉持科学理念进行媒介素养教育,社会组织应将媒介素养融入自身的基本工作当中,充分发挥组织特性和优势以促进定期有序地开展媒介素养教育;三是透明与合作原则,媒介素养教育应依赖于政府、媒介机构、学校、社会组织等各社会主体的合作,媒介素养教育实践项目应以多样化的传播方式,有意识地与其他社会主体进行互动和建立联系,共享成功的实践经验和发展成果,以提升整个国家的媒介素养水平;四是重视知识基础和高质量相结合的原则,政策中明确提到媒介素养教育应努力以最新的媒介理论和观点作为教育的出发点,不断更新整个理论体系,确保信息资源的丰富性,同时媒介素养教育实践项目应以高质量为目标,参与媒介素养教育的社会主体应通过外部评估和自我评估,随时调整教育活动和项目。

在政策的发展目标方面,该政策明确了四项媒介素养教育目标。其一,为青少年儿童提供高质量的、以媒介素养教育为中心的日常教育。国家要为媒介素养教育工作者提供充足的实践资源,要鼓励儿童和青少年参与,听取关于教材和活动训练的建议;发展和提供有助于青少年儿童参与的不同媒介活动,创造学习交流机会，且针对不同教育实践、培训课程、教材、服务、内容及运作模式等提供建议和创新机会；鼓励和支持社会组织更新方法，建立本领域的质量标准，以促进地区和国家媒介素养教育的发展。其二，芬兰要通过立法、财政资源、国家和地方层面的引导来实现媒介素养教育的可持续发展。在立法方面，对视听节目进行监听，随时关注和监督节目市场和媒介环境变化，探讨版权制度对媒介素养教育的影响。在文化政策方面，要积极促进媒介素养教育的发展，更新有关“儿童与媒介”计划的有关措施和方法。在青年政策方面，倡导青年人积极参与社会活动，并为此增加财政预算。在政策规划方面，制定发展媒介素养教育的措施，强调重视幼儿教育、图书馆和青少年工作等部门计划。其三，进一步扩大媒介素养教育的参与主体，形成新的合作关系。促进政府、非政府组织、高等教育机构及专业人士、媒介行业、科学界等各社会主体积极地在不同行业中广泛合作，提供区域性或全国性媒介素养教育，形成提升媒介素养教育的有效合力。其四，芬兰要在全球媒介素养教育发展中发挥更加积极的作用。在国际论坛中，坚持与其他国家共享与交流信息，鼓励本国青少年儿童在国际项目中展现自我，积极参与欧洲的活动和合作项目，推动研究活动和会议发展，在全球范围内发挥影响力。芬兰积极参与欧盟的互联网安全计划，自2013年以来，芬兰每年通过为期一周的名为“媒体素养周”的宣传活动来开展“更安全的互联网日”①教育活动。

2.《芬兰的媒介素养：国家媒介素养教育政策》

《芬兰的媒介素养：国家媒介素养教育政策》②是教育与文化部于2019年公布的国家媒介素养教育政策文件，该文件更新并扩展了2013年发布的《培养良好的媒介素养：2013—2016年国家政策规划》，描述了芬兰媒体教育的优势、价值和原则，强调了需要改进的领域，提出了义务教育阶段的三大目标，并介绍了相关组织机构实施该政策的基本情况。

在目标方面，目标之一为综合媒体教育。芬兰提供的媒介素养教育就其内

---

① Finnish Safer Internet Centre. Finnish safer internet day and media literacy week 2020[EB/OL].[2020-10-15].https://www.betterinternetforkids.eu/web/portal/practice/awareness/detail? articleId=5821672.

② The Finnish Ministry of Education and Culture. Media literacy in Finland: national media education policy [EB/OL].[2020-10-15].https://medialukutaitosuomessa.fi/mediaeducationpolicy.pdf.

容、视角、目标群体和地理分布而言是全面的,并且在媒介素养教育的规划、发展和实践中,考虑到目标群体的多样性和当地的特殊性。目标之二为高质量的媒介素养教育。芬兰的媒介素养教育是高质量、有意义和非歧视性的。媒介素养教育的质量是在研究的基础上评估和发展的。目标之三为系统的媒介素养教育。芬兰开展的媒介素养教育具有系统性和一致性,有效的规划、领导和资源分配,使媒介素养教育的发展成为更系统的活动。

在政策实施方面,所有政府机构、社会部门和社会组织都参与媒介素养教育和相关的媒介素养活动。教育与文化部采取措施,在学校教育时间和闲暇时间发展儿童和青少年的节目制作、媒介素养和通信技术技能,开展跨学科教学。通过基础教育,培养儿童和青少年生活所需的知识和技能。根据该政策,教育与文化部下属的艺术和文化政策部(the Department for Art and Cultural Policy)负责保障媒介素养教育发展资金的分配。国家视听研究所将根据该政策更新其媒介素养教育行动计划,并提供相关资源支持实施该政策,尽可能免费提供关于编制和实施各种媒介素养教育计划的咨询,同时,通过媒介素养学校在线服务(Media Literacy School online service)为全国范围内的学校免费出版媒介素养教育的材料。

该政策旨在为每一位芬兰公民提供发展其媒介素养能力的机会,通过开展综合、高质量和系统的媒介素养教育,使每一位公民受益。芬兰的媒介素养教育具有主体性、平等性、相关性和高质量的特点。通过实施这一政策,保证提供持续和系统的资源,用以支持提高能力、积累知识、开展活动和媒介素养教育的制度化。实用的媒介素养教育是目标导向的、道德的和可持续的。政策进一步指出,多样化的媒介素养教育的开展,有赖于不同参与者之间在规划、实践和发展等方面的广泛合作。

二、芬兰媒介素养教育政策的实施

芬兰政府在推进媒介素养教育工作的过程中,非常重视将相关政策融入各类媒介素养项目之中和项目实施过程中,以使政策得以落实,并通过对项目的评估,进一步考察政策的适切性,使之不断完善。

(一)《媒介松饼计划》项目与幼儿媒介素养教育政策

芬兰关于幼儿媒介素养教育的政策主要体现在“儿童与媒介行动计划”(the Children and Media Action Plan)中。2004年,芬兰教育与文化部的文化政策部(the Division for Cultural Policy of the Ministry of Education and Culture)制定了关于幼儿媒介素养教育的政策,即,“儿童与媒介项目”(the Children and Media Program),这一政策主要体现在于2006—2007年实施的“媒介松饼计划”(the Media Muffin Project)中。该项目主要目的是提高8岁以下儿童的媒介素养,并为专业教育者和父母提供相关媒介素养教育支持。项目由学校俱乐部中心、学校电影协会以及电影和电视教育中心媒介素养教育中心等三个政府部门合作实施,由教育与文化部提供资金,2005—2007年度共投入115万欧元。该项目举办了95次全国性的培训,有2800名专业人士接受培训,并于2006年发放了近9000套资料,包括练习册、教师手册和电影材料等。在项目实施过程中,芬兰政府充分认识到,由于当今的儿童是随着新媒介一起长大的,通过单一地控制媒介内容保护幼儿不受媒介负面影响的做法已经过时,需要国内和国际合作,政府、媒介机构和家长的共同努力,才能促进幼儿媒介素养教育的发展。芬兰政府还对项目进行了评估,并在此基础上,于2008年公布了幼儿媒介素养教育指导原则,2009年公布学前教育媒介素养教育指南,并于2011年出版了1—9年级媒介技能培养综合手册。这些政策和指导,对促进芬兰幼儿媒介素养教育的发展具有极大的促进作用。

(二)媒介机构和社会组织的媒介素养教育项目与政府的多方合作政策引导

由于芬兰政府对媒介素养教育活动的积极支持和相关政策的推动,芬兰一些媒体机构和社会组织纷纷加入媒介素养教育活动之中,成为两股重要力量。[①]自2000年以来,芬兰一些媒体机构开始显示出对媒介素养教育越来越大的兴趣。2008年,芬兰媒介企业联盟(the Federation of the Finnish Media Industry)将开展儿童和青少年媒介素养教育作为自己发展战略。联盟的媒介素养教育政策将媒介素养与媒介使用和媒介消费联系在一起。第四频道参加了联合国教科文组

① 耿益群.双重框架下的芬兰媒介素养教育政策及其实践[J].外国中小学教育,2014(10):26-32.

织(UNESCO)的媒介素养运动。芬兰公共广播公司十几年来一直在媒介素养教育方面发挥着重要作用,出版了大量的媒介素养教育资料。各大报纸也积极参与媒介素养教育活动。有几家报纸建立了"学校链接",负责访问相关学校并与这些学校在媒介素养教育方面进行合作。Sanoma Oy 公司还建立了虚拟新闻制作室,各学校学生可以参与制作报纸。有些公司还为学校的报纸提供各种各样的出版平台。芬兰广播公司(the Finnish Broadcasting Company)一直关注媒介素养教育,并在其网站上发布媒介素养教育材料,通过公司的"媒介公共汽车"在中小学、教师培训学院、青年中心和图书馆推广媒介素养教育。

在芬兰,各类社会组织参与媒介素养教育活动已有50多年的历史。在政府支持下,越来越多的社会组织积极参与媒介素养教育活动,主要包括:利益相关的组织,如芬兰报纸协会、芬兰期刊出版商协会、幼儿园教师协会、芬兰教师协会、美术教师协会等;电影方面的组织,如地区电影中心等;儿童保护组织,如曼那海姆儿童福利团等。芬兰媒介素养教育协会是专门负责发展媒介素养教育研究的机构,该机构与媒介素养教育领域的研究人员合作,在学术研究、参与政府政策制定以及扩大国际合作等方面发挥了很好的作用,成为媒介素养教育研究和实践之间的重要纽带。该机构实施了一系列媒介素养教育项目,并建立全国性媒介素养教育网络,负责各方的协调工作。芬兰的图书馆也积极参与媒介素养教育活动,参与芬兰教育部儿童与媒介项目,为媒介素养教育提供材料、关注媒介素养教育质量等问题。芬兰媒体企业联盟将媒介素养教育作为核心任务,尤其强调教师的媒介素养教育在学校批判性媒介素养教育中的重要作用。

第五节　芬兰中小学媒介素养教育实践

一、芬兰中小学媒介素养教育实践的案例及分析

(一)媒体技能周

媒体技能周是媒介素养教育主题周,其目的是发展儿童、年轻人和成年人

的媒介技能。[①] 每年二月举办的媒体技能周，是提高人们对媒介的认识，宣传媒介素养教育重要性的活动。每年大约有40个组织（包括政府部门和机构、电信运营商、数据安全公司、媒体公司和社会组织）在媒体技能周开展业务。媒体技能周的主题、运动、宣传材料和活动是与参与活动的利益相关方合作规划的。媒体技能周还鼓励学校和其他地方组织安排自己的活动。国家视听研究所承担了媒体技能周的主要责任，但活动有赖于所有参与组织的共同努力。"媒体技能周"的材料和活动为全年的教育工作提供了指南。如《材料：可靠的信息猎手》[②]，该材料帮助讨论媒体在信息传递中的重要性，并检验评估信息的可靠性，材料由媒体和科学两个部分组成。材料的任务难易程度用星号表示，星星越少，难度越低。媒介教育者可以根据实际情况，选择合适的任务。该材料的目的是大规模推广媒体和多元化技能，因此适合根据课程在幼儿教育、学前教育、小学和中学阶段使用。该材料有多种使用方式，以适应不同年龄的人，并且可以支持图书馆、青年工作和博物馆等的教育、教学和指导工作。

2019年冬天，超过1800个组织庆祝了媒体技能周。媒体技能周将在2021年举行第九届，多达52个合作伙伴正在制作资料，计划各类活动。

（二）媒介教练培训计划

媒介教练培训计划（Media Coach）[③]是由教育与文化部资助的，旨在通过增强与儿童和年轻人一起工作的专业人员的媒介素养，支持儿童和青少年媒体技能的多样化发展。借助新型的媒介教育培训课程，媒介教育协会希望响应不断增长的教育培训以及社会需求：（1）加强儿童和青少年对日常媒体以及日新月异的媒体文化的理解；（2）使专业人员的工具包多样化，以理解不同的媒体观点和问题，并增强儿童和年轻人的媒体技能；（3）通过支持民族教育实现媒介素养教育的平等。该培训计划是根据实际的教育需求以及从事儿童和年轻人工作

---

① Kansallinen audiovisuaalinen instituutti. Mikä mediataitoviikko? [EB/OL]. [2020-10-15]. https://www.mediataitoviikko.fi/mika-mediataitoviikko/.

② Mediataitokoulu.Luotettavan tiedon metsästäjät [EB/OL]. [2020-10-15]. https://mediataitokoulu.fi/index.php? option=com_content&view=article&id=1182:luotettavan-tiedon-metsastajat&catid=11:tehtavat&Itemid=388&lang=fi.

③ Media Education Society. Media coach [EB/OL]. [2020-10-15]. https://mediacoach.info/koulutus-konsepti/.

的专业人员的实际情况制定的,并且与媒体教育协会的合作者共同完成这项工作。媒介教练培训计划从四个层面发展参与者的技能:(1)媒介素养教育技能;(2)技术和媒体技能;(3)合作和同伴学习技能;(4)反思性技能发展。同时,该培训计划由5个学习模块组成,这些模块从不同的角度研究媒体技能和不同的媒体现象,可随时更新,以保证研究具有主题性、有趣性和必要性(见表6.1)。

表6.1 媒介教练培训计划五个模块

模块名称	模块内容	模块教学目标
多媒体——导航媒体世界标准	该模块向参与者介绍多样化媒体世界。使参与者熟悉数字化给人们日常生活带来的变化,培养人们观看媒介内容时的分析能力。增强个体的隐私保护能力。能够理解图像、视频和各种不同类型的媒介文本,认识这些媒介文本的影响力。	1.讨论媒介素养教育的各种目标,并评估其在自己工作中的用处。 2.从日常生活、童年和青春期的角度认识数字化的社会意义及影响。 3.严格评估各种媒体内容和制作者及其潜在影响,反思性地看待自己媒体作品的生产方式,积极处理自己的数字足迹和学会保护隐私。 4.运用他们所学到的知识来增强儿童和年轻人的批判性媒介素养。
在线责任——加强沟通与互动能力	该模块介绍了在线互动的各种形式。旨在加深参与者对年轻人使用社会媒体行为及其所带来的前所未有的机会的理解。理解网络所带来的负面影响,能够识别欺凌和仇恨言论的新形式。在本模块中,将统筹考虑和计划解决社交媒体所带来的挑战,同时促进积极的、建设性的在线互动。	1.描述儿童和年轻人使用社交媒体的状况,思考这些现象背后的内容。 2.证明利用社交媒体进行在线交流所带来的各种好处和机会。 3.发现最常见的在线互动陷阱,并通过适当的方式解决具有挑战性的问题。 4.运用所学到的知识来促进儿童和年轻人的互动技巧以及促进负责任的在线活动。
促进数字幸福——健康使用日常生活中的媒介	该模块研究媒体使用与数字幸福之间的各种联系。关注媒介使用对儿童和青少年幸福的影响。从社会关系、技能积累和身份建立等角度审视如何利用媒体来增强幸福感。从情感和认知等角度,关注媒体对个体的影响问题,关注个体的时间管理问题。在本模块中,将概述和测试数字幸福的各种方法。	1.研究日常媒体使用方式及其引起的情感变化,并了解媒体对自己的影响。 2.确定媒体使用、技术与幸福之间的积极和消极联系,并据此设计自己的数字幸福秘诀。 3.运用所学到的知识来促进媒体的使用,以增加儿童和年轻人的幸福,并防止潜在的风险。

续表

模块名称	模块内容	模块教学目标
智能媒体使用——未来的媒体和技术技能	该模块提供了一个审视媒介素养教育的责任及未来发展前景的视角。收集和利用我们使用媒体所产生的数据,分析这些数据给我们的日常生活所带来的各种机遇和挑战,以创造性地应对社会问题,使青少年有责任地使用媒介。关注未来,并预测未来在数字化社会中会更需要哪些媒介技能。	1.确定关于数据和人工智能及其日常应用的不同观点。 2.积极关注自己的数字足迹和隐私。 3.反思未来重要的媒体技能,并从自己的工作角度评估它们的相关性。 4.利用所学到的知识来提高儿童和年轻人的数据管理和隐私管理技能,以及未来的其他重要技能。
媒体教育项目——实际的开发任务	在该项目模块中,参与者将运用他们所学到的知识,并展示其广泛的专业技能。参与者将使用自我选择的方法和工具,结合研究涵盖的主题之一,实施一个实用的媒体教育发展项目。参与者将能够在新知识的指导下开展与自己的工作相关的活动,或在其他相关环境下开展活动,并与整个社区共享。	1.运用在培训中心学习到的各种媒介素养教育观点,提出新活动的想法。 2.在自己的工作中计划、实施、评估和报告实际的媒介素养教育发展项目。 3.分享自己的优秀做法,评估、评论和支持来自不同领域的其他参与者的发展项目。

资料来源:本表由“媒介教练培训计划”(Media Coach)官网①整理而成。

2017年,媒介教练项目专家组开始进行媒介教练培训计划的试点培训。2019年春季,根据该模型组织了三个试点项目,培训中小学媒介素养教育人员和学校利益相关者。同时,根据培训内容和工作方法编制了可免费使用的学习材料包,这些材料包都可以在媒介素养教育协会的网站上找到,供媒介素养教育者使用。

二、芬兰中小学媒介素养教育实践

在芬兰的中小学教育中,媒介素养教育已作为一个重要的教学内容被融入到课程之中。在2004年的义务教育大纲中,媒介素养被整合成教育体系中的

① Media Education Association.Media coach[EB/OL].[2020-10-15].https://mediacoach.info/koulutus-konsepti/.

一个跨学科通识教育。2014 年,媒介素养在基础教育中的拓展能力部分得到体现。

在中小学基础教育中,媒介素养教育被纳入传播和媒介技巧的通识教育主题,其他跨学科的通识教育主题还包括人的发展、文化认同与国际化、社会福祉和可持续发展等问题。在学校体系中,尽管媒介素养教育的重要性已在所有学科的教育理念中被广泛强调,成为整个芬兰学校文化的组成部分,但在实际操作过程中,媒介素养教育实践在各个学校和学科有发展不均衡的问题。这主要由于教师们对媒介素养的重视程度、媒介技能、学校媒介设备情况等在全国范围内存在差异。总体上看,语言学科以及视觉艺术学科的教学计划和课程目标中强调媒介素养教育的内容偏多,这些学科课程教师承担着主要的媒介素养教育任务,教师为使学生更好地获得媒介素养技能,促进媒介素养工作的展开,实施了各种创新实践教育项目。另外,电影教育也是芬兰开展媒介素养教育的又一路径。芬兰的电影教育由来已久,在一些学校中,学生可选择电影作为选修课以提高文化参与意识。随着数字技术的发展,信息通信技术教育是芬兰学校媒介素养教育的重要形式。在实际的小学教学实践中,信息和通信技术主要被用来当作一种学习工具和手段,为其他学科的教学服务,这极大地提升了教学质量并带来诸多便利。学生可利用互联网收集和共享资料,也可在网上完成小组作业和交流等。

芬兰学校教育中的媒介素养教育教材资源也十分丰富。为支持媒介素养教育,芬兰在国内推出多种针对不同年龄段、不同学科、免费或有偿的教学材料供学校选择。在来源方面,素材主要来自芬兰国家教育委员会等政府部门和大量社会机构。另外,媒体行业及其监督机构也为学校和教师制作教材,如芬兰报纸协会每年都会举办的“作为教学的报纸”活动,芬兰期刊出版商协会主办的“期刊日”(Periodical Day),旨在增加学校使用纸质教材的机会,巩固和强化纸质媒介在学校教育中的作用。

尽管芬兰的媒介素养教育在欧盟中处于领先地位,媒介素养教育受到较为广泛的重视,但是仍有较多的因素制约着芬兰媒介素养教育的进一步发展,有些也是其他国家发展媒介素养教育所面临的问题。具体而言,芬兰的中小学媒介素养教育主要面临媒介素养教育资源短缺和媒介素养教育缺乏系统性等挑战。资源的缺乏往往会影响媒介素养教育的实施,会影响活动的组织、人员聘任、时间分配、设备购置和材料提供等。媒介素养资源的缺乏主要表现在:缺乏资金以及培养与媒介素养教育相关能力的资源。随着媒介技术和媒体文化的发展,与媒介素养相关的技能要求也在发生变化。多样性是芬兰的媒介素养教育的优势之一,但也在一定程度上对媒介素养教育形成挑战。由于缺乏具体的领导以及活动的不断变化和分散,媒介素养教育的系统性还有待提高。

小　结

在芬兰,媒介素养教育在国家发展中具有非常重要的意义,不仅有助于提高了公民素养,还有助于不同年龄阶层的人更好地处理日常生活、参与社会和发展个人技能。同时,媒介素养被视为公民必备能力之一,得到社会各界的广泛关注。芬兰的媒介素养教育之所以能够走在世界前列,主要是因为以下原因。首先,政府、学校、各类组织联合行动,推进媒介素养教育。芬兰的媒介素养教育得到政府、非官方机构以及学校的支持。芬兰教育与文化部将提升媒介教育的地位作为战略目标之一,并通过分配资源、提供相关信息、制定立法等促进媒介教育。其他政府机构也积极推动媒介素养。其次,得益于芬兰先进的教育体系。在芬兰的教育体系中,媒介素养教育在基础教育中体现在横向能力领域中,高中教育课程中跨课程主题多元文化、媒体以及技术和社会,这些都是横向能力的一部分,媒介素养在其中发挥着重要作用。在职业教育课程中,媒介素养教育主要融入了数学和科学科目中。芬兰的两所大学——拉普兰大学和坦佩雷大学提供媒介素养教育的本科教育以及媒介素养教育研究硕士学位课程。同时,这两所大学都设有媒介素养教育教授职位。最后,芬兰各类政府和社会组织为媒介素养教育做出了许多贡献。这些政府和社会组织将促进媒介素养发展作为其工作的一部分。芬兰教育与文化部下属的国家视听研究所是芬兰媒体教育机构,其法定任务是促进媒介素养教育。儿童与青年组织也积极促进媒介素养教育,确保儿童和青少年的权益和参与。通过多方联动,媒介素养教育在芬兰得到了良好的发展。

随着技术的不断发展,人工智能(AI)、物联网、大数据、算法等给媒介素养教育带来许多新的问题。芬兰未来的媒介素养教育需要面对技术进步所带来的各种挑战,与数字素养教育和终身学习密切联系,扩大媒介素养教育的目标群体。

第七章 澳大利亚中小学媒介素养教育

澳大利亚包括新南威尔士、维多利亚、塔斯马尼亚、昆士兰、南澳大利亚、西澳大利亚6个州及首都领地和北领地。澳大利亚是典型的移民国家,自1788年第一个英国殖民地建立起,来自世界不同国家和地区的不同种族的移民到澳大利亚谋生和发展,仅1945年以来就有超过700万人从世界各地移民澳大利亚。① 多民族、多元文化是澳大利亚社会一个显著特征,这使澳大利亚学校教育课程具有多元化特征。

澳大利亚的中小学媒介素养教育颇为发达,被认为是当代西方最重视媒介素养教育的国家之一。几乎所有州都单独设立媒介素养教育课程或将媒介素养教育融入英语课中,作为学生的必修内容。随着数字媒介发展,澳大利亚政府、相关机构和学者越来越重视中小学生的数字媒介素养问题,澳大利亚政府于2009年6月发表《澳大利亚数字经济——未来的方向》(*Australia's Digital Economy:Future Directions*),这一报告特别强调了培养澳大利亚公民特别是青少年儿童的数字媒介素养对于整个国家未来经济发展的重要性。②

① 钱志中.澳大利亚多元文化主义政策的历史选择与动态演化[J].世界经济与政治论坛,2014(6):155-167.

② Department of Broadband Communications and the Digital Economy. Australia's digital economy: future directions[R/OL].(2009-07-17)[2020-07-22]. https://webarchive.nla.gov.au/awa/20090717033103/http://pandora.nla.gov.au/pan/102861/20090717-1104/www.dbcde.gov.au/__data/assets/pdf_file/0003/117786/DIGITAL_ECONOMY_FUTURE_DIRECTIONS_FINAL_REPORT.pdf

第一节　澳大利亚中小学媒介素养教育概况

一、澳大利亚中小学教育制度简介

澳大利亚实行分权自主的教育管理制度，联邦政府负责全国教育政策的制定和实施，各州设教育行政管理部门负责各州教育工作。澳大利亚各州实施12年的基础教育，主要包括：小学（1—6年级）、初中（7—10年级）、高中（11—12年级）。澳大利亚的义务教育约在5—6岁开始，并在17岁或18岁完成，各州和领地之间有所差异。① 澳大利亚的州教育行政部门只规定课程标准而不规定统一的教材，学校的课程高度灵活，注重启发学生，培养学生的自学能力和实际应用能力。2019年，约65%的学生就读公立学校，约35%的学生就读天主教或是独立学校，超过80%的学生会读完高中。② 还有一小部分的学生在法律允许下选择在家就读，特别是农村地区。

澳大利亚提供公立学校给澳大利亚公民以及澳大利亚永久居民免费就读，而天主教学校以及独立学校通常会收学费。无论是公立学校、天主教学校，还是独立学校，都必须遵守所在州或领地的课程大纲，但课程大纲具有一定的弹性。③ 澳大利亚政府还推行“偏远小学弹性扫盲计划”（Flexible Literacy for Remote Primary Schools Program），通过引入直接教学和显性直接教学（Direct Instruction and Explicit Direct Instruction），来改善偏远小学儿童的读写能力。④

澳大利亚中小学通常开设的课程有英语、数学、科学、人文与社会科学、艺术（包括音乐、美术、手工和戏剧）、技术、健康与体育、语言等，重点培养学生的

---

① Australia Government.School education[EB/OL].[2020-07-25].https://info.australia.gov.au/information-and-services/education-and-training/school-education.

② Australian Bureau of Statistics.Schools,2019[EB/OL].(2020-06-02)[2020-07-22].https://www.abs.gov.au/statistics/people/education/schools/2019.

③ Independent Schools Council of Australia.About independent schools[EB/OL].(2010-07-12)[2020-07-22].https://isa.edu.au/about-independent-schools/about-independent-schools/independent-schools-overview.

④ Department of Education,Skills and Employment.Flexible literacy for remote primary schools[EB/OL].[2020-07-22].https://www.education.gov.au/flexible-literacy-remote-primary-schools-1.

读写能力、计算能力、批判性和创新性思维、人际交往能力以及伦理理解、跨文化理解等方面的能力。在澳大利亚，中小学校一般都有董事会，董事会主要职责是制定学校的理念、政策，对学校的日常事务和财务活动进行管理。董事会对学校的发展负有重要责任，拥有学校管理决策权，保证学校发展的灵活性和特色。

在很长的时间内，澳大利亚为了减轻学生的学习压力，提高学生的学习兴趣，留给学生更多的自我学习和成长的空间，小学和初中阶段基本上不进行统一考试。随着教育的开放和融合，联邦政府出台了统一的学业水平标准，中小学可以根据标准对各年级学生进行达标检测。联邦政府会在每年 5 月，利用 3 天的时间，对 3、5、7、9 年级的学生进行读、写、算项目的统一考试。① 这一变化对澳大利亚教育制度产生了深远的影响，需要学生、家长和学校对这一变化做出相应的调整，但变化有助于促进学生的学业进步。

二、澳大利亚媒介素养教育概况

澳大利亚的媒介素养教育始于 20 世纪 70 年代，并于 90 年代中期被纳入学校教育的正式课程。澳大利亚大部分地区媒介教育的开展率至少达到课程总量的 1/4，涉及的学习领域包括英语、艺术等。1971 年，面向 15 岁学生的统考被废除，学校可以自己控制、管理课程和教学大纲以及自主开发校本课程，许多教师对媒介素养教育产生了兴趣。1972 年起，国家增加了对教育的政府基金投入，在分配资金时，学校优先考虑媒介素养教育项目。

随着官方对学校资金支持的增加，信息技术在学校教育的各个领域得到了广泛应用，先进的现代化教学手段被引进校园。21 世纪初，许多学校建立了交互式卫星电视教育网，维多利亚州有 2500 多所中小学安装了卫星电视地面接收站，澳大利亚全国有 90%的学校使用交互式卫星电视教育网，75%的学校经常使用卫星电视教育网教学，40%的学校采用直播教学，85%的学校采用录像教学②。后来，随着电脑成本的下降、国际互联网的开通、各种教学软件的开发以

---

① 袁开文.澳大利亚基础教育印象[J].教书育人(校长参考)，2019(9)：41-42.

② 牛道生.21 世纪初澳大利亚基础教育发展前景探析[J].比较教育研究，2004(5)：43-48.

及信息加工技术的发展,电脑辅助教学在全国得到广泛利用和推广,计算机和互联网在澳大利亚学生的学习中发挥着重要作用,数字技术在教育实践中的应用愈发广泛。澳大利亚官方在 2013 年发布的《数字教育革命计划评论》(*Digital Education Revolution Program Review*)①中指出,截至 2012 年 7 月,澳大利亚 9—12 年级的学生总体上实现了 1∶1 的计算机使用率,电子白板、数码相机、支持网络的投影仪、智能手机、游戏机和互动电视等技术已被应用于多种教育实践中,虚拟教室、视频会议等帮助学校、老师和学生进行协作与共享的平台也得到官方支持投入使用。

根据 2018 年发布的《NAP 样本评估 ICT 素养》(*NAP Sample Assessment ICT Literacy*)②,中小学老师经常使用数字设备进行教学活动,84%的 6 年级受访学生和 90%的 10 年级受访学生表示老师会利用数字设备展示信息,79%的 10 年级受访学生自己也会使用数字设备来展示信息、解释项目和完成任务。澳大利亚政府还为教育工作者提供了数字资源查找器(DIgital Resource Finder)网站③,方便教师们获取数字资源,南澳州政府也通过推行 Moodle 网站④来实现数字教育资源的互通。简言之,国家的教育改革促使校本课程迅速发展和媒体技术在教育中广泛运用,促进了澳大利亚中小学媒介素养教育的发展。

1973 年,西澳大利亚开始实施一项媒介研究计划,有 60%的学校为 8—12 年级的学生开设了媒介教育课程。1978 年,这一计划又扩展成一个新的项目——“媒介启蒙”,在小学讲授媒介知识和影视素养课程。到 1985 年,该州多数小学都不同程度地开展了媒介素养教育活动。1995 年,澳大利亚教材公司出版发行了《视听教育课本》(第二版),其内容主要包括:视听行为对学生发展的价值及相关性、视觉语言教学活动的实用设计和建议。该教材被各州学校用来指导教师培养学生理解和表达可视形象语言的技能。1996 年,南澳大利亚州和

① Australian Government, Department of Education, Skills and Employment. Digital education revolution program review[EB/OL].(2013-06-21)[2020-10-03] https://docs.education.gov.au/documents/digital-education-revolution-program-review.

② Australian Curriculum, Assessment and Reporting Authority. NAP sample assessment ICT literacy[R/OL].[2020-10-03]. https://www.nap.edu.au/docs/default-source/default-document-library/2017napict lreport_final.pdf? sfvrsn=b5696d5e_2.

③ National Film and Sound Archive, NFSA. Digital learning: digital resource finder[EB/OL].[2020-10-03]. https://dl.nfsa.gov.au.

④ Moodle. About Moodle[EB/OL].[2020-10-03]. https://moodle.org.

维多利亚州在修订学校课程指南的时候,都进一步强调了媒介素养教育的重要性。澳大利亚的全国性教师组织澳大利亚媒体教师协会(Australian Teachers of Media,ATOM)每隔18个月由各州的成员组织轮流主持一次全国性的会议,讨论有关媒介素养教育的问题。①

澳大利亚从幼儿园到12年级均开设媒介素养必修课程,并开发了从幼儿园到12年级的完整媒介素养教育课程与配套的教材。同时澳大利亚进行调查研究,制定国家评估计划(National Assessment Program,NAP)来监测包含媒介素养课程在内的各类教育目标的完成情况。澳大利亚许多的"媒介"课程采用一种"TAP"媒介素养教学模式,即,通过从文本(Text)、受众(Audience)、生产(Production)三个维度提问以提升学生的媒介素养水平②。在教学过程中,教师经常引导学生通过模仿的形式制作媒体作品。某种程度上说,英语及艺术课程中媒介素养培养方式往往存在共性。根据澳大利亚媒介素养教育专家的实证调查,在主要学科特别是英语和艺术领域中,媒介素养教学方式主要有媒介原作分析、媒体产品制作、基础理论学习和实践训练等几种。学生理解和制作媒介产品的能力技巧方面的需求是媒介素养教育的出发点。这些能力需求包括:解释和使用媒介语言的能力、解释和建构媒介表达的能力、分析和评估媒介的能力、社会组织的表现能力、媒介产品制作能力、带修辞隐喻色彩的媒体产品的鉴别能力。媒介素养教育旨在全面提升学生这几个方面的能力。

澳大利亚社会各界普遍比较重视青少年的网络素质教育,不仅有政府牵头的媒介素养教育项目,社会中也有很多自发、自下而上形成的社会媒介素养机构和组织。政府不仅在官方文件中凸显媒介素养的地位和作用,制定相关教育政策,为本国中小学媒介素养教育提供指导方向,也积极通过拨款、合作等方式联合多方力量来丰富中小学媒介素养教育形式。政府针对青少年专门建立起像澳大利亚儿童电视基金会(Australian Children's Television Foundation)这样的为澳大利亚青少年儿童提供寓教于乐的媒体信息与娱乐的非营利性组织。③ 该

① 宋小卫.学会解读大众传播(上)——国外媒介素养教育概述[J].当代传播,2000(2):61-63.

② CONSIDINE D,HORTON J,MOORMAN G.Teaching and reading the millennial generation through media literacy[J].Journal of adolescent & adult literacy,2009,52(6):471-481.

③ Australian Children's Television Foundation.Our purpose[EB/OL].[2020-07-22].http://www.actf.com.au.

组织提供高质量的青少年电视节目，并向学校和教师提供多媒体教育资源，曾协助澳大利亚政府于2000年11月在悉尼举行了“青少年与媒体”研究者国际论坛这样的重要国际活动。此外，该组织还与教育部门、大学、教师协会等合作举办会议和研讨会，并为学生举办虚拟学习和其他活动，为澳大利亚青少年的媒介素养教育发展做出了重要贡献。政府出于对全民媒介素养的重视，也引领建立了一系列面向公众的媒介素养项目和机构。此类项目或机构活动非常重视中小学生的媒介素养教育问题。如政府集资创办的“网络警示”公司(NetAlert)，属于非营利性的社区教育与倡议组织，负责公众特别是青少年的网络教育。该公司开展了丰富多彩的教育活动，协助澳大利亚警方和澳大利亚预防高科技犯罪中心制作鲜活的案例及DVD教育光盘，旨在加强青少年网络素养教育，增强青少年网络安全意识。“网络警示”公司从2005年8月起，举办了为期2年的面向青少年、学生父母和图书馆工作人员的“网络安全博览会”活动，在澳大利亚引起了巨大反响。① 澳大利亚所有中学都有这个公司提供的网络安全教育资源。“网络警示”公司也深得澳大利亚青少年的喜爱，公司开展的针对孩子们的网络教育寓教于乐，网络语言通俗易懂，页面设计形式活泼，音乐简单明快，有大量动画和电视短片，容易被青少年接受。

在政府力量参与之外，一些社会组织也自发针对青少年发起媒介素养相关活动。如澳大利亚儿童和媒体委员会(the Australian Council on Children and the Media, ACCM)，作为一个非营利性组织，设有全国性董事会，代表澳大利亚多个儿童组织。该组织致力于支持家庭、企业和决策者建立和维持一个令人愉快的媒体环境，以促进澳大利亚儿童的健康、安全和福祉。② 该组织在官网上提供了分类的电影和应用程序的评论，以便于家长和看护者为不同年龄层的儿童选取恰当的内容；开辟“儿童空间”(KIDZONE)，提供儿童接触媒介的咨询、分享适合儿童的电影以及介绍富有趣味的儿童游戏；发出倡议和采取行动来为儿童争取更加健康的媒介环境，如2019年发起的以改进电影和游戏的分类方式为目

① Parliament of Australia. Appointments to net alert board[EB/OL]. [2020-07-22]. https://www.aph.gov.au/Parliamentary_Business/Senate_Estimates/ecitactte/estimates/bud0304/cita/broadcastingqons272and 273att.

② Australian Council on Children and the Media. About us[EB/OL]. [2020-07-21]. https://childrenandmedia.org.au/accm/about-us.

的的“改变澳大利亚的分类系统”(Changing Australia’s Classification System)运动。[①] 此外,该组织也会举办关于儿童与媒体问题的全国性会议和主题性的研讨会,向立法者、监管机构、媒体、教育者和看护者表达对印刷、电子和屏幕媒体对儿童和青少年影响的担忧。利用脸书、推特等社交媒体平台和媒体采访促进讨论和辩论也是其工作的一个组成部分。该组织还用各种举措来为澳大利亚儿童提供良好的媒体使用环境。

2007 年以来,澳大利亚政府以及社会各界开始重视澳大利亚公民的数字媒介素养问题,将媒介素养教育进一步细化。如澳大利亚通讯与媒体管理局(Australia Communications and Media Authority)从 2007 年起陆续开展了数字媒介素养研究计划(Digital Media Literacy Research Program),其中针对青少年的部分包括:设置面向全社会的公共教育课程,保护青少年儿童免受不良网络信息的侵蚀,特别是随着数字经济时代的到来,如何让儿童正确认识网络商业信息将是关乎未来澳大利亚教育与国民经济发展的重要议题。[②] 2015 年,澳大利亚政府出台《澳大利亚国家创新与科学议程》(National Innovation and Science Agenda),“发展数字素养和 STEM 教育”是目标之一,针对该目标所开展的具体项目既包括线上资源,如面向 3—8 年级学生的澳大利亚数字技术挑战和深入代码行动(Australian Digital Technologies Challenges and Dive into Code),也包括线下项目,如澳大利亚数学信托基金为 STEM 教育发展较弱地区的 9、10 年级学生提供的 digIT 信息与通信技术暑期学校项目。[③] 数字素养学校资助计划(Digital Literacy School Grants)则为 114 个中小学项目提供资金,于 2016—2017 年和 2017—2018 年进行了两轮竞争性资助,支持以创新的方式在学校实施澳大利亚数字技术课程。

社会力量也积极介入公民的数字素养教育中,如针对 8—15 岁澳大利亚儿

---

① Australian Council on Children and the Media.Changing Australia’s classification system[EB/OL].[2020-09-30]. https://childrenandmedia. org. au/taking-action/current-campaigns/changing-australias-classification-system.

② PÉREZ-ESCODA A,GARCÍA-RUIZ R,CASTRO-ZUBIZARRETA A,et al.Media literacy and digital skills for enhancing critical thinking in networked society[P].Technological ecosystems for enhancing multiculturality, 2017.

③ Australian Government. National innovation and science agenda[EB/OL].(2018-05-10)[2020-07-21]. https://www.education.gov.au/national-innovation-and-science-agenda.

童的编码俱乐部网络——澳大利亚代码俱乐部(Code Club Australia)。该项目由澳大利亚政府、昆士兰银行、塔斯马尼亚政府等提供资金,也是澳大利亚电信基金会(Telstra Foundation)的一部分。这是一个全国性的慈善机构,主要由志愿者管理的各种编码俱乐部组成,致力于通过免费开放的形式,让每个孩子都能够有机会学习数字技术,帮助儿童学习代码和编程,以塑造未来所需的技能、信心和机会。代码俱乐部项目还与澳大利亚数字技术课程(NDTC)保持一致,大多数也能与艺术、科学等课程中的内容同步,以适应学生不同阶段的教育。[①]

第二节 澳大利亚媒介素养教育发展历史

澳大利亚非常重视媒介素养教育,政府、学校和教师团体等组织都致力于媒介素养教育。罗宾·奎恩(Robyn Quin)认为[②],澳大利亚媒介素养教育的起源不同于英国、加拿大和美国等,这些国家媒介素养教育的渊源都可以追溯到对于媒介影响青少年的关注与忧虑,而澳大利亚媒介素养教育课程的开设则是为了应对一系列的教育和政治问题。

20 世纪 60 年代,澳大利亚维多利亚州、塔斯马尼亚州、南澳州的中小学出现了最早的媒介教育,维多利亚州零星出现以媒介制作为重点的媒介素养教育课程;[③]塔斯马尼亚州将荧屏教育作为学校正式课程的一部分,将 4 年初中英语 I 课程中的 1/5 设为电影与电视欣赏课;[④]南澳州的一些中学也将电影研究作为合法学科引入课程中。[⑤] 此时,澳大利亚的媒介素养教育更注重荧屏教育,更多的是关于媒介的教育,并不十分注重“素养”的培养。这一时期开设的课程大多是诸如“媒介研究”“媒介”“荧屏教育”这样的课程,或者具体到某种媒介的课

① Code Club Australia.About us[EB/OL].[2020-07-21].https://www.codeclubau.org/about-us.

② QUIN R.A Euestions of knowledge in Australian media education[J].Television & new media,2003,4(4):439-460.

③ DUNSCOMBE R.The past is a foreign country:media education in Victoria and the great leaps forward[J].Screen education,2007(45):10-17.

④ UNESCO.Screen education:teaching a critical approach to cinema and televsion[M].Paris:UNESCO,1964:73.

⑤ HALLORAN J D,JONES M.Learning about the media:media education and communication research[M].Paris:UNESCO,1986:80.

程,如“电影、电视与新媒介”课程等。这一阶段澳大利亚成立荧屏教育协会(Screen Education Association),通过民间力量推动媒介素养教育发展。

20世纪70年代,澳大利亚政府废除了“白澳政策”,推行多元文化政策,教育领域也制定和实施相应的多元文化教育政策。根据新的教育政策,学校拥有了更多的自主权,学校可以根据具体情况开设一些校本课程,这就使得媒介素养教育有了很大的发展空间。西澳州推出了澳大利亚首个媒介素养教育课程大纲。格雷莫·特纳(Graem Turner)和约翰·哈特利(John Hartley)等具有远见的学者进一步提出要将媒介素养融入不同层次、不同门类的学科教育中的建议,以培养国民对媒介信息的思辨能力。[①] 政府为媒介素养教育提供了充足的发展资金,澳大利亚的媒介素养教育得以蓬勃发展。1976年,澳大利亚中等教育委员会(Australian Board of Secondary Education)发布的媒介研究课程大纲,要求通过媒介研究课程的教学,使学生们意识到媒体对人们形成态度的影响力,意识到人们生活在一个被大众媒介主宰的世界中,使学生能够更加主动地接受信息。媒介素养教育的目的是让学生能够识别信息发出者的动机,并对之进行评价。[②] 但20世纪70年代的教育实践导向使媒介素养教育课程始终处于边缘地位,在教育实践中,教师主要关注电影、电视这些新的媒介传播形式,教学中教师们更多关注媒介制作,采用“做中学”(Learning by Doing)的教学方法。[③] 媒介仅仅被作为一种教学手段或方式,媒介素养教育教学效果并不理想。

20世纪80年代,澳大利亚开始正视大众媒介在社会中的作用,所制定的教学大纲旨在让学生理解大众媒介在社会态度、生活方式和社会形态的传播和变化中所扮演的角色。澳大利亚媒介素养课程开始强调对媒介文本的关注。课程要求学生“辨认出电影和电视中的重要选择要素,特别是蒙太奇、技术、象征、书面的和声音的编码”[④]。与此同时,对“做中学”也有了更加严格的要求,“不能为活动而活动,技能应体现掌握的知识,掌握技术只是达到这个目的的方

① 潘洁.澳大利亚跨文化媒介素养教育研究[J].现代传播(中国传媒大学学报),2010(9):129-131.

② QUIN R.A.questions of knowledge in Australian media education[J].Television & new media,2003,4(4):439-460.

③ QUIN R.A genealogy of media atudies[J].The Australian wducational eesearcher,2003,30(1):101-121.

④ QUIN R.A genealogy of media atudies[J].The Australian wducational eesearcher,2003,30(1):101-121.

法”①。这一时期媒介研究课程难度增大,课程目标要求学生对“媒介分析理论”和“澳大利亚历史上影响媒介研究发展的重要事件”有所认识,还要求学生理解一些相对复杂的概念。这一切可以看作是媒介素养教育在力求向学术化和科学化转变。

这一时期,西澳大利亚州学者罗宾·奎恩和巴里·麦克马洪(Barrie MacMahon)等学者翻译和编撰了许多媒介素养教育方面的理论书籍与教材,构建出相对完整的教育理论框架。艺术领域也开始出现了媒介素养教育的独立课程:媒介课程。以西澳大利亚州为例,为了达到艺术领域的教育目标,媒介课程进行的关键活动要有创造、制作和分析的过程。在创造活动中,学生要产生想法,进行调查,写出脚本,计划、组织资源,选择合适的编码和程式,通过创作媒介作品来传达自己的思想和感情。在制作过程中,学生要使用一系列技术创作媒介作品,他们要反思、评价、修改、展示他们的作品。在分析过程中,学生要描述、解释、评价自己和其他人的作品中所创造的意义。② 20世纪80年代开始的学术化努力体现了这一新学科正试图向学术化方向发展以提高自己在学校课程体系中的地位。这个过程也正反映了澳大利亚在融合媒介制作与媒介分析、协调媒介素养教育实践性与学术性的关系方面所作的努力。

20世纪90年代,随着全球化进程的加快,澳大利亚国民的意识形态与价值观受到巨大冲击,不同文化族群之间的冲突频发,这一现象促使澳大利亚教育学界和传播学界对多元文化融合不断深入思考。强调“多元文化融合”的跨文化媒介素养教育逐渐成为缓和社会矛盾、缩短不同族群之间文化鸿沟的有力工具。③ 1996年,南澳大利亚州和维多利亚州在修订K12年级的学校课程指南的时候,进一步突出了媒介素养教育的重要性,在中学教育的最后两年,电影、新闻学和其他媒介课程明显增多。为了支持教师从事媒介素养教育,西澳大利亚州和维多利亚州1990年代初期就已设立了媒介素养教育学位课程,1990年代

① QUIN R.Questions of knowledge in Australian media education[J].Television & new media,2003,4(4):439-460.

② Curriculum Council.Curriculum framework learning atatement for the arts[EB/OL].[2020-07-25].http://www.curriculum.wa.edu.au/pages/framework/framework04.htm.

③ 卢锋,丁雪阳.文化向度的国际媒介素养教育考察[J].现代传播(中国传媒大学学报),2016,38(8):145-149.

中期，各州（领地）已经将媒介素养教育纳入幼儿园到12年级的教育体系中。[①]澳大利亚媒介素养教育课程一开始注重媒介制作，到后来关注媒介文本，之后重新关注媒介制作。媒介制作在实际教学中一直都比较受重视。

进入21世纪以来，在媒介教育的宏观推进和完善上，澳大利亚政府发挥了重要的主导作用。澳大利亚各地建立了层次分明的国民媒介素养教育，它不仅涵盖学校教育领域，而且还包括社区、家庭等非学校的教育领域。21世纪伊始，澳大利亚将媒介素养改为非考试科目，并对媒介素养的教学内容、教学方式与评估标准等都做了较大调整。2008年，随着《墨尔本宣言》的发布，全方位的"数字教育革命"（Digital Education Revolution）启动，中小学计算机、互联网等设施的不断完善使得教育方式越来越多元化。在2017年发布的《全国ICT素养评估报告》中，澳大利亚明确了建设课程的相关要求，开设了"ICT能力"和"数字技术"等数字素养教育课程。与此同时，澳大利亚媒体教师协会（ATOM）开办的《荧屏教育》（*Screen Education*）和《地铁杂志》（*Metro Magazine*）期刊对媒介作品的评价、澳大利亚儿童与媒体委员会的计划与行动等都为澳大利亚媒介素养教育发展做出了贡献。2020年4月，澳大利亚媒体素养联盟（Australian Media Literacy Alliance）成立。[②] 澳大利亚的媒介素养教育在国家多元文化政策、新社会运动、教育改革等积极因素的推动下发展至今，已经走在了世界的前列。

第三节　澳大利亚媒介素养教育发展理念

澳大利亚的媒介素养教育在不断发展的过程中，逐渐形成了一套较为成熟的独特发展理念和教育模式。澳大利亚媒介素养教育理念受国际环境、社会文化和国家政策的影响，经历了一系列变化与发展。

---

① KUBEY R.W.Why U.S.media education lags behind the rest of the English-speaking world[J].Television & new media，2003，4(4)：351-370.

② Australian Media Literacy Alliance.About us[EB/OL].[2020-09-30].https://medialiteracy.org.au.

一、抵抗与预防

澳大利亚是一个移民国家,外来移民对传统课本中的英国价值观没有兴趣。为了解决这个问题,西澳大利亚一个小镇的英语教师巴里·麦克马洪开始将电影引入课堂。① 受英国媒介素养教育的影响,早期的澳大利亚媒介素养教育理念倾向于对媒介不良内容的抵抗和对"荧屏"负面影响的预防,希望通过实践性教学,帮助学生正确识别媒介信息、培养鉴赏能力、抵御不良影响。

二、文本分析与批判意识

20世纪80—90年代,霍尔的"解码—编码模式"理论开始受到澳大利亚教育学者的关注,该理论认为,人们能够通过解码分析,推断出媒介文本的真实含义,"批判"的媒介素养教育理念被推广开来。澳大利亚媒介素养教育开始围绕"媒介文本",通过解读文本,培养中小学生批判意识,帮助中小学生透析媒介内容本质,保持清醒头脑,促进他们对媒介与社会、文化关系的理解和思考。

三、多元化理念

在多元文化主义的推动下,澳大利亚媒介素养教育开始由对媒介内容批判转向对多元文化的认同与包容。② 在这样的理念引导下,研究者设计了一系列项目、课程、政策等,着重培养国民的多元文化观念,以增强民族的凝聚力、降低文化冲突和促进社会和谐发展。当然,多元化的主张既体现在媒介素养教育的目标上,也体现在媒介素养的教育方法上。多元的教育理念一直延续到今天,并成为澳大利亚媒介素养教育的显著特点之一。

---

① 袁浩.英美澳加四国媒介素养发展历程以及存在的问题[J].传媒国际评论,2013:206-214.

② 卢锋,丁雪阳.文化向度的国际媒介素养教育考察[J].现代传播(中国传媒大学学报),2016,38(8):145-149.

四、数字媒介素养教育理念

进入信息时代,澳大利亚政府注意到了数字媒介素养教育的重要性,2000年的《在线学习:信息经济下的学校教育行动计划》(*Learning in an Online World:The School Education Action Plan for the Information Economy*)报告提出了国家层面上发展数字素养的愿景:通过ICT提高学生成绩、投资基础设施、课程产品等资源、能够根据教育目标选择和使用适当技术等。① 2008年的《墨尔本宣言》中提出了教育公平和个人发展的数字媒介素养教育新目标。② 2015起,澳大利亚政府发布《国家创新和科学议程》(*National Innovation and Science Agenda Report*),开始强调数字媒介素养教育和培养学生创造力。③ 在2019年更新的《爱丽丝泉教育宣言》(*The Alice Springs Education Declaration*)中,澳大利亚教育部门不仅强调要教育学生欣赏和尊重澳大利亚丰富的社会、文化、宗教和语言多样性,充分利用交流和分享的机会,还指出要培养学生成为掌握作为学习基础的计算基本技能、利用技术收集和分享信息,并能够适应未来的新兴技术的人。④

回顾澳大利亚媒介素养教育理念的发展历程不难发现,其媒介素养教育理念与澳大利亚特有的多元化社会环境紧密相关,都将促进整个国家教育事业的发展和国民个人发展置于重要地位,这或许也是澳大利亚媒介素养教育发展迅速、成效显著的重要原因之一。

---

① 李佳熹.澳大利亚中小学数字素养教育的发展概况及启示[J].世界教育信息,2020,33(8):48-56.

② Australian Curriculum.Melbourn declaration on educational goals for young Australians[EB/OL].(2010-05-26)[2020-09-30].http://www.curriculum.edu.au/verve/_resources/National_Declaration_on_the_Educational_Goals_for_Young_Australians.pdf.

③ Department of Industry,Science,Energy and Resources.National innovation and science agenda[EB/OL].(2018-10-11)[2020-06-22].https://www.industry.gov.au/data-and-publications/national-innovation-and-science-agenda-report.

④ Department of Education.The Alice Springs (Mparntwe) education declaration[EB/OL].(2020-02-18)[2020-09-30].https://docs.education.gov.au/node/53193.

第四节　澳大利亚媒介素养教育政策制定与实施

澳大利亚的媒介素养教育发展与政府的政策息息相关,在某种程度上,媒介素养教育的推广过程也是教育系统不断改革的过程。澳大利亚政府除支持各级学校媒介素养教育外,还主动适应社会与技术发展要求,对媒介素养教育政策进行及时调整与更新,并通过一系列举措推动政策的落地实施。进入数字化时代以来,澳大利亚政府对媒介素养教育政策进行了调整,开展了“数字教育革命”。

一、澳大利亚媒介素养教育政策的制定

1989 年,各州、领地和英联邦教育部长在霍巴特达成一致,发展学生的“信息处理和计算技能”第一次被作为澳大利亚国家教育目标的一部分。澳大利亚教育理事会通过《霍巴特宣言》(*Hobart Declara of* 1989)[①],在知识技能部分,提出了“信息处理和计算机技能”“了解科学和技术在社会中的作用以及科学技术技能”的目标,这是澳大利亚最早的国家层面上提出对信息技术的要求。

2008 年,澳大利亚联邦政府教育部与各州教育部签署了《墨尔本宣言》,目标是促进澳大利亚教育公平和卓越,使所有澳大利亚年轻人成为成功的学习者、自信和创造性的个人、积极和明智的公民。其中,促进世界一流的课程和评估是旨在实现《墨尔本宣言》目标的八个相关行动领域之一。[②] 此后,澳大利亚就开始了国家课程的探索,澳大利亚课程评估报告机构主要负责国家课程的制定与规划。澳大利亚课程政策是为数不多的将媒体素养作为所有学生培养目标的国家课程政策之一,其形式为媒体艺术课程。[③]。通过将媒介素养纳入国家

---

① JORDAN K.Framing ICT, teachers and learners in Australian school education ICT policy[J].Australian Educational Researcher,2011,38(4):417-431.

② Australian Curriculum, Assessment and Reporting Authority (ACARA). Curriculum development process version 6 [EB/OL]. (2012-04-04) [2020-07-25]. https://docs. acara. edu. au/resources/ACARA _ Curriculum_Development_Process_Version_6.0_-_04_April_2012_-_FINAL_COPY.pdf.

③ NOTLEY T, DEZUANNI M. Advancing children's news media literacy: learning from the practices and experiences of young Australians[J].Media culture and society,2019,41(5):689-707.

课程框架,澳大利亚的媒介素养教育也得到了国家政策层面的重要支撑。政府也投入巨额资金来改善国内的教育事业,其中就包含基础教育领域的“数字教育革命”(Digital Education Revolution,DER)。“数字教育革命”主要是指将信息和通信技术纳入基础教育当中。这场革命的目标在于为澳大利亚学校的教学和学习带来可持续而有意义的改变,全面提升基础教育质量,帮助学生为在未来的教育、培训以及数字世界中的生活与工作做准备。[①] 这也为媒介素养教育提供了充足的资金,联邦政府、州和地区政府为了配合这场革命,也都分别作出了政策承诺,丰富了澳大利亚媒介素养教育的基础资源。“数字教育革命”长达6年,政策不仅产生了较为广泛的影响,也为推进媒介素养教育发展奠定了良好基础。

二、澳大利亚媒介素养教育政策的实施

在将媒体艺术加入国家课程后,澳大利亚的媒体艺术课程也形成了贯穿整个中小学的课程架构。整个中小学阶段,学生将接触26门媒体艺术课程,每门课程都设定了明确的教学目标和学生应当发展出的一般性技能,包括识读能力、数学能力、批判性和创造性思维、跨文化理解、信息技术、社交能力和伦理理解这七个方面。媒体艺术课程的学习主要包括两个维度,即制作(Making)与回应(Responding)。制作主要指运用媒体和数字技术设计、制作和分享媒体作品;回应则关注学生的体验、发现、分析和参与。[②]

为了支持“数字教育革命”,联邦政府在2008—2013年投入22亿澳元,推进“数字教育革命”,主要包含“全国中学计算机基金”(National Secondary School Computer Fund)和“光纤连接学校计划”(Fibre Connections to Schools Initiative)两个子计划。[③] 各州(领地)采取了多种措施来保障政策和计划落实,新南威尔士州教育和培训部门在2012年拥有了的南半球最大的托管无线网络,包括21,000个接入点,每天支持300,000台笔记本电脑,企业级无线网络为

---

① 王婷婷.澳大利亚教育信息化概览[J].世界教育信息,2012,25(6):27-31.

② BURTON L.Getting to know media arts[J].Screen education,2014(75):46-55.

③ 唐科莉.为学生营造丰富的数字学习环境——澳大利亚“数字教育革命”简介[J].基础教育参考,2009(10):32-34.

学校提供卓越的安全性和管理优势。[①] 昆士兰州政府则制定了智能教室专业发展框架（Smart Classrooms Professional Development Framework），[②]以帮助教师掌握使用ICT的基础技能，并且能够娴熟地利用数字资源进行ICT教学。

第五节 澳大利亚中小学媒介素养教育实践

经过几十年的探索与积累，澳大利亚中小学媒介素养教育模式日趋成熟。在校内课程开发与实践中，媒介素养教育被包含在英语课程和艺术领域的课程设计中，有详细的评估标准以确保达成课程目标。

一、澳大利亚媒介素养教育课程开发与实施

20世纪70年代，澳大利亚政府决定增加在教育方面的投入，很多新颖的教育项目都在这个时候得到政府的大力支持，西澳大利亚州的媒介素养教育项目也在这种契机下获得了更多的发展机会。一些媒介素养专家举办的职业发展讲习班被认为是澳大利亚最积极的媒介素养运动。1978年的"初级媒介"项目在小学教授媒介研究和影视素养课程。到20世纪80年代末期，已有60%的学校为8—12年级的学生开设了媒介课程，[③]进入21世纪，媒介课程的重要性愈发凸显。下面以西澳大利亚州的媒介课程为例，分析该州在艺术学习领域中作为独立课程而存在的媒介素养教育项目。

（一）课程目标

西澳大利亚州的课程目标非常关注学习成果，并以此为出发点设置课程

---

① Australian Government, Department of Education, Skills and Employment. Digital education revolution program review[EB/OL].(2013-06-21)[2020-10-03] https://docs.education.gov.au/documents/digital-education-revolution-program-review.

② Queensland Government. Smart classrooms professional development framework[EB/OL].(2020-03-27)[2020-10-03]. https://mackaydistrictspecs.eq.edu.au/Supportandresources/Formsanddocuments/Documents/scpd-framework.pdf.

③ 联合国教科文组织.世界交流报告[M].北京：中国华侨出版社，1992：464.

内容、教学方法和课程评价标准等各项指标。根据该州教育部门网站[①]显示，在艺术学科中设置专门的媒介课程，是为了让学生能够分析过去的技术，利用现有和新兴技术作为探索并理解图像、文本和声音的方式，参与、体验和解释文化、媒体的类型和风格，以及不同的交流习惯。学前教育至10年级期间，艺术领域开设“媒介艺术”（Media Arts）课程，目标是确保学生从四个方面发展个性与协作能力：（1）有信心参与、尝试和解释他们周围各种各样的媒介文化和传播实践；（2）通过探索图像、文本和声音来发展审美知识，并通过团队合作表达思想、概念和故事，以制作媒体作品；（3）具有创造力和批判性思维能力，从生产者和消费者的不同视角来探索媒介；（4）积极了解与参与本地和全球媒介文化，包括媒介的合理安全使用。11—12年级则开设“媒介制作与分析”（Media Production and Analysis）课程，侧重于媒介理论的实际应用，旨在为学生在数字化和互联世界中的未来生活做好准备，鼓励学生在评价媒介、使用媒介的同时，进一步探索和解释世界，反思和分析生活，考虑社会、文化和制度等相关问题。

（二）课程内容

西澳大利亚州的教师主要参照《课程框架课程指南》（*Curriculum Framework Curriculum Guide*）和《西澳大利亚州课程与评估大纲》（*The Western Australian Curriculum and Assessment Outline*）[②]，自由设计媒介素养教育课程内容。作为艺术领域课程之一的媒介课程，包括两个相互关联的主线：制造与回应（Making and Responding），分别对应实践能力和思考能力的教育内容。在这一基础上，大纲将课程内容的描述具体到每个年级，如学前教育至10年级大纲中，每个年级的媒介素养教育课程都是按照相同的概念组织的，但是课程内容会随着学生年级的增加在学习难度和深度上提出更高的要求。下面以西澳大利亚州小学阶段在艺术学习领域中的媒介素养教育课程内容为例，从中可以了解其整体设计情况（见表7.1）。

---

① Government of Western Australia. Aims[EB/OL].(2020-03-10)[2020-10-03].https://k10outline.scsa.wa.edu.au/home/teaching/curriculum-browser.

② Government of Western Australia. Western australia curriculum[EB/OL].[2020-10-03].https://www.education.wa.edu.au/western-australian-curriculum.

表 7.1 西澳大利亚州小学(1—6 年级)艺术领域媒介素养教育课程内容

<table>
<tr><th rowspan="3">年级</th><th colspan="4">课程内容</th></tr>
<tr><th colspan="3">制造</th><th rowspan="2">回应</th></tr>
<tr><th>想法</th><th>技能</th><th>生产</th></tr>
<tr><td>1</td><td>1.媒介体验
2.媒介交流
3.使用熟悉的符号</td><td rowspan="6">1.探索媒介符号
2.制作媒介作品（要求逐级提高）</td><td>制作媒介作品来传达想法或故事</td><td>1.认识不同信源
2.评价媒介作品</td></tr>
<tr><td>2</td><td>1.人物与背景
2.原型与叙事
3.使用各种符号并赋予意义</td><td>制作带有人物和背景的故事或故事性的媒介内容</td><td>1.媒介类型与不同的受众
2.个人媒介兴趣和偏爱</td></tr>
<tr><td>3</td><td>1.序列化符号
2.虚构人物的表现方式</td><td>使用符号和惯例为目标受众完善故事或信息</td><td>1.回应和尊重多元化媒介
2.回应媒介</td></tr>
<tr><td>4</td><td>1.叙事结构
2.使用与创建设定</td><td>1.使用叙事结构制作吸引人的媒介作品
2.媒介工作中的协议(图像使用许可)</td><td>1.回应和尊重多元化媒介
2.反思媒介意义和目的</td></tr>
<tr><td>5</td><td>1.将想法传达给目标受众
2.从特定角度探索故事</td><td>1.使用叙事结构向目标受众传达观点
2.媒介工作中的协议(图像和视频使用许可)</td><td>1.媒介在不同文化和时代中的作用
2.传达意义和建构观点</td></tr>
<tr><td>6</td><td>1.叙事结构与张力如何吸引受众
2.从不同角度探索故事和思想</td><td>1.使用叙事结构来营造张力并吸引观众
2.在故事中使用不同的观点吸引观众
3.媒介工作中的协议(图像、视频及借鉴资料使用许可)</td><td>1.媒介法规和道德
2.组织和社区的作用
3.影响不同文化和时代的媒体的因素
4.进行约定与传达意义</td></tr>
</table>

资料来源:本表根据《西澳大利亚州课程》(*Western Australia Curriculum*)中“媒介艺术”部分综合整理而成。①

由此可见,西澳大利亚的媒介素养教育课程不仅包括学习知识和培养动手能力,还通过全面、层次化的课程设计,循序渐进地提高学生的媒介素养、信息

① Government of Western Australia. Media arts[EB/OL].[2020-10-03].https://k10outline.scsa.wa.edu.au/home/teaching/curriculum-browser/the-arts/media-arts3.

和通信技术能力、批判性和创造性思维、社交能力和跨文化理解等方面的能力。

(三)课程教材

澳大利亚媒介素养教育课程并没有统一的教科书,不过澳大利亚的国家和各级教育部门、一些民间媒介素养教育社会机构都为学校的媒介素养教育课程提供了很多的教学资源和素材,教师可以参照这些教学资源,结合自己所教的课程自行组织课程内容。另外,一些媒介素养教育网站也给学校和教师进行媒介素养教育课程的教学提供了很大的帮助,教师,甚至是普通的家长都可以通过这些媒介素养教育网站获得最新、最全面的媒介素养教育资讯和资源。这样的好处是使媒介素养教育课程组织和实施比较灵活机动,但是缺点也不容忽视,就是比较难以形成规模,也很难执行统一的课程评价。

(四)课程评价

以学前教育至10年级阶段"媒介艺术"课程为例分析西澳大利亚州媒介素养教育课程的评价内容(见表7.2):

表7.2　西澳大利亚州媒介素养教育课程"媒介艺术"ABCD阶段评价标准

阶段	阶段要求描述				阶段标准
	探索	实践	呈现	回应	
A	通过图像、声音和多模式文本中的故事来体验角色和情境	体验媒介技术捕获故事中图像和声音的过程	体验媒介作品的展示过程	对媒介作品中的刺激做出反应	对制作和观看的媒介作品做出评价。能够协助制作和分享表现学生生活和喜好的媒介作品
B	通过图像、声音和多模式文本对角色和情境做出评价	使用媒介技术选择故事的图像和声音	分享交流想法或关于熟悉故事的媒介作品	回应媒体作品	表明他们对制作和观看的媒体作品的评价,指出喜欢和不喜欢的地方。通过使用技术、选择图像和声音来协助制作和分享媒体作品

续表

阶段	阶段要求描述				阶段标准
	探索	实践	呈现	回应	
C	探索通过图像、声音和多模式文本表现角色和情境的不同方法	协助使用媒介技术捕获故事的图像和声音	展示传达想法或概念的媒介艺术品	使用句子或图像回应媒介作品	学生交流他们制作和观看的媒介作品，以及制作原因。制作传达话语或概念的媒介作品
D	通过图像、声音和多模式文本中的故事探索想法、角色和情境	培养使用媒介技术捕获故事的图像、声音和文本的技能	展示传达简单想法或故事的媒介作品	回应媒介作品并描述他们观察到的一些特征	描述他们制作和观看的媒介作品的特征。制作和分享代表重要思想、事件或故事的媒介作品

资料来源:本表根据自西澳大利亚州教育部门官网①相关信息综合整理而成。

从上表中可以看出,西澳大利亚州媒介素养教育课程评价紧紧围绕着探索与理解、使用与实践、展示与表达、回应与解释四个维度制定了比较详细的评价标准,而且针对不同的阶段划分了相应的难度等级,便于操作和实施。

澳大利亚是媒介素养教育比较发达的国家,国家和学校对于媒介素养教育的重要性都有清醒的认识,并且有着强大的社会团体的支持和参与,像一股合力对媒介素养教育课程的建设和改进都起了作用。

澳大利亚媒介素养教育课程以融入现有的课程为主,尤其是融入英语课程最为常见。在艺术学习领域,媒介素养教育作为一门独立的课程而存在,但是其课程目标和学习成果等指标还是遵照艺术学习的统一标准。澳大利亚媒介素养教育课程并没有统一的教材,所以教师对于课程内容的组织和设计有一定的灵活性,但这也给媒介素养教育课程评价制定统一的标准带来了一定的困难和阻力。

二、澳大利亚媒介素养教师教育项目与实施

澳大利亚各州在开展中小学生的媒介素养教育的同时,积极实施媒介素养

① Department of Education.Schooling[EB/OL].[2020-10-03].https://www.education.wa.edu.au/schooling.

教师教育课程，以提升教师媒介素养教育能力和水平。据联合国教科文组织1964年发布的《荧屏教育：教学电影和电视的批判方法》(*Screen Education: Teaching a Critical Approach to Cinema and Television*)①，此时维多利亚州和塔斯马尼亚州已有高校向未来教师提供荧屏教育课程了。维多利亚州的科堡师范学院(Coburg Normal College, Victoria)有一门为职前小学教师提供的电影课，主要教授电影与文学形式的关系、电影历史及技术、抽象电影如何引起情感反应等，另外还加入电影制作、电影节等一些活动。塔斯马尼亚大学教育学院为职前中小学英语(包括电影欣赏)教师提供了两门与媒介相关的课程，主要教授视听教学设备的使用方法，理解媒介对青少年的影响，电影和电视欣赏课的教学方法以及各种电影研究。

澳大利亚非常重视教师教育，政府、教师团体、高校都开展各种教师专业发展项目，对教师进行职前和在职培训。澳大利亚媒介教师协会为媒介素养教师教育的发展做了很多工作，将澳大利亚从事媒介素养教育的教师聚集在一起，通过提供一系列的教师发展活动，帮助教师开展媒介素养教育。

澳大利亚在大学中广泛设立媒介素养教育研究学科，采取多种途径促进媒介素养教育学科发展，为中小学培养媒介素养师资。高等院校开展了大量的教师教育项目，提供教师培训课程。西澳大利亚州和维多利亚州，为了支持教师从事媒介素养教育，早在20世纪90年代就已设立了媒介素养教育学位课程。②以提供著名的媒介素养教育课程的昆士兰大学为例，在培养小学教师的本科课程中，学生必修的核心课程中包括了21世纪教育技术与艺术，在辅修课中有电影和电视研究概论；在培养中学教师(4—9年级)的本科课程中，学生必修的核心课程也包括21世纪教育技术与艺术这门课程。

三、社会组织主导的媒介素养教育项目

在学校课程规划之外，一些社会组织也致力于开展校外的媒介素养实践项

① UNESCO. Screen education: teaching a critical approach to cinema and television[M]. Paris: UNESCO, 1964: 73.

② SILVERBLATT A, ELLEN M, ENRIGHT E. Dictionary of media literacy[M]. Westport: Greenwood Press, 1997: 16.

目。澳大利亚儿童电视基金会(ACTF)不仅积极配合政府推动媒介素养全国课程的建立、开展媒介素养国际活动,其作为一个全国性的儿童媒体制作和政策中心,在儿童媒体内容制作方面也发挥着广泛的作用,不仅能够提供与澳大利亚学校相关的课程、教学、评估举措,也在非课程举措方面发挥着独特作用。澳大利亚儿童电视基金会在 2018—2019 年间与多个州和地区教育部门合作,该组织的教育团队与维多利亚州中小学教师共同举办了 3 次专业学习研讨会,与西澳大利亚州教育部识字和算术科合作在珀斯为中小学教师举办了长达 2 天的专业学习研讨会,此类研讨会不仅展示了澳大利亚儿童电视基金会教育团队所开发的不同主题课程的支持材料,也与教师们沟通应该如何在课堂上使用。根据昆士兰教育部的资讯,2019 年 5 月澳大利亚儿童电视基金会教育团队在布里斯班与教育部高级课程工作人员会面,提供了澳大利亚儿童电视基金会内容、课程计划的最新信息,并就未来资源的开发及与昆士兰学校的相关性寻求反馈,探讨了教师在解决课程问题等方面的潜在问题。①

作为澳大利亚儿童电视连续剧的经销商和投资者,澳大利亚儿童电视基金会还支持并促进为澳大利亚儿童提供高质量、娱乐性的内容,为他们的文化和教育体验做出持久的贡献。该组织官网上所显示的《2018—2019 年度报告》表示,这一年间该组织已经在 4 个州和地区的 14 个不同项目的脚本开发上投资了244,055.27美元。②

澳大利亚儿童电视基金会的教育资源和项目可以通过各种平台获得,包括网上商店、专门网站、在线流媒体服务以及与教育部门的直接安排。澳大利亚所有州和地区的学生和教育者都可以访问其教育资源和项目,包括澳大利亚偏远地区的学生和教育者。此外,该机构也通过与教育部门、大学、教师协会和学校的联系,以及通过在会议上发言和举办研讨会来提供专业学习,为全澳大利亚的教师提供媒介素养教育支持,该组织也进行在线教学让学生参与网络研讨会等活动,这给学生们一个独特的机会,使他们不用离开学校就可以学到编程技能。

---

① The Australian Children's Television Foundation. Annual report 2018-2019[EB/OL]. (2019-12-05)[2020-07-25]. https://www.actf.com.au/assets/publications/actfannualreport20182019.pdf.

② The Australian Children's Television Foundation. Annual report 2018-2019[EB/OL]. (2019-12-05)[2020-07-25]. https://www.actf.com.au/about/annual_report.

2019年8月,澳大利亚儿童电视基金会与澳大利亚活动影像中心(Australian Centre for the Moving Image,ACMI)联合举办了在线喜剧编剧工作坊。这个在线讲习班为全澳大利亚的高年级学生提供了与编剧专家联系的机会,以提高他们编写自己的喜剧小品剧本所需的技能。该活动首先为学生介绍小品喜剧类型和编剧的过程,随后学生们会得到专业指导,他们结合特定主题相互合作创作作品,在后期课堂上表演他们的短剧并得到建设性的反馈。这一线上活动旨在鼓励学校内部和学校之间的合作,使学生能够与自己的同学和全国各地的学生分享他们的喜剧创意。① 这些活动成为学校媒介素养教育的有益补充。

小　结

澳大利亚并非媒介素养教育起步最早的国家,但经过几十年的发展,其媒介素养教育在国际上已经颇具影响力。澳大利亚通过推行多元文化政策,倡导跨文化交流和实践,为媒介素养教育的发展提供了宽松的环境和良好的契机。媒介素养教育发展的各个阶段,实际上都与澳大利亚国家层面的发展和教育规划密切相关,在各州(领地)教育部门的配合与努力下,逐步搭建起完整的中小学媒介素养教育的学校课程体系。与此同时,社会层面的校外教育行动和全民媒介素养运动也在酝酿和发展之中,共同推动整个国家的媒介素养教育事业的发展。

随着互联网的普及和数字技术的发展,数字媒介素养渐渐成为衡量个人综合素质和社会适应能力的维度之一。澳大利亚政府重视信息技术技能培训和数字媒介素养教育,在政策制定和课程设计上推陈出新,强调数字媒介素养教育在中小学生中的全覆盖性,从而帮助他们更好地适应技术发展,在未来发展规划上拥有更大的主动权。依托数字技术运行在线教育和资源共享平台的崛起,也为媒介素养教育提供了新的视野和路径。

总体来看,澳大利亚的媒介素养教育有多个主体共同促成,政府相关部门

① The Australian Children's Television Foundation. Annual report 2018-2019[EB/OL].(2019-12-05)[2020-07-25].https://www.actf.com.au/assets/publications/actfannualreport20182019.pdf.

在媒介素养教育中发挥着引领作用。政府的政策支持和资金投入为澳大利亚媒介素养教育发展提供了坚实的资源基础和力量支持,社会机构和组织等自发的媒介素养教育活动也极大地丰富了澳大利亚中小学的媒介素养实践。澳大利亚媒介素养教育重视媒介教育课程,将媒介素养发展融入培养学生综合能力的框架之中,分阶段、分重点的课程内容规划不仅有助于学生个人能力的提升,也是国家积极发展数字经济、提高国民素质的关键举措。

第八章　日本中小学媒介素养教育

作为传媒产业和传媒技术都十分发达的国家，日本是亚洲开展媒介素养教育较早的国家。20 世纪 20 年代，日本已经出现了关于广播电台节目制作的教育实践。到了 20 世纪中叶，“荧屏教育”和“视听教育”开始出现，媒介教育的民间实践也随之发展起来。① 但是日本政府开始正视媒介素养教育的重要性，并着手展开媒介素养教育的筹划是在 20 世纪 90 年代。此前，只有部分教师、非营利组织、研究机构与媒体机构自主开展针对特定对象的媒介素养教育。在发展初期，日本媒介素养教育非常重视积极借鉴和学习欧美地区媒介素养的学术研究成果与开展媒介素养教育的实践经验。在此基础上，日本结合本土实际情况，逐步构建了符合本国经济、政治和文化的媒介素养教育体系。

第一节　日本中小学媒介素养教育概况

日本教育强调终身教育，也强调教育的连贯性，教育制度努力保障各地区之间、城乡之间的教育公平，媒介素养教育也不例外。日本强调终身性的媒介素养教育，特别关注儿童、妇女、老人等相对弱势群体。在中小学媒介素养教育方面，日本教育界与媒体行业、社会民间力量和其他关心这一事业的参与者共同形成了一种互帮互助、携手共进的行动网络，这使得日本媒介素养教育走在

① KANAE S.Development of media education in Japan[J].Educational technology research，2008，31(1-2)：1-12.

了亚洲各国的前列。

一、日本中小学教育制度简介

日本的教育行政模式是中央权力与地方权力合作型,包括中央和地方两级管理系统。日本中央教育行政机构是文部科学省,是日本内阁的组成部分,最高领导是文部大臣。文部大臣和文部科学省是主管教育行政的中央首长和行政机构。法律规定,地方教育由地方公共团体即都道府县和市町村实行自治。

日本战后实行教育改革,建立了“六三三四制”的学校教育体制。也即是小学(初等教育)6 年,初中 3 年,高中 3 年(初中及高中并称为中等教育),大学或职业教育(高等教育)4 年。日本的教育理念是教育的民主化,强调教育公平,教师在全国范围内流转,各学校师资不会存在差异,在日本也不存在教育的城市与农村的差别。日本全国各级各类学校是根据方圆多少面积有多少学生就必须建立一所学校的要求确定,保证每一个地方的孩子都有学上,而且所有学校建设都统一规划,相关配套设施、设备都一样。①

实施初等教育的机构是学制 6 年的小学,儿童年满 6 周岁入学,12 周岁毕业,属于义务教育阶段。小学的教育课程由各学科、道德和特别活动三部分组成,文部科学省制定的《学习指导要领》中对这些科目都有详细具体的规定。初中是义务教育的完成阶段,教授的内容包括社会所需职业的基础知识与技能。教育的内容也是由各学科课程、道德和特别活动构成,但具体的教学内容分成了必修课和选修课。必修课包括国语、社会、数学、理科、音乐、美术、保健体育、技术与家庭等 8 门,选修课的种类在第一学年主要是外语,第二学年则包括了音乐、美术、保健体育、技术与家庭以及外语,第三学年除了在必修的 8 门课程中选择外,还要学习外语。高中学制 3 年,通常按学科划分为普通、职业和综合 3 类,按授课方式分为全日制、定时制和函授制 3 种形式。高中教授内容同样由各学科、道德和特别活动构成,设必修课和选修课,实行学分制,毕业需要修满 80 学分。一般学科课程为国语、地理、公民、数学、理科、保健体育、艺术、外语及家庭。为适应科技和社会的变化,各科还开设了“课题研究”课,以提高学生解

① 腾翀.中日中小学教育现状比较[J].环球市场信息导报,2018(29):228.

决实际问题的能力。为了加强中小学教育之间的衔接,从2006年起,日本东京都品川区试行“初小一贯制”的教育制度改革。2016年4月,实行这种“初小一贯制”的义务教育学校成立并获得认可。①

总的来说,日本中小学的基础教育更多的是注重培养兴趣、教授技能,以及为下一层次的教育做准备。

二、日本媒介素养教育概况

20世纪90年代起,日本在借鉴西方国家媒介素养教育经验的基础上,结合本国媒介环境特点,形成了自身的发展特色。进入21世纪以后,日本的媒介素养教育在政府、媒体机构、教育者和民间机构的共同努力下,形成良性发展态势。学校方面,由于日本推行终身教育理念,媒介素养教育自兴起之后,在中小学和大学教育中都得到了发展;日本媒体机构和民间团体在媒介素养教育的政策制定、课程设计、模式改进等方面提供了一以贯之的支持。进入数字媒介时代,媒介素养教育已经成为日本教育框架的组成部分,受到广泛的关注。

(一)媒介素养学校教育概况

在学校教育方面,2018年课程改革之前,日本义务教育阶段并未设立独立的媒介素养教育科目。媒介素养教育穿插于各科目或“综合学习时间”中,在中学的“技术·家庭”课,高中的“情报”课程中有所体现。② 由于日本中小学教育课程的审核是十年一度的大事,课程未至审核阶段而于中途导入媒介素养教育有一定的困难。因此,在2018年以前,主要以大学教育、社会教育、公民活动作为推广媒介素养教育的主要渠道。尽管如此,日本中小学校的媒介素养教育还是逐渐形成了较完备的体系。

21世纪初,政府给予了学校媒介素养教育足够的重视与支持。媒介素养的概念被引入日本后,日本政府部门实施了一系列措施以推进媒介素养教育。世

---

① Ministry of Education, Culture, Sports, Science and Technology. Principles guide Japan's educational system [EB/OL]. (2020-08-26) [2020-10-19]. https://www.mext.go.jp/en/policy/education/overview/index.htm.

② 周典芳、陈国明. 媒介素养概论[M]. 台北市:五南图书出版股份有限公司,2005:29.

纪之交,日本原邮政省多次召开青少年媒介素养的相关会议;2002 年,日本文部科学省在中小学设立“综合学习”科目,允许学校进行自主设计,一些学校引入了媒介素养内容;2006 年,文部科学省将电视节目制作纳入课堂教学,开展“没有电视的一天”(No Television Day)、“没有游戏的一天”(No Game Day)活动,并与学校合作开展了一些调查。①

进入数字媒介时代,日本对于媒介素养教育更加重视。文部科学省在 2018 年发布的《第三份教育促进基本计划》(*The Third Basic Plan for the Promotion of Education*)中总结到:当今社会是一个知识型社会,新知识、新信息和新技术作为社会各个领域活动的基础非常重要。一方面,在各个领域中找到多样化的信息变得更加容易;另一方面,青少年儿童辨别信息和理解文本的能力还有待加强;此外,网络和技术的发展对未成年人的在线安全造成了一定威胁。② 为此,计划除了指出要加强信息道德教育、培养中小学生信息素养外,还特别制定了“信息通信技术使用基础的发展”(Development of Foundation for the Use of ICT)这一具体目标,作为对新的《国家课程标准》中将信息素养(包括信息道德)定位为学习基础的资格和能力的回应。③ 计划还对媒介素养、信息素养教育教师的培训和资质提出的具体的要求。

日本的媒介素养教材形式也呈现出多元化的特点,大量形式活泼、内容丰富、互动性较强的媒介素养教育教材以互联网为平台问世,教材同时面向学生和教师,极大地调动了师生共同学习的热情,既有利于教师提高教授媒介素养的能力,又有利于学生更积极主动地融入媒介素养的学习氛围之中。

(二)媒介素养教育其他参与者

在日本,除了政府政策和中小学校重视媒介素养教育,媒体机构、社会组织和高校同样重视。媒体机构一方面为学生提供近距离观察和参与媒介生产的

---

① 刘付燕,苗刚.日本媒介素养教育“社会行动者网络”分析与借鉴[J].东南传播,2009(10):91-93.

② Ministry of Education, Culture, Sports, Science and Technology. The third basic plan for the promotion of education: current status and issues related to education[EB/OL].(2018-06-25)[2020-10-19].https://www.mext.go.jp/en/policy/education/lawandplan/title01/detail01/sdetail01/1373818.html.

③ Ministry of Education, Culture, Sports, Science and Technology. The third basic plan for the promotion of education: develop a foundation for the implementation of educational policies[EB/OL].(2018-06-25)[2020-10-19].https://www.mext.go.jp/en/policy/education/lawandplan/title01/detail01/sdetail01/1373826.html.

机会,另一方面形成行业自律,自发为孩子们营造一个良好的媒介环境。日本许多社会组织长期致力于媒介素养教育的发展,提供政策建议、研究协作和项目开展方面的帮助。日本大学则是在开展媒介素养教育的同时,也通过研究和实践项目促进整个国家的媒介素养教育事业的发展。

1.媒体机构的媒介素养教育活动

日本媒体机构对日本青少年的媒介素养教育的发展起到了积极作用。媒介素养教育发展初期,日本教师意识到了媒介素养教育的重要性,但苦于缺乏专业的知识与技能,开始寻求媒体机构的帮助,促使日本媒体开始参与媒介素养教育。

日本47个都道府县均设有由报纸界和教育界代表组成的开展"教育报纸"(Newspaper in Education,NIE)活动的地区促进委员会,[①]负责推进当地学校的报纸教育工作。学生不仅能够从报纸上获得知识,还能参与体验制作报纸的全过程,在信息收集、处理和观点表达上得到启发。

广播电视行业对媒介素养教育也提供了很多支持,日本TBS电视台(Tokyo Broadcasting System Inc,TBS)著名主持人下村健一在接受采访时指出,在媒介素养教育中,电视台的作用主要体现在为学生提供如何制作节目的专业指导,提供近距离参观学习的机会,提供展示学生作品的平台等方面。[②] 日本放送协会(Nippon Hoso Kyokai,NHK)从2000年开始对小学高年级学生开展"放送体验俱乐部"活动,让学生亲身体验媒介生态;NHK还经常联合一些地方电视台推出一些特别策划,帮助青少年儿童了解电视节目背后的故事,提升孩子们的媒介素养。[③]

NHK和私人广播联盟(Private Broadcasting Federation)共同建立的第三方组织——"广播伦理和节目改进组织"(Broadcasting Ethics & Program Improvement Organization,BPO),则致力于监督播放有益的、健康的节目,提高放送伦理,促进

---

① Newspaper in Education.NIEとは[EB/OL].[2020-10-24].https://nie.jp/about/.

② 佚名.大众媒体与媒介素养教育——访日本TBS电视台著名新闻节目主持人下村健一[Z/OL].[2020-10-22].http://www.docin.com/p-579924023.html.

③ 裘涵,虞伟业.日本媒介素养探究与借鉴[J].现代传播(中国传媒大学学报),2007(5):128-130.

媒体自律。[①] 该组织会验证观众指出的存在问题的节目,向业界传达意见和观点,以保障观众权益、促进行业进步。

日本媒介事业非常发达,许多媒体机构积极参与媒介素养教育行动,主要体现在运用媒介作为教育载体,以及学习和参与媒介内容制作上。此外,行业内部自律组织的成立及其所发挥的作用,使得日本媒介机构不论是在自身内容生产方面,还是在媒介教育助益方面,都为日本青少年的媒介素养提升和健康发展做出了贡献。

2.社会组织开展的媒介素养教育活动

在媒介素养教育发展过程中,日本各类社会组织发挥了重要作用。其中,"FCT 媒介素养研究所"(FCTメディア・リテラシー研究所)[②]是最活跃、最有影响力的社会组织。该组织由日本立命馆大学教授、原媒介素养研究所所长铃木绿为主要发起人,围绕"儿童、青年与媒介""性别与媒介""老年人与媒介""媒介社会与市民""媒介伦理"等研究领域积极开展各类研究和社会活动,并多次策划国际研讨会,召开公开的论坛和市民讲座。

"儿童与媒介"(子どもとメディア)组织则以增强儿童在纷繁复杂的媒介中独立思考能力、在儿童与媒介之间建立一种新型关系为宗旨,提出 5 条关于儿童和媒体的建议,包括控制使用媒介时间、注意媒介侵蚀、培养媒介素养、建立新型关系和体验多彩生活等方面。[③] 地方上也有一些颇有成效的媒介素养社会组织。2004 年,鉴于网络和移动通信设备的发展,滨松市儿童与媒体素养研究所[④]成立,以促进青少年儿童健康使用网络为宗旨,在为中小学校提供教育课程的同时,也为儿童、父母和教师提供讲座和培训。

3.大学媒介素养教育与研究

日本部分大学在 20 世纪末就开设了媒介素养课程,关于媒介素养教育的

---

① Broadcasting Ethics & Program Improvement Organization. BPOとは[EB/OL].[2020-10-24]. https://www.bpo.gr.jp/? page_id=912.

② Japan Media Literacy Research Institute. FCTメディア・リテラシー研究所[EB/OL].(2020-10-02)[2020-10-24]. http://www.mlpj.org/index.shtml.

③ 子どもとメディア. 团体概要[EB/OL].(2020-06-09)[2020-10-24]. https://komedia.or.jp/outline.html.

④ メリ研. 事業内容[EB/OL].[2020-10-24]. https://npo-meriken.jimdofree.com.

研究也在有序进行。这与中小学媒介素养教育形成了一种互动与联结,共同构成了媒介素养终身教育的图景。

在日本大学媒介素养教育发展过程中,一些学者发挥了关键性作用。如立命馆大学的铃木绿教授针对电视媒介开设了“媒介素养论”和“映像媒体分析”等媒介素养教育相关课程,以培养学生自主解读媒介的能力、引导学生认识媒介与社会的关系为宗旨和目标。铃木绿教授还指导学生建立了日本首家媒介素养教育的网站——“媒介素养在日本”(Media Literacy in Japan,MAJ),以在市民中开展广泛的媒介素养教育为出发点,促进日本终身教育体系的建设。

进入 21 世纪,随着信息化社会的到来,大学中的媒介素养教育也开始关注信息素养,媒介素养教育模式发生了转变。庆应义塾大学的妹尾坚一郎教授开设了“信息教育论”课程,妹尾教授认为,日本已经从工业化社会迈入到信息化社会,教育模式应该是“学习支援式”而非“知识传授式”,因此师生关系需要转变,老师应当成为学生学习的支援者,①这一理念成为中小学媒介素养教育的指导思想。此外,东京大学的情报学系还参与发起了一项跨学科倡议——“媒介表达素养与学习”(Media Expression Literacy and Learning,MELL)计划,②通过对媒介表达和学习进行实际研究,探讨媒体素养的相关问题。

第二节　日本媒介素养教育发展历史

日本媒介素养教育经历了从电台教育和电影教育到以电视为主的视听教育,再到以计算机和网络能力为主的信息素养教育的发展历史,在政府关注到媒介素养教育的重要性之前,一些社会组织和学校已经开始了实践和尝试。21 世纪,随着数字技术的发展,日本格外重视培养公民的信息技能。

---

① 宋晓阳.日本媒介素养教育现状[C]//复旦大学信息与传播研究中心、复旦大学媒介素养研究中心、复旦大学新闻学院.“传播与中国”复旦论坛(2007):媒介素养与公民素养论文集.上海:复旦大学信息与传播研究中心,2007:151-159.

② Anon.Media expression, learning and literacy project on interfaculty initiative in information studies[EB/OL].[2020-10-20].http://www.mell.jp/.

一、媒介素养概念引进之前的媒介教育

日本的媒介教育最早可以追溯至第二次世界大战之前。20 世纪 20 年代，日本一些学校就开始出现关于制作广播节目的电台教学实践，东京的一些学校还开设“电影时间”(Movie Time)课程来教导学生如何表达观点、观看电影和理解技术等。1950 年，全国放送与教育研究协会(National Association of Broadcasting and Education Research)成立，开始研究放送教育(主要是电视)的教学方法。[①] 1952 年，文部科学省视听教育处建立，这个机构推进了视听形式的学校教育，也促进了关于视听健康的媒介教育的发展。

20 世纪 60 年代，随着电视的普及，人们越来越意识到需要发展学生理解信息、选择信息和处理信息的能力，相关人士主张进行“荧屏教育”。20 世纪 70 年代中期，金泽小学放送教育研究小组成立，就放送教育的定义和方法进行讨论。关于放送教育和视听教育的研究一直关注能力的培养，包括了解制作过程和理解内容。

1977 年，日本媒介素养研究所(Japan Media Literacy Research Institute)的前身“儿童电视论坛”(Forum for Childrens Television，FCT)成立，论坛聚集了来自各行各业的人，大家从多个角度和国际视野讨论媒介问题，并从少数群体的角度探讨并解决社会中存在的媒体相关的问题，对理论和实践进行研究，为相关政策提出建议。1987 年，日本媒介素养研究所成立 10 周年之际，在朝日新闻社举办了“环境化的电视与市民”国际论坛。

这一时期，日本政府关注培养学生适应信息技术的发展趋势所应当具备的信息理解能力和技术运用能力。1986 年，文部科学省(原文部省)提出“信息活用能力”的概念，1987 年，强调对“信息伦理”的重视，1989 年，提倡在中学中设立“信息基础”课，重视培养理解信息能力，掌握计算机基本操作等。[②]

这一时期的媒介教育虽然并未被冠以“媒介素养教育”的名称，但是已经能够看出日本政府重视媒介素养，侧重于培养媒介理解能力和实践能力。

---

① KANAE S.Development of media education in Japan[J].Educational technology research，2008，31(1-2)：1-12.

② 王俊红.日本媒介素养教育政策变迁研究及启示[J].语文学刊，2016(16)：108-109.

二、20 世纪末的媒介素养教育

20 世纪 90 年代，互联网和多媒体技术的发展，激发了政府和社会各界对媒介素养教育的关注。1992 年，在日本媒介素养研究所的 15 周年国际论坛"电视观众权利和媒介教育"上，翻译自加拿大安大略省的《媒介素养：资源指南》正式发布。论坛还邀请了加拿大媒介素养教育学者约翰·庞杰特分享研究成果，"媒介素养"（Media Literacy）的概念被正式引入日本。日本媒介素养研究所发起人、立命馆大学教授铃木绿基于对各国媒介素养的理解，并结合日本国内实际情况，提出了日本的媒介素养概念界定："所谓媒介素养，是指市民在社会语境下批判地分析、评价、使用媒介，以多种形式培养传播或交流的能力。此外，以获得这种能力为目标的努力也是媒介素养。"①这一概念后来成为日本学术界公认的媒介素养定义。

教育报纸活动兴起于 20 世纪 30 年代的美国，倡导在学校中使用报纸作为教学材料。1985 年，这一概念被引入日本，报纸界和教育界开始行动，培养具有社交能力的年轻人，发展印刷文化，推进民主社会。1996 年，日本教育报纸基金会成立并开启了"教育报纸实践学校"项目，在日本全国各地都建立了教育报纸促进委员会。1999 年成立的非营利性组织儿童与媒介研究小组，意识到电视、视频、游戏、互联网、移动电话等媒介对儿童的影响，并就这些媒介对儿童心理和身体发育可能产生的影响开展研究与调查。

日本官方也注意到了媒介对青少年儿童的影响，并采取了一些措施。1998 年 5 月起，原邮政省出于对 21 世纪的放送行业和青少年问题的担忧，牵头组建了"放送研究小组"。这个研究小组就其他国家已出台的关于放送的儿童权利条约、放送机构的反馈、传受双方之间的信任关系进行讨论。此外，研究小组还注重研究青少年对放送的基本态度以及相应措施，提出的建议中就包括提高媒介素养。1999 年，原邮政省、日本放送协会和民间放送联盟就该研究小组的问题和建议，联合举办了"青年与放送专家会议"，探讨了广播电视界开展媒介素养教育的途径。日本放送协会提议，通过电视节目向学生介绍媒体生产制作过

---

① 鈴木みどり.メディア・リテラシーとはなにか（メディア・リテラシー）[J].情報の科学と技術，1998(48)：388-395.

程、放送其他国家媒介素养活动相关节目,以及为学校提供视频教育资源和参与节目制作经验的场所等;民间放送联盟表示会支持学校开展制作和放送节目的体验课程,使儿童和青少年能够掌握电视的特征,形成准确的理解力和独立的判断力。邮政省则表示会陆续开展媒介素养会议,邀请教育工作者、学术专家、有关部门和机构参与研讨。①

原邮政省从1999年11月起开始举办"广播领域的年轻人与媒介素养研究小组会议"(The Study Group on Young People and Media Literacy in the Field of Broadcasting),会议由东京大学跨学科信息研究院院长滨田淳一主持,研究了媒介素养的概念及其在媒介社会中发挥的作用,并根据国内外研究成果,提出了提高媒介素养的行动方案。②

日本21世纪以前的媒介素养教育与欧美等国家存在较大差距,仍处在摸索期与起步期,但是已经初见成效。20世纪末建立起来的课程框架和社会组织,很大程度上是为了迎接新世纪和新技术的到来,从这一角度来看,日本各界已经为媒介素养教育接下来的良性发展打下了基础。

三、21世纪的媒介素养教育

21世纪,随着信息技术的蓬勃发展,日本媒介素养教育也进入了快速发展期。2001年,日本IT战略总部制定了"数字日本"(e-Japan)战略,提出了日本社会信息化的远景目标。③ 文部科学省2008年发布的学习指导中,强调了信息素养和信息道德教育的重要性,并在各学科中开始融入信息素养相关教育内容。

日本的信息素养概念较为广泛,既包括掌握信息技术操作方法,也包括获取信息、选择信息、理解信息的能力。在课堂实践中,小学的社会课会培养学生收集、运用和整理已有资料的能力;初中开设计算机教学课程,培养学生使用计算机和网络的能力,且社会 、家政、数学课程同样包含网上购物、邮件礼仪等相关内容

① NHK.青少年と放送に関する専門家会合[EB/OL].(2006-01-18)[2020-10-25].http://www9.nhk.or.jp/pr/keiei/kaigou/index.htm.

② The Study Group on Young People and Media Literacy in the Field of Broadcasting.Media literacy:ability of young people to function in the media society[EB/OL].(2000-06-23)[2020-10-25].https://www.soumu.go.jp/main_sosiki/joho_tsusin/eng/Releases/Broadcasting/news000623_1.html.

③ 段爱峰.日本中小学信息技术教育:沿革与启示[J].教学与管理(理论版),2014(4):153-156.

的教学;高中学校则开展了“信息应用能力 ”“信息理解能力 ” “融入信息社会 ”三个方面的教学,其中“信息应用能力”被格外重视,后二者则相对不受重视。[①]

日本学界和媒体行业仍然保持着对媒介素养教育的关注。日本著名学府东京大学的情报系设立了社会和媒介研究机构,并在 2000 年发起了“媒介表达素养与学习”计划,在民间放送联盟和其他媒体机构的支持下,开展了一系列子计划,促进媒介素养产、学、研完整环路的形成。[②] 2005 年,媒介表达素养与学习计划还与民间放送联盟共同举办了“广播的发送者和接收者之间的对话研讨会”,受到了热烈欢迎。东京大学还积极地与地方合作开展具体的媒介素养研究项目,几乎每个月都会举行面向社会的关于媒介或媒介素养的“公开讲座”。2001 年起,民间放送联盟开始在一些高中实施“ 媒介素养工程”,旨在让高中生通过亲自制作电视节目了解电视,培养媒介素养能力。

教师是开展媒介素养教育必不可少的重要部分,培训教师能够使媒介素养教育开展得更加顺利,也是教育效果的保证之一。21 世纪初,日本已经开始有了媒介素养教育方面的教师培训,供教师使用的媒介素养教育教材也开始出版。2006 年以来,日本媒介素养研究所开展高槻媒介素养项目(高槻メディア・リテラシープロジェクト),从“广告与新闻理解分析”“媒介素养教育开展”“媒介素养教育资源”等方面为高槻市教师提供培训和帮助[③]。此外,日本媒介素养研究所自 2000 年以来一直举办针对媒介素养教育者和学生的培训研讨会,2019 年 8 月举行的培训研讨会,安排了“学习媒介素养”“媒介访问途径”“媒介如何建构现实”“如何阅读和分析新闻”等议题。21 世纪初,铃木绿教授编撰的《媒介素养——入门篇》一书出版,成为一本教材。[④] 之后,《电视新闻剖析:视频时代的媒体素养》《2002 年的实用和日语课程的媒体素养教育》《令人愉快的学习媒体素养课程:如何与网络、移动设备、游戏和电视相处》等媒介素养教

---

① 李易宁.日本学校信息素养教育综述[J].新世纪图书馆,2010(004):77-79.

② 张开.媒介素养概论[M].北京:中国传媒大学出版社,2006:294-295.

③ FCTメディア・リテラシー研究所.高槻メディア・リテラシープロジェクト[EB/OL].(2006-09-01)[2020-10-25].http://www.mlpj.org/cy/cy-pdf/bun_tak.pdf.

④ 宋晓阳.日本媒介素养教育现状[C]//复旦大学信息与传播研究中心、复旦大学媒介素养研究中心、复旦大学新闻学院.“传播与中国”复旦论坛(2007):媒介素养与公民素养论文集.上海:复旦大学信息与传播研究中心,2007:151-159.

材也相继出版。①

总体来说，日本早期的媒介教育以个别地区的电台教育和电影教育实践为主，针对中小学生的媒介教育大约兴起于20世纪六七十年代，并在80年代开始得到官方的指导。20世纪90年代，随着媒介素养概念的引入和信息技术的发展，日本媒介素养教育开始快速发展，政府、学校、媒体和社会组织都在这个领域开展了研究与实践，媒介素养教育以信息素养教育为重点，这一特点延续至今。进入21世纪，数字媒体时代的到来使得日本更加注重青少年数字媒介素养问题。

第三节　日本媒介素养教育发展理念

从20世纪的视听教育到如今的数字素养教育，日本学校中媒介素养教育侧重于信息收集传达能力和媒介生产传播能力的培养，应用导向的教育理念一以贯之。日本民间的媒介素养教育则主要沿用了西方的理念框架，重视批判思维和传播能力。日本各界协作努力，构建了一个媒介素养教育行动的大网络——“社会行动者网络”。

一、IT立国战略下的应用导向理念

2000年，日本政府颁布《形成高度信息通信网络社会基本法》（『高度情報通信ネットワーク社会形成基本法』）②，正式提出“IT立国”的国家战略；2013年发布的《创造世界最先进IT国家宣言》（『世界最先端IT国家創造宣言』）③又提出“信息资源立国”的战略。日本目前的媒介素养教育就是在IT立国战略

① FCTメディア・リテラシー研究所.インターネットとメディア・リテラシー調査研究プロジェクト［EB/OL］.［2020-10-25］.http://www.mlpj.org/cy/bun.shtml.

② 首相官邸.高度情報通信ネットワーク社会形成基本法［EB/OL］.［2020-10-28］.https://www.kantei.go.jp/jp/singi/it2/hourei/honbun.html.

③ 高度情報通信ネットワーク社会推進戦略本部.世界最先端IT国家創造宣言［EB/OL］.（2015-06-30）［2020-10-28］.https://www.kantei.go.jp/jp/singi/it2/kettei/pdf/20150630/siryou2.pdf.

以及后续一系列规划的指导下展开的，且贯彻一种注重媒介和信息技术使用和制作能力的应用导向的教育理念。[①]

事实上，在视听教育时期，日本就格外强调对媒介制作能力的培养，这也是当时日本中小学媒介素养教育的出发点。学者今津指出，欧美的媒介素养研究与教育实践是在深厚的大众文化批评中生发出来的，而日本更倾向于依据视听教育课程论、教育技术学或者说是计算机信息论，也就是说日本媒介素养教育历来是从重视培养学生对媒介视听能力和制作能力出发的。日本最初的媒介素养教育的三大内核是：(1)理解——对媒介内容的理解和批判性接受；(2)使用——媒介的利用和选择；(3)制作——媒介的构成和制作。[②]

日本学者关于媒介素养的定义也强调了能力的重要性。如被广泛接受的铃木的定义就强调了"传播能力"；"梅尔计划"的发起人之一水越说认为媒介素养是"接收和解释媒介传播的信息，通过媒介建设性地表达自己的思想、见解和情感，并进行媒介创造的能力"；文部科学省2005年发布的《教育和科学白皮书》则将媒介素养定义为"媒介解读能力、媒体访问与活用能力及通过媒介沟通创造的能力"。[③] 由此可见，日本媒介素养教育对应用能力的注重由来已久。随着信息技术的飞速发展，这一特点更为凸显，20世纪八九十年代对"信息活用能力"的追求就是其具体体现。[④]

进入数字时代后，日本媒介素养教育更加重视信息素养教育。作为媒介技术强国的日本在学校教育中引进了ICT能力的培养。2006年，总务省出版了面向中小学生的ICT能力教育教材，引导日本青少年正确使用手机与互联网、正确解读数字信息并养成良好的数字信息接触习惯。这一教材以计算机技术为平台，以新技术为案例，形式活泼，内容丰富且与新技术的发展联系紧密，有利于青少年正确解读并利用新技术与数字信息。2014年起，文部科学省开始实施"充分利用ICT技术的教育振兴事业"策略，并投入大量资金。同时，在2018年更新发布的《初中学习指导》的"跨学科能力培养"部分指出，要在所有学科的

---

① 荣喜朝.日本基础教育信息化推进策略及启示[J].教学与管理(中学版),2017,707(22):80-82.

② 裘涵,虞伟业.日本媒介素养探究与借鉴[J].现代传播(中国传媒大学学报),2007(5):128-130.

③ 石村飛生.日本の学校教育におけるメディア・リテラシー教育実践の課題と展望[R/OL].(2015-03-14)[2020-10-25].https://hirosaki.repo.nii.ac.jp/.

④ 李易宁.日本学校信息素养教育综述[J].新世纪图书馆,2010(4):77-79.

教学中,培养学生的信息素养。

二、"社会行动者网络"的协作式发展理念

社会教育和学校教育是日本媒介素养教育的两大组成部分。民间团体、政府组织、企业界和教育界等多方力量相互支持,共同推动日本媒介素养教育的开展,"社会行动者网络"的构建可以说是日本媒介素养教育实践的突破口。日本社会各界在"社会行动者网络"这一理念框架和行动指南指导下开展广泛协作,以推动中小学媒介素养教育的发展,这可以说是日本媒介素养教育的一大特色。①

日本政府除了实施国家战略的指引、总务省和文部科学省的框架指导外,地方政府也为媒介素养教育提供便利。比如琦玉县政府出资建造了日本SKIPCITY国际数字电影节基地,其中设有日本放送协会电视台和琦玉县电视台的影视资料档案馆、高清电视制作基地、影像制作编辑室和影像制作学习室等。日本SKIPCITY国际数字电影节基地承担着对琦玉县内中小学生进行媒介素养教育的职责。

企业界也参与协作,配合媒介素养教育实践活动,为公民的媒体制作和传播提供实践基地和资金支持。比如,私营东京电视台从2003年起每年都会推出关于媒介素养的特别节目,每年的节目都会与受众进行大量的互动,帮助年轻受众进一步了解媒介,提高媒介素养能力。

三、日本媒介素养研究所的媒介素养八大关键原则

日本媒介素养研究所沿用了铃木绿教授关于媒介素养的定义,并且在加拿大学者约翰·庞杰特的媒介素养理念基础上提出了日本媒介素养的八大关键原则。这八大关键原则被贯彻在包括日本媒介素养研究所在内的许多社会组织的媒介素养实践中,与学校课程教学中的媒介素养教育理念有所区别。八大关键原则简要概括如下:

① 刘付燕,苗刚.日本媒介素养教育"社会行动者网络"分析与借鉴[J].东南传播,2009(10):91-93.

(1)所有的媒介都是人为建构的;

(2)媒介构成现实;

(3)受众诠释媒介、创造意义;

(4)媒介具有商业性;

(5)媒介蕴含意识形态和价值观;

(6)媒介具有社会和政治意义;

(7)媒介具有独特的形式、艺术性、技法和惯例;

(8)批判性解读媒体可以提高创造性、形成多种形式的交流。①

此外,日本媒介素养研究所还依据艾迪·迪克三角形,结合日本媒介环境和社会发展现状,搭建了具有日本特色的媒介分析三角形模型,指出要从文本、生产和用户三个层面进行分析,包括文本层面的"明示与暗喻、符码、修辞、类型、叙事、价值观、商业性以及与其他文本的关系",生产层面的"流程、相关法律、媒介所有者、技术、规律、运作以及传播与销售"和用户层面的"文化、性别、年龄、教育、阅读理解能力、心理因素、经验以及使用需求"。② 由此可见,虽然日本学校媒介素养教育是强调应用能力的信息素养教育,但是在日本民间机构中的媒介素养教育理念却是由西方框架发展而来的,即强调生产与制作技能的同时也强调批判思维和能力的培养。

第四节　日本媒介素养教育政策制定与实施

日本媒介素养教育工作主要由总务省与文部科学省负责,文部科学省侧重于推行学校媒介教育,总务省侧重于推进社会层面的媒介素养教育。20 世纪末,日本媒介素养教育政策强调"信息活用能力",还通过一系列研究展望了未来媒介素养教育。

---

① FCTメディア・リテラシー研究所.基本概念[EB/OL].[2020-10-25].http://www.mlpj.org/km/index.shtml.

② FCTメディア・リテラシー研究所.メディア分析モデル[EB/OL].[2020-10-25].http://www.mlpj.org/km/index.shtml.

一、20 世纪 90 年代末媒介素养教育政策与实施

文部科学省在 1997 年关于应对信息化社会的中小学教育现状的调查研究合作方会议的第一次报告中，提出了与“信息活用能力”相关的提案，并在 1998 年的最终报告中，就教育环境的条件建设提出建议。这一阶段的媒介素养学校教育似乎与“信息活用能力”画上了等号。此外，在 1998 年的教育课程审议委员会答复中，“信息化的应对”“学生面对信息的自主选择”“利用信息”“信息的发送和接收规则”都用以彰显培养“信息能力”的重要性。1998 年和 1999 年发布的学习指导还建议中小学开设“综合学习时间”科目，建议大学设立“信息”专业，以深入培养学生以计算机、互联网等领域为中心的信息活用能力。①

20 世纪末，一些理事会已经向政府提交了开展媒介素养教育的提案。原邮政省（总务省的前身之一）为了研究和回应这些提案，先后成立“放送研究小组”，举办“青年与放送专家会议”，开展“广播领域的年轻人与媒介素养研究小组会议”。2000 年 6 月，在前期研究基础上，报告《媒介素养：年轻人在媒介社会中发挥作用的能力》发布，指出“与媒介接触是必不可少的，媒介素养是公民需要掌握的一项技能，只有这样才能有信心地、恰当地利用媒介、与之互动，而这些技能对于处于身心发展过程中的青少年来说尤为重要”。报告将媒介素养解释为三个方面的能力：主观阅读和理解媒介内容的能力、媒介近用能力以及媒介交流与互动能力。报告还总结了当时媒介素养教育存在的不足和发展前景，包括在课程中培养阅读和理解信息的能力、在掌握 IT 技能外进行批判能力的培养、提倡主动学习和协作教育等。

在这些政策和倡议的指引下，这一时期的日本媒介素养教育注重培养包括操作计算机、网络等信息技术能力在内的信息素养（特别是计算机素养），在中小学的课程教育中主要集中在“综合学习时间”、信息课、社会课、德育课等课程中。此外，一些中小学也会在学校文化节和一些兴趣活动中开展与信息素养和

---

① 石村飛生.日本の学校教育におけるメディア・リテラシー教育実践の課題と展望[R/OL].(2015-03-14)[2020-10-25].https://hirosaki.repo.nii.ac.jp/.

信息道德有关的活动。[①] 而在民间,除了日本媒介素养研究所等社会团体和一些研究机构、媒体机构的行动外,还有一些以监督电视媒介内容为目的的项目和活动。[②] 为了推进与落实“信息活用能力”的倡议,原邮政省为学校和社会提供了“媒介能力”三角模型(图 8.1),为媒介素养教育提供了一定的指导。尽管如此,在早期日本的实践中,很难找到培养中学生批判思维的课程,相较于“媒介素养”教育,培养“信息活用能力”是这一时期媒介教育的重点。

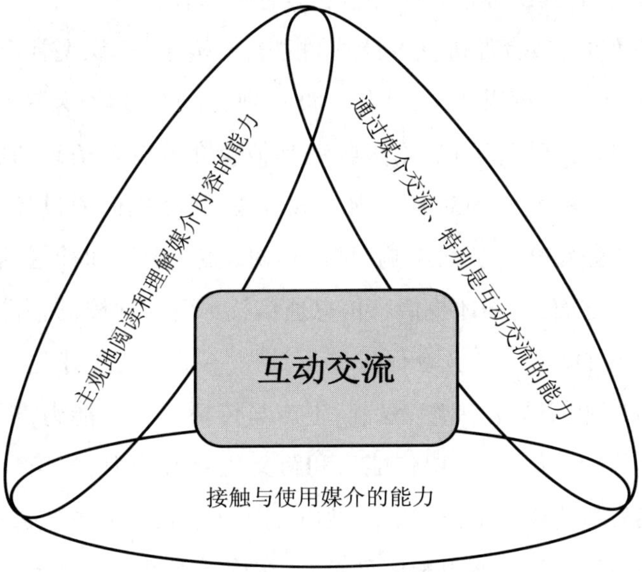

图 8.1　原邮政省的媒介能力模型[③]

二、信息时代的媒介素养教育政策与实施

进入信息时代,总务省推行信息通信技术政策(ICT Policy),指出日本是世界上信息通信技术水平最高的国家之一,日本之所以能够为每个国家的发展提

① 陈世敏,吴翠珍,刘雪雁,等.从媒体素养到媒体教育与实践—台湾与日本的经验[C]//“传播与中国”复旦论坛(2007):媒介素养与公民素养论文集.2007:430-434.

② 许欢,尚闻一.美国、欧洲、日本、中国数字素养培养模式发展述评[J].图书情报工作,2017,61(16):98-106.

③ KANAE S.Development of media education in Japan[J].Educational technology research,2008,31(1-2):1-12.

供多方面的支持,正是因为它拥有发展 ICT 的综合能力。[①] 2004 年,总务省响应 IT 战略本部制定的"e-Japan 战略",提出"u-Japan"战略,以建设泛网络社会,规划到 2010 年,要让 100%的国民使用高速或超高速网络。此战略旨在通过社会体系改革,实现由促进信息化到高度利用 ICT 解决 21 世纪的课题的转变。[②]

文部科学省的政策大多与学校教育相关,在媒介素养教育方面体现为信息素养和信息道德教育。2008 年、2013 年、2018 年,文部科学省分别制定了三份教育促进基本计划,其中都包含媒介素养教育的内容。

2008 年发布的《教育促进基本计划》指出,要构建"知识型社会",加强全社会的教育合作,包括发挥媒体的作用。[③] 此计划还指出,为了保障青少年儿童健康成长,避免来自互联网、手机、出版物和其他媒介的有害信息的影响,政府将加强对网络运营商的监管和对有害内容的过滤,同时提倡通过教育手段,使公众认识到过度依赖媒介的负面影响,推广针对家庭、学校和社区的信息道德教育。在教学资源方面,计划还提倡将信息通信技术引入学校,提高教学质量。

2013 年发布的《第二份教育促进基本计划》中指出,全球化背景下的社会日新月异,人们不仅要具有理解、复制、生产与传播信息的能力,还必须做到尊重个人和社会的多样化,提高协作能力和跨文化交流能力。[④] 第二份计划将儿童独立思考能力与使用 ICT 技术的新型协作和互动式学习方式进行了关联,并表示为了提高学生的沟通能力和信息素养,在接下来五年中政府将收集各方建议,开发更有效的方法和教材;同时指出要采取措施提高 ICT 技术的教学能力,以使所有教师都能够尽快将 ICT 技术纳入其教学当中。

2018 年发布的《第三份教育促进基本计划》分析了全球发展趋势和日本社会现状,指出当今社会,新知识、新信息和新技术作为社会各个领域活动的基础

---

① Ministry of Internal Affairs and Communications. Information and Communications Technology (ICT) [EB/OL]. [2020-10-25]. https://www.soumu.go.jp/main_sosiki/joho_tsusin/eng/infrastructure.html.

② 荣喜朝.日本基础教育信息化推进策略及启示[J].教学与管理:中学版,2017,707(22):80-82.

③ Ministry of Education, Culture, Sports, Science and Technology. Basic plan for the promotion of education [EB/OL]. (2008-07-01) [2020-10-25]. https://www. mext. go. jp/en/policy/education/lawandplan/title01/detail01/1373797.htm.

④ Ministry of Education, Culture, Sports, Science and Technology. The second basic plan for the promotion of education [EB/OL]. (2013-06-14) [2020-10-25]. https://www. mext. go. jp/en/policy/education/lawandplan/title01/detail01/1373796.htm.

非常重要,信息和技术的变化正在日益加速,全球化的加深也带来了许多不确定性因素,物联网、大数据和 AI 等技术改革正在进行。为了建设一个智慧社会,充分利用 ICT 为公民服务,信息素养是个体在丰富的信息中选择必要的信息以及使用不断发展的技术的必备能力。①

三份教育促进基本计划对于 ICT 以及媒介素养(主要是信息素养)教育的重视是逐渐增强的,并与日本融入全球化的步伐和智慧社会的建设相结合,成为包括中小学生在内的日本公民的必备能力之一。

日本教育政策研究所在 2019 年的研究计划中,将信息技能作为一项重要举措。计划指出,为了将 ICT、人工智能和其他先进信息技术融入学校教育中,政府将列出一系列需要考虑的问题,利用先进信息技术,明确适应先进信息技术发展的教育改革所需的条件,并开发利用先进信息技术的技能和技术。此外,研究所的教育心理学家小组将通过审查研究文献和研究技术进步开发一套方法,以衡量学校教师的 ICT 知识与技能水平。②

第五节　日本中小学媒介素养教育实践

日本中小学媒介素养教育实践可以分为学校课程框架内的实践和由社会组织或媒体机构主导的实践。前者是在文部科学省的学习指导和课程标准的框架下进行的,媒介素养内容已经融入各科目中;后者则是由民间和企业力量支撑发展的,媒介素养教育实践的形式和方法更加多元。

一、日本中小学媒介素养教育的课程实践

为了应对全球化和媒介信息技术的发展,学校课程的各科目中都有媒介素

① Ministry of Education, Culture, Sports, Science and Technology. The third basic plan for the promotion of education[EB/OL].(2018-06-15)[2020-10-25].https://www.mext.go.jp/en/policy/education/lawandplan/title01/detail01/1373799.html.

② National Institute for Educational Poling Research. Research projects in FY2019[EB/OL].(2020-01-30)[2020-10-25].https://www.nier.go.jp/English/research/menu_1.html.

养教育的内容。以日本小学课程中的媒介素养教育为例,在小学国语、算数、科学、生活环境研究、音乐、艺术与手工、家政学、体育、外语活动、综合学习阶段等课程中,均有媒介素养教育内容,并有相关的教学实例(见表 8.1)。

表 8.1　日本小学课程中的媒介素养教育

科目	媒介素养教育内容的体现	实例
国语	阅读理解文本、收集信息、制作报纸、分析报纸内容	通过广告课程提高批判能力; 与日本的教育报纸组织合作开展报纸教育
算术	使用计算机丰富学生对数字和几何的认识、培养他们运用 ICT 技术表现数字和几何图形的能力	形象化的媒介呈现; 创建用于媒介教育的数学课程
科学	使用诸如计算机和视听设备辅助教学	利用 ICT 观察科学现象; 使用电脑查找花草的种类
生活环境研究	发展社交沟通能力 分析与欣赏语言、绘画、戏剧等	阅读和整理报纸上的信息; 参与广播电台的工作; 练习计算机读写能力
音乐	音乐理解和制作	分析音乐的情感
艺术与手工	艺术鉴赏与手工制作	理解艺术作品表达的内容; 通过手工作品表达观点
家政学	合理消费	网络消费者教育
体育	表演与呈现	通过感知图像中的内容,能够排练出舞蹈动作,以表达各种想法
外语活动	培养跨文化交流能力	理解外国艺术与文化
综合学习阶段	进行与信息学习有关的活动时应该让学生们收集、组织和发送信息,并考虑利用信息努力解决问题和完成日常生活中的查询活动	跨学科活动(包括信息教育)

资料来源:本表整理自日本文部科学省《国家课程标准》小学各科目标准①和《日本媒介素养教育》(*Development of Media Education in Japan*)②一文。

① Ministry of Education, Culture, Sports, Science and Technology. Improvement of academic abilities (courses of study) [EB/OL]. [2020-10-26]. https://www.mext.go.jp/en/policy/education/elsec/title02/detail02/1373859.htm.

② KANAE S. Development of media education in Japan [J]. Educational technology research, 2008, 31 (1-2): 1-12.

与小学相比,初中课程中的媒介素养要求更高,更加强调掌握ICT技能,高中则在此基础上突出了工作导向的能力培养。从日本中小学课程的媒介素养实践中可以发现,学校内的媒介素养教育和信息素养教学落脚点主要在ICT技能、理解信息和传播信息的能力上,并不重视培养批判能力。

二、日本中小学媒介素养教育的课外实践

相较于校内课程实践,日本中小学媒介教育的课外实践更加丰富,形式也趋于多元化。下面介绍一些由社会组织和媒体机构主导的媒介素养教育实践。

(一) 日本媒介素养研究所的媒介素养教育实践

日本媒介素养研究所的研究和活动涵盖青少年儿童与媒介、性别与媒介、老年与媒介、媒介社会与公民、媒介伦理等众多领域。在青少年儿童与媒介这一领域中,日本不仅为青少年儿童及教师、父母提供培训,还通过调研和研究为中小学的媒介素养教育制定了实用的教学教材。教材设计了文本分析、合作学习、语境分析和生产活动这四种学习方法,为中小学生设计了十六个章节的教学内容(见表8.2)。

表8.2　日本媒介素养研究所设计的教材章节

章节名	对象	分析	章节名	对象	分析
互联网与广告	初中2年级—高中1年级	文本 用户	了解报纸的构成并比较其组织方式	小学高年级—初中	文本
媒介可靠性	初中3年级—高中	生产 文本	比较各种媒介上的相同新闻	初中—高中	文本
互联网与用户	高中1—3年级	用户	海报、广告中的再现	高中2—3年级	文本
人类为什么要通过社交网络交流	高中1—3年级	生产 用户	通过剪切和粘贴广告创建新广告	小学高年级—高中	用户 生产

续表

章节名	对象	分析	章节名	对象	分析
什么是英雄	小学—高中 1 年级	生产	科学技术的使用	初中—高中	文本
让我们制作一段视频，表达我们想说的话	小学高年级—初中 3 年级	生产	就我们常用的媒介进行访谈	小学高年级—高中 1 年级	用户
音乐视频分析	初中—高中	文本用户生产	美国人对亚洲演员的刻板印象	初中 3 年级—高中 3 年级	文本用户
成为报纸编辑并撰写文章	初中—高中	文本用户生产	做一个模仿广告	小学高年级—高中	生产

资料来源：本表由《互联网时代小学至高中媒介素养教材报告》(『小学生~高校生向け ネット時代のメディア・リテラシー教材報告書』)①整理而成。

日本媒介素养研究所的教材还为课堂教学设计了媒介分析评价表，并将教学活动划分为介绍、部署、讨论和报告环节，以培养学生合作学习的能力，并提高他们关于媒介的理解、分析和生产能力，以帮助他们认识到媒介与人的关系。

(二)媒体机构的媒介素养教育实践

日本的教育报纸组织为合作学校提供报纸作为教材，主要供学生在社会及国语课程实践中使用。课程内容包括用报纸上的照片创建故事(小学低年级)，从报纸上学习为人处世(小学 2 年级)，根据主题收集报纸文章组成合集(小学高年级)，从报纸文章中搜索辩论主题和证明材料(初中)，从报纸中选择话题并发表自己的看法(初中和高中)，选举时从报纸等媒体收集政党和候选人的主张和问题并进行模拟投票(高中)等。②

2019 年，教育报纸组织在甲贺市立港南初中为初中 1 年级的学生开设了"报纸基础课程"(新聞初步講座)，教学内容包括：(1)认识报纸；(2)报纸课程：

---

① FCTメディア・リテラシー研究所.小学生~高校生向け ネット時代のメディア・リテラシー教材報告書[EB/OL].(2013-06-03)[2020-10-26].http://www.mlpj.org/cy/cy-pdf/ml_material_for_students.pdf.

② Newspaper in Education.多彩なNIEの実践[EB/OL].[2020-10-26].https://nie.jp/about/#02.

解读标题、导读、正文，根据读者需求安排内容，报道的丰富性，分析报道总结采访经验，学习版面制作；(3)阅读新闻报道：阅读并理解不同立场的人的意见，形成自己的意见；(4)共同阅读报纸：了解小组每个成员的兴趣爱好，进一步熟悉报纸。[①] 教育报纸组织还在山口县立下关南中学的理科教学中加入报纸笔记的教学，要求学生每周剪出自己喜欢的报纸文章，并将要点划线附上个人评析，交由教师进行点评。同时还通过小组合作的方式，帮助学生获得判断力、表达力和批判性地掌握事物的能力。

日本放送协会则为媒介素养教育专门制作了一档电视节目——媒介时间(Media Times)，希望通过采用电视节目的方式，结合主动学习来增强观众的参与度。[②] 这一系列节目由 20 集组成，每集 10 分钟，主要介绍新闻网站、摄影作品、事实核验公司和广告代理商等媒体机构。在节目的结尾，还会提出一个与媒介相关的问题，并鼓励观众参与讨论。该节目也可以被用于教师的课堂教学。

社会组织和媒体的加入，使得日本中小学媒介素养教育实践得到极大的丰富。在校内课程框架内体现较少的分析、沟通与批判能力也在这些实践中得到了一定程度的发展。

小　结

日本在媒介素养的教育与实践方面的特征是注重“传播能力”的培养，这与日本应对全球化趋势和推进智慧国家和智慧社会建设的要求相符合。进入信息时代，日本媒介素养教育以信息素养教育为主，总务省和文部科学省分别负责社会和学校层面的教育推进。政府、学校、媒体、民间等领域共同参与构建的“社会行动者网络”是日本媒介素养教育实践的突出特点，体现了日本媒介素养教育的社会教育和全民教育的特色，媒介素养教育已经被纳入了日本终身教育体系之中。

---

① Newspaper in Education.NIEの実践例[EB/OL].[2020-10-26].https://nie.jp/report/index.html.

② 慶應義塾大学英字新聞学会.The fight for media literacy:one episode at a time[EB/OL].(2020-04-15)[2020-10-26].http://mitacampus.com/2020/04/15/the-fight-for-media-literacy-one-episode-at-a-time/.

相对于欧美人,日本人对媒介有着更高的信赖感。但现实是大众媒介往往与政治、经济等各种利益交织在一起,这些利益以难以察觉的形式隐藏在媒介信息之中。因此,正确地分析媒介,批判性认知媒介对于每一个公民而言是相当重要的。但这一点在日本学校教育中鲜有体现,近年来日本研究媒介素养教育的诸多学者开始讨论培养公众批判性媒介分析能力的问题。学者笠原正大认为媒介素养是复合的能力,学校教学实践中却只重视利用媒介进行表达、对媒介内容进行解释或使用媒介等能力中的某一项。① 由此可见,日本媒介素养教育还有很大的发展空间,同时日本对于信息素养教育的重视及其相关实践经验对亚洲各国的媒介素养教育仍然具有借鉴意义。

① 笠原正大.日本におけるメディアリテラシーの変質とその原因:「メディア教育」に関する言説の分析から[J].教育メディア研究,2012,18(1):13-23.

第九章　新加坡中小学媒介素养教育

被誉为“亚洲四小龙”之一的新加坡经济较为发达，是亚洲重要的服务和航运中心之一。由于领土狭小、自然资源缺乏，新加坡将教育视为构建新加坡国家与民族的重要组成部分。早在20世纪70年代，新加坡政府已经意识到信息技术对于推进国家经济发展的巨大潜力，并于1980年制定了第一个国家信息化战略规划（The National Computerization Plan）。[①] 新加坡媒介素养教育以网络媒介教育为特色。在国家信息化战略规划下，新加坡致力于培养中小学生在网络媒介时代获取、辨别信息的能力，培养信息技术时代负责任的数字公民。

第一节　新加坡中小学媒介素养教育概况

新加坡的媒介素养教育真正被重视起来，是互联网的发展冲击新加坡旧有的依赖政府监管和行业自律的保护模式的结果。在旧有的监管和自律的模式下，青少年仍然会受到来自互联网的负面影响。为此，新加坡政府联合各界力量，开始广泛开展网络媒介素养教育。新加坡在中小学学校课程中设立了包含媒介素养教育理念和要素的课程，新加坡在媒介素养教育方面的发展成效显著。

① 朱莎.美国、新加坡教育信息化发展战略比较研究[D].武汉：华中师范大学，2013：40.

一、新加坡中小学教育制度简介

新加坡在国家发展进程中始终强调国家认同,强调各种族都能够接受的核心价值观。新加坡政府为了促进国家认同的形成,1991 年 1 月,国会通过了《共同价值白皮书》,确定了由 5 个方面组成的“共同价值观”(Shared Values)。这 5 个方面包括:国家至上,社会为先;家庭为根,社会为本;关怀扶持,同舟共济;求同存异,协商共识;种族和谐,宗教宽容。① 这一核心价值观贯穿新加坡学校教育,成为新加坡教育的根本原则。新加坡有 366 所中小学,其教育体系比较复杂,通过不同的方式多次分流和筛选,注重因材施教,以达到教育的最终目标。每个学龄儿童至少接受 10 年的学校教育,教育分为幼儿园教育、小学教育、中学教育、大学前教育和大学教育等阶段。其中小学学制是 6 年,中学学制为 4—5 年 。②

根据新加坡《义务教育法》的规定,新加坡实行义务初等教育。除非特殊情况得到豁免外,所有在 1996 年 1 月 1 日之后出生并居住在新加坡的新加坡公民都必须入读一所国立小学,符合开始义务教育的年龄是 6 岁以上且 15 岁以下③。

小学最后一年,新加坡的大部分学生需要通过一年一度的全国性的小学离校考试(Primary School Leaving Examination,PSLE),④并根据分数进入相应的中学继续学习。除此之外,新加坡还制定了中学直接入学制度(Direct School Admission for Secondary Schools,DSA-Sec),⑤在特殊领域有才能的小学 6 年级学生可以在参加全国性的小学离校考试之前申请入读某些中学。

新加坡中学一般是 4—5 年制,中学教育包括三大类课程,具体安排由学生的小学离校考试考试情况决定,分别是速成(Express)、普通学术[N(A)]和普

---

① 李静,王晓燕.新加坡网络内容管理的经验及启示[J].东南亚研究,2014(5):27-34.

② 梁俊兰.新加坡的教育制度与人才培养战略[J].国外社会科学,2005(6):76-80.

③ Singapore Statutes Online. Compulsory education act[EB/OL].(2013-01-01)[2020-10-11].https://sso.agc.gov.sg/Act/CEA2000#pr3-.

④ Singapore Examinations and Assessment Board. About PSLE[EB/OL].[2020-10-11].https://www.seab.gov.sg/home/examinations/psle/about-psle.

⑤ Ministry of Education, Singapore. Direct school admission for secondary schools[EB/OL].(2020-09-29)[2020-10-11].https://beta.moe.gov.sg/secondary/dsa/.

通技术[N(T)]课程。[1] 除此之外,新加坡在中学教育中推行课外活动政策,以及激发学生潜能的应用学习计划和终身学习计划等。

随着21世纪的到来,新加坡先后在小学、中学里引入了学科分班制度(Subject-Based Banding,SBB),并为科目设置了不同程度的难度,方便学生能够根据自己的当前表现和发展要求灵活地选修更高级别的科目。2020年,新加坡开始在部分中学试行全学科分班(Full SBB)。[2] 此外,新加坡还制订了《21世纪能力和学生成果框架》(*Framework for 21st Century Competencies and Student Outcomes*),[3]强调了中学生的核心价值、社交和情感能力、全球化必备能力。全球化必备能力强调了学生的跨文化交流、全球信息素养、沟通协作和批判性思维等与媒介素养、数字素养和信息素养相关的能力。

二、新加坡媒介素养教育概况

新加坡的媒介素养教育主要以网络媒介素养教育为主,这主要是因为在此之前的媒介监管并未关注内容使用者层面媒介素养教育的重要性。因此,网络媒介素养教育最早是出于“保护主义”的立场,即希望通过网络媒介素养教育的介入,并结合监管手段和行业自律,保障新加坡青少年和儿童使用网络的安全与健康。后来,受数字媒介的进一步发展和积极融入全球化的国家政策影响,新加坡媒介素养教育的内涵进一步拓展,批判思维、数字技术、跨文化交流等能力被加入媒介素养教育框架之中,媒介素养教育获得了来自政府、民间和学校等各方力量的支持。

(一)新加坡媒介素养教育推行背景

在西方社会,传统的媒介监管模式包括政府监管(Regulation)、媒体自律

---

① Ministry of Education, Singapore. Secondary school education [EB/OL]. (2020-10-09)[2020-10-11]. https://beta.moe.gov.sg/uploads/Secondary-School-Education-Booklet-2019.pdf.

② Ministry of Education, Singapore. Our students [EB/OL]. (2020-06-24)[2020-10-11]. https://beta.moe.gov.sg/education-in-SG/our-students/.

③ Ministry of Education, Singapore. 21st Century competencies [EB/OL]. (2020-06-17)[2020-10-11]. https://beta.moe.gov.sg/education-in-SG/21st-century-competencies/.

(Self-regulation)与共同规范(Co-regulation)三种,新加坡的媒介监管一开始主要依靠前两种模式。早在20世纪60年代,新加坡政府就曾修订颁布《惩治煽动叛乱法》(*Sedition Act*),严格规范了媒介内容;后来又颁布《广播法》(*Broadcasting Act*)、《电影法》(*Films Act*)、《电信法》(*Telecommunications Act*)等来规范大众媒介。[①]

随着互联网的兴起和在社会生活中的广泛应用,网络色情、网络暴力、网络依赖等一系列问题日益凸显。新媒介的可参与性、匿名性、互动性使得私人与公共、在场与缺席、中心与边缘之间的界限日益模糊,这都提升了网络监管的困难程度。政府法律法规与行业自律从信息的生产与接触层面上监管的传统模式已不再适用,新的挑战呼唤培养受众自身的媒介素养意识与能力。新加坡的网络媒介素养教育是作为一种有效的网络监管手段被提出的。

2018年,新加坡《网络安全法》(*Cybersecurity Act*)颁布,较为完整地构建了监督和维护新加坡国家网络安全的法律框架。[②] 新加坡的网络监管大力推行"三合一"政策(A Three-Pronged Approach),即法规制约(Regulatory Framework)、行业自律(Industry Self-regulation)、媒介素养教育(Media Literacy Education)三个部分,媒介素养教育被当成网络监管的三大措施之一[③]。

新加坡早期的媒介和网络监管,主要采取诸如"过滤""屏蔽"等手段,之后国家开始关注约束和引导内容消费者行为,媒介素养教育(主要是网络媒介素养教育)在国家发展框架和学校教育体系中开始体现。正如新加坡资讯通信媒介发展管理局(Infocomm Media Development Authority,IMDA)在介绍《内容标准和分类》(*Content Standards and Classification*)这一法规时指出的,由于技术进步、平台融合和全球化影响,新加坡的媒介格局发生了变化,在保持推进内容监管与社会规范的同时,还要注重提高新加坡人的媒介素养。[④] 新加坡媒介素养教育在这样的背景下开始推行和发展。

---

① Singapore Statutes Online. Acts current[EB/OL].[2020-10-11].https://sso.agc.gov.sg/Browse/Act/Current.

② The Cyber Security Agency of Singapore.Cybersecurity act[EB/OL].[2020-10-11].https://www.csa.gov.sg/legislation/cybersecurity-act.

③ 王国珍.新加坡的网络监管和网络素养教育[J].国际新闻界,2011(10):122-127.

④ Infocomm Media Development Authority.Content standards and classification[EB/OL].(2019-06-11)[2020-10-11].https://www.imda.gov.sg/regulations-and-licensing-listing/content-standards-and-classification.

（二）新加坡媒介素养教育推动力量

1.媒介素养教育相关政府机构设置

科学技术的进步、社会结构的优化以及社会改革的推行与政府的支持密切相关。施行网络媒介素养教育需要政府方面的支持。联合国教科文组织编写的《全球媒介信息素养评估框架：国家状况与能力》（*Global Media and Information Literacy Assessment Framework：Country Readiness and Competencies*）中明确将"国家准备情况"作为媒介信息素养评估中的第一层级，指出国家层面上良好的政策、接入设施等有利条件是提高个人与社会媒介信息素养能力的有力保障。①

从20世纪末开始，新加坡社会组织团体、个人呼吁重视和整治网络对社会尤其是青少年的负面影响。新加坡政府及时作出积极回应，设立媒介素养教育相关机构，采取有力措施推动新加坡国内媒介素养的发展。在新加坡，参与管理媒介素养教育的政府职能部门，主要是教育部（Ministry of Education）和通信信息部（Ministry of Communications and Information，MCI，原信息、通信和艺术部）等。其中，教育部侧重于针对在校学生的媒介素养教育，通信信息部致力于以社会公众为教育对象的媒介素养教育和推广活动。新加坡通信信息部所辖领域较广，下设机构包括新加坡网络安全局（Cyber Security Agency of Singapore，CSA）、资讯通信媒介发展管理局（Infocomm Media Development Authority，IMDA）、国家图书馆委员会（National Library Board，NLB）和个人数据保护委员会（Personal Data Protection Commission，PDPC）。其中网络安全局主要从事网络监管，资讯通信媒介发展管理局则参与网络媒介素养教育的推进。下面介绍新加坡官方设立的与媒介素养教育有关的政府机构。

（1）国家互联网咨询委员会

1996年，新加坡成立国家互联网咨询委员会（National Internet Advisory Committee），其主要职责是向新加坡媒体发展管理局（Media Development Authority）的前身新加坡广播局（Singapore Broadcasting Authority）提供网络问题咨询，以促进和调整网络政策，确保社会普遍关注的议题得到及时回应。该委

---

① UNESCO.Global media and information literacy assessment framework：country readiness and competencies［EB/OL］.（2019-11-06）［2020-10-11］.https：//unesdoc.unesco.org/ark：/48223/pf0000224655.page=89.

员会存在了 10 年,于 2006 年解散。

(2)网络和媒介咨询委员会

2007 年,新加坡网络和媒介咨询委员会(The Internet and Media Advisory Committee)成立。作为媒介发展管理局的咨询机构,该委员会的职责是专门就媒介素养和网络健康提出政策性建议,并负责推广以社会公众为对象的媒介素养教育项目;该委员会成员共有 24 位,分别来自公益团体、社区组织、政府部门、工商业界等。与国家互联网咨询委员会相比,新设立的网络和媒介咨询委员会更加专注于网络素养教育。

(3)跨部门网络健康指导委员会

2009 年,新加坡成立跨部门网络健康指导联合委员会(The Inter-Ministry Cyber Wellness Steering Committee,ICSC),呼吁政府机构与民营组织之间开展合作,制定和实施促进青少年网络健康的国家战略。① 跨部门网络健康指导联合委员会由通信信息部和教育部共同主持,为来自私营和公共部门的网络健康计划提供种子资金,并公开征集网络健康项目计划书。公开征集的计划书内容以如何鼓励和推动年轻人积极正面使用互联网和手机为重点,涵盖为儿童提供网络安全和预防网络犯罪,信息素养、媒介素养和负责任的在线创作,家长应对游戏成瘾问题建议、认识网络欺凌等方面的内容。

(4)媒介素养委员会

2012 年 8 月,媒介素养委员会(Media Literacy Council,MLC)成立,隶属媒介发展管理局(Media Development Authority),主要负责向政府提供有关互联网和媒介的调查、趋势和发展状况的报告,并提出适当的政策应对建议。同时,媒介素养委员会也致力开展与媒介素养和网络健康相关的教育计划,推广媒介素养的核心理念(Media Literacy Core Values),培育公众成为负责且有辨别能力的媒介参与者与传播者。② 媒介素养委员会与企业界、社区和政府合作,共同促进培养明智的、有责任感的数字公民教育的发展。其官网也为学生、家长以及教育工作者提供相关的教学内容。从 2013 年开始,媒介素养委员会每年举办由

---

① Ministry of Education, Singapore. About the ICSC [EB/PL]. [2020-10-11]. https://www.moe.gov.sg/events/cyber-wellness-call-for-proposals/about-the-icsc.

② Media Literacy Council. Media literacy core values and skills [EB/OL]. [2018-03-05]. https://www.medialiteracycouncil.sg/About-Us/Vision-and-Mission.

160多个国家参与的全球“网络安全日”活动，开展“更好网络运动”(Better Internet Campaign，BIC)，由此所掀起的媒介素养运动成为全国关注焦点，吸引全国各方人士参与到媒介素养运动之中。

(5)资讯通信媒介发展管理局

2016年10月，新加坡重组媒介发展管理局(Media Development Authority，MDA)和资讯通信发展管理局(Infocomm Development Authority，IDA)，成立了资讯通信媒介发展管理局，该机构负责实施资讯通信媒介2025计划(Infocomm Media 2025 Plan)，旨在创建一个具有全球竞争力的媒体生态系统，帮助实现新加坡“智能国家”愿景。此外，该机构还通过个人数据保护委员会(Personal Data Protection Commission)推动和加强新加坡的数据保护工作。①

从国家互联网咨询委员会到媒介素养委员会，新加坡的网络媒介素养教育的推进并非一蹴而就，而是稳扎稳打，逐步推进。从最初注重互联网的“监管”政策、回应民众议题日益向教育和培养网民本身转向，网络素养教育在新加坡日益受到政府的关注和重视。

2.民间力量

在政府的重视和倡议下，许多社会组织也加入推广和支持媒介素养教育的队伍之中，其中有针对青少年网络活动进行引导和教育的，也有针对父母如何帮助孩子合理使用媒介的，还有提供资金或课程讲座与学校合作的，成为新加坡媒介素养教育的重要推动力量。

(1)青少年导向的民间力量

2008年2月，新加坡电子竞技与在线游戏协会(Singapore Cybersports & Online Gaming Association，SCOGA)成立，协会运营着一系列网络健康和媒介素养项目。② 比如，通过“校园传奇”(Campus Legends)项目来教育和赋权青少年，提高他们的技术能力，引导他们正确看待网络游戏和数字媒介。又如，与新加坡技术教育学院(ITE)和人民协会青年运动(PAYM)牵头举办新加坡青年最大的互联

---

① Infocomm Media Development Authority. About IMDA [EB/OL]. (2020-04-02) [2020-10-11]. https://www.imda.gov.sg/Who-We-Are/about-imda.

② Singapore Cybersports & Online Gaming Association, SCOGA. Our initiatives [EB/OL]. [2020-10-11]. https://scoga.org/#initiatives.

网聚会——校园游戏节(Campus Game Fest,CGF),活动倡导游戏、艺术、媒体和娱乐等数字生活方式,旨在帮助青少年提高创造力和培养网络安全意识。

(2)家长导向的民间力量

新加坡电信供应商 Singtel 为家长设计了 notAnoobie 软件,此软件提供有关防止游戏和移动技术成瘾、使用社交媒介、识别网络欺凌、甄别不当内容、保护个人在线隐私等相关指导,还可以帮助家长了解数字化发展的最新趋势和问题,以及向专家和有经验的人士学习经验。① 此外,志愿团体“父母网络顾问团”(Parental Advisory Group for the Internet)成立以来坚持为以父母为主的公众提供免费的网络素养咨询和培训,后来被纳入国家互联网咨询委员会(NIAC)下属的社区咨询委员会(CAC)统一管理。

(3)学校导向的民间力量

由新加坡赛马博彩管理局(Singapore Totalisator Board)设立的、具有社会公益资助性质的新加坡赛马博彩基金(Tote Board Funding)经常为学校提供网络素养教育经费资助。该基金的公益定位与网络素养教育有共同之处,只要学校开设网络素养课程,该基金都会予以资助,且审批手续很简捷方便。②

触爱社区服务社(TOUCH Community Services,TOUCH)则是一个提倡网络健康和新媒介素养教育的非营利性机构,推出高质量的校本教育计划,在许多学校举办网络素养讲座,受益学生人数非常可观。③ 它在提升包括幼儿、老年、特殊人群在内的全民媒介素养方面也做出了不少贡献。

新加坡政府虽然重视媒介素养和网络素养教育,但并未包揽一切,而是发挥着宏观主导、微观放手的“协调者”角色。因此,在政府相关部门的主导下,社区组织、志愿者团体和社会慈善机构、工商企业等各种民间力量的热心参与极大地推动了新加坡青少年媒介素养教育的发展。

(三)新加坡学校媒介素养教育的运行模式

新加坡学校的媒介素养教育主要在教育部的“网络健康”(Cyber Wellness,

---

① Singtel.NotAnoobie[EB/OL].[2020-10-11].https://www.singtel.com/personal/i/apps-tv/apps/notanoobie.

② Tote Board.What Tote Board cares about[EB/OL].[2020-10-11].https://www.toteboard.gov.sg/grants/what-toteboard-cares-about#Strategic%20Focuses.

③ TOUCH Community Services.TOUCH cyber wellnes[EB/OL].[2020-10-11].https://www.touch.org.sg/about-touch/our-services/touch-cyber-wellness-homepage.

CW)项目的指导下开展。项目指出,网络健康是指互联网用户的积极健康,网络健康教育旨在使学生对在线行为有所了解,并使他们能够为自己在网络空间中的幸福负责。① 网络健康课程主要从意识(Sense)、思维(Think)和行动(Act)三个方面对学生进行教育,经常以研讨会、讲座和活动的形式进行,也会被囊括在一些语言课和其他课程中。

值得注意的是,与欧洲一些国家的媒介素养教育模式不同,新加坡的网络素养和媒介素养教育除了融入其他课程之中,还额外引入了一种"服务外包"的商业运作模式。在新加坡教育部的倡导下,各公立学校开设相应的课程,但是很多课程的具体设计与实施则会外包给通过教育部资质审查的私人教育公司、社会组织或慈善机构,资金也会由教育部直接拨给这些外包机构。②

这样的"服务外包"模式,避免了陷入学校自主开展媒介素养和网络素养教育的资金和人力困境,也彰显了网络素养教育的独立性和重要性;且这些外包机构实际上具有更加专业的教育理念和实践经验,能够结合调研和研究数据制定更符合学生需求的课程和活动。但是,"服务外包"的运作模式也意味着媒介素养教育与整个中小学教育体系的割裂,不同学校的实施效果难以确保一致,且在课程成果的评估方面缺乏统一标准,这在某种程度上与新加坡主张的公平和多元化的教育理念有所背离。

第二节　新加坡媒介素养教育发展历史

新加坡政府一直依赖严格的监管制度来"过滤"和"阻断"不良媒介信息,以达到保护青少年和儿童的目的。但互联网时代的媒介环境变得日趋复杂,仅仅靠外部监管很难起到有效引导青少年的作用。在此背景下,开展适宜的媒介素养教育,提升青少年的媒介素养水平,成为新加坡政府的关注点。在政府的支持和社会组织的大力协助下,新加坡的媒介素养教育,特别是网络媒介素养

---

① Ministry of Education, Singapore. Practising cyber wellness[EB/OL]. (2020-06-30)[2020-10-11]. https://beta.moe.gov.sg/programmes/cyber-wellness/.

② 王国珍.新加坡的网络监管和网络素养教育[J].国际新闻界,2011(10):122-127.

教育发展迅速,取得了良好的成效。

一、民间呼吁与零星实践的初期发展阶段

20 世纪 90 年代末,一些个人和民间团体注意到了使用网络带来的负面问题,呼吁新加坡政府予以重视并采取措施。一些社会组织也开始自发行动,为民众提供网络素养的咨询和培训。

新加坡公益组织触爱社区服务社的工作最早可追溯至 1986 年,当时由 7 名志愿者组成的小组为在抚养子女上有困难的低收入家庭和单亲家庭提供了帮助。1999 年,触爱社区服务社受青少年犯罪跨部门委员会委托,为家长编写了一份处理互联网潜在危险的指导手册。除了手册外,触爱社区服务社还提出通过电子辅导和路演活动接触青少年并为之提供引导。①

成立于 1999 年的父母网络顾问团(PAGi),以"为父母提供理论和工具,帮助他们的孩子在使用网络时充分受益,而不被互联网上繁杂的信息迷惑和被居心叵测之人利用"②为己任。父母网络顾问团的教育活动大部分由志愿者组织开展,主要是为家长组织讲习班和研讨会。此外,还举办"SPEEDi's ISLE"活动,其中 ISLE 代表互联网安全学习远征(Internet Safety Learning Expedition),鼓励家长带着他们的孩子进行网络探秘,一起享受优质网站所提供的奇妙有趣的经历。父母网络顾问团的努力和热情,鼓舞了许多其他组织加入帮助青少年和儿童安全探索网络世界的队伍当中③。

这一阶段的媒介素养教育比较零散,缺乏系统性,也没有比较明确的理念作为指导,但民间的努力使新加坡政府认识到开展媒介素养教育,尤其是网络

---

① TOUCH Community Services. Our milestones[EB/OL].[2020-10-12]. https://www.touch.org.sg/about-touch/our-services/touch-cyber-wellness-homepage/our-milestones.

② Ministry of Communication and Information.Speech by Mr David T E Lim at the launch of SPEEDi's ISLE held at the HDB Hub,Toa Payoh Central[EB/OL].(2003-03-15)[2020-10-12].https://www.mci.gov.sg/pressroom/news-and-stories/pressroom/2003/3/speech-by-mr-david-t-e-lim-at-the-launch-of-speedis-isle-held-at-the-hdb-hub-toa-payoh-central.

③ Ministry of Communication and Information. Speech by Dr Lee Boon Yang, minister for information, communications and the arts at the thank you dinner for MICA committees[EB/OL].(2006-02-22)[2020-10-12]. https://www.mci.gov.sg/pressroom/news-and-stories/pressroom/2006/2/speech-by-dr-lee-boon-yang-minister-for-information-communications-and-the-arts-at-the-thank-you-dinner-for-mica-committees.

素养教育的重要性。进入 21 世纪,面对民间的呼吁,新加坡政府回应得很快,媒介素养和网络素养教育进入政府主导的新阶段。

二、政府回应与措施跟进的快速发展阶段

早在 1996 年,新加坡就成立了国家互联网咨询委员会,负责发现网络相关问题、调查民意、提供网络决策咨询等。[①] 进入 21 世纪,新加坡政府对于民间的呼吁快速回应,出台了一些措施来推进网络素养教育的发展。

为了有效推进媒介素养教育,为新加坡更好地融入全球化做准备的同时促进全民合理使用网络,新加坡先后成立了各种机构和委员会来支持这项工作。2007 年,网络和媒体咨询委员会成立,旨在加强民众网络素养教育。2012 年,媒介素养委员会成立,负责全国性的民众媒介素养教育和网络安全方面的工作。2016 年,新加坡的媒体发展管理局和资讯通信发展管理局合并为资讯通信媒体发展管理局,媒介素养委员会也归属此机构。2009 年,新加坡成立跨部门网络健康指导委员,与多个部门合作负责网络素养教育项目和实践。[②]

除了成立官方机构外,自 1997 年以来,新加坡教育部颁布并实施了四个五年计划蓝图:ICT 教育总体规划(Master Plans for ICT in Education),对学校媒介素养教育提出了要求。第一个总体规划(MP1)力求在 ICT 基础设施方面和教师对信息通信技术的认识和使用能力上做出改变。第二个总体规划(MP2)在已有基础上推广使用信息通信技术,以提高授课、学习和评估水平。第三个总体规划(MP3)专注于教师指导下学生的经验积累。第四个总体规划(MP4)于 2015 年推出,在 MP1—MP3 的基础上鼓励教育工作者承担责任并成为数字学习的设计师,同时高度重视网络安全。[③]

---

① 张旭,刘杨钺.新加坡公民网络安全意识培养的经验与启示[J].保密工作,2019(6):21-23.

② 耿益群.新加坡网络舆情治理特色:重视提升民众的网络素养[J].中国广播电视学刊,2020(9):30-33.

③ LOH R S M,LIM S S.Media literacy in Singapore[M]//HOBBS R,MAILIDIS P,APPELLO G,et al.The international encyclopedia of media literacy[M].New York:John Wiley & Sons,Inc,2019.DOI:10.1002/9781118978238.ieml0162

三、营造良性生态与拓展发展空间的系统化阶段

在政府的重视和指导下,各类网络素养推广活动和教育课程得以开展,呈现出一个良性的可持续的发展生态。一方面,新加坡中小学推行"服务外包"模式,除了由教育部将公立学校网络素养教育课程的教学任务"外包"给私立教育培训机构,其他的网络素养教育的相关项目和活动,也会通过招标的方式"外包"给教育机构、公益团体和社会组织等。除了这种"外包"模式外,新加坡的教育制度和经济发展要求在一定程度上也促进了媒介素养教育的发展。

新加坡的教育中考试文化突出,成功总是与考试成绩和资格证书相联系。新加坡的媒介素养教育即在这样一个标准化、高压力的教育文化中应运而生。另外,由于培养下一代 ICT 能力与新加坡更好地成为一个全球贸易中心、为国际经济创造新的机会相关,所以在新加坡的教育政策中,渴望追寻西方的自由与追求效率和生产率的努力同时存在,这种张力在推进媒介素养的发展方面也有所体现。①

社会各界的媒介素养教育项目和活动开展得如火如荼,不仅在新加坡国内硕果累累,也积极开展国际合作。2006 年,触爱社区服务社开设了新加坡第一家提供网络健康咨询服务的一站式网络健康资源中心——PlanetCRUSH 网络健康中心。2013 年,新加坡国家图书馆委员会启动了 S.U.R.E 计划,强调了公众搜索和识别信息的重要性。S.U.R.E 代表了个人在评估新闻可靠性时应牢记的四个概念:来源(Source)、理解(Understand)、研究(Research)、评估(Evaluate)。

在国际合作方面,从 2010 年起,触爱社区服务社每年都前往印度尼西亚开展网络健康培训活动。2013 年以来,媒体素养委员会发起年度全球倡议——"互联网安全日"(Safer Internet Day)运动,旨在促进安全、负责和积极地使用数字技术,2019 年的主题是"共同创造更好的互联网"(Together for a Better

---

① BELSHAW, DOUGLAS A J.What is 'digital literacy'? a pragmatic investigation[D/OL].Durham:Durham University,2012:32-33.[2018-03-05].http://etheses.dur.ac.uk/3446/.

Internet)。[①]

新加坡的媒介素养教育在校内和校外都得到了长足发展,形成了良性的运行机制。在国家框架的指导下,社会各界聚集力量为共同的目标而努力,这也是新加坡媒介素养教育得以发展良好的重要原因。

第三节 新加坡媒介素养教育发展理念

新加坡的媒介素养教育形式以网络素养教育为主,一方面重视学生对数字环境的适应,一方面注重提高学生的数字技术能力。全球化背景下的人口流动和技术进步是当今时代进步的主要推动力,新加坡政府希望学生能够把握机遇,在瞬息万变的世界中获得全面发展。在此背景下,新加坡教育部制定《21 世纪能力框架》(*21st Century Competencies Framework*),围绕尊重、责任、正直、关心、坚韧、和谐的核心价值观,强调从自我意识、自我管理、社会意识、关系管理和负责任的决策等维度,培养学生的信息传播能力、公民素养、全球意识、跨文化交流能力、批判性思维和创造性思维能力,使学生成为自信、有自主学习能力、关心社会生活和社会发展、甘愿为社会做出贡献的公民。在新加坡总体教育方针和媒介素养的"核心价值与能力"(Media Literacy Core Values and Skills)框架的指导下,新加坡媒介素养教育发展出重视数字素养教育、关注 ICT 能力培养的整体理念。

一、重视数字素养教育

新加坡资讯通信媒介发展管理局认为,数字素养(Digital Literacy)是安全和负责任地使用、创建和共享数字内容的能力。它涵盖以下内容:(1)技术能力(Technology Competency),即使用数字技术的能力;(2)信息素养(Information Literacy),即最佳地定位、识别、检索、处理和使用数字信息的能力;(3)媒介素养(Media Literacy),使我们能够理解信息、情境化和批判性评估信息,并能通过

① Media Literacy Council.Safer internet day[EB/OL].(2019-03-12)[2020-10-12].https://www.betterinternet.sg/Programmes/Safer-Internet-Day.

数字媒介平台生产和传播内容。同时,“数字素养”的概念还重点强调网络健康,涉及互联网用户安全、健康、负责的信息使用行为,做负责任的数字内容消费者和创造者。①

媒介素养委员会则认为在新加坡的语境下,具备数字和媒介素养的人应该具备以下能力:(1)评估和解读媒介平台上的信息;(2)理智创建、发布以及在线分享信息;(3)对行为负责,在线互动中具有良好的判断力;(4)认识网络风险并采取适当行动保护自己和他人(新加坡人理解为“网络健康”);(5)做数字社会的积极、负责和有创新能力的数字公民。②

新加坡将数字素养视为一个涵盖技术能力、信息素养、媒介素养三个方面的整体技能范畴,作为数字传播时代受众应具备素质,数字素养强调在数字传播媒介环境下信息使用、分析、评估和创造的能力。

二、关注 ICT 能力的培养

信息技能是新加坡政府认定的全球化公民重要技能之一,且与新加坡成为“智慧国家”的数字经济转型方针息息相关,因此新加坡媒介素养教育特别关注 ICT 能力的培养。

新加坡教育部专门开辟了一个网络素养的在线教育平台(Cyber Wellness Portal),旨在向教师、学生和父母提供免费的网络素养教育资源。在该网站上,详细介绍了中小学教育中学生应该具备的 ICT 能力(见表 9.1)。

表 9.1　ICT 的技能水平

小学教育结束时的 ICT 的技能水平	ICT 技能领域	中学教育结束时的 ICT 的技能水平
电脑操作与应用	基本操作	交互媒介环境中操作电脑
在互联网上搜索信息	学习搜索	独立在互联网搜索信息
使用文字程序编辑短文档	学习文本	使用文字制作报告、手册、信件等

① Infocomm Media Development Authority. What is digital literacy? [EB/OL]. [2018-03-05]. https://www.imda.gov.sg/community/consumer-education/digital-literacy.

② Media Literacy Council. What is a digital & media literate person? [EB/OL]. [2018-03-09]. https://www.medialiteracycouncil.sg/Media-and-Internet/Media-and-Digital-Literacy.

续表

小学教育结束时的 ICT 的技能水平	ICT 技能领域	中学教育结束时的 ICT 的技能水平
使用多媒介元素创作简短演示	学习多媒体	把不同来源的数字媒介整合入文档、电子表格和演示中 在多媒介展示中创造和编辑媒介元素
在文字和表格程序中建立信息表格	学习数字表格	使用表格中的计算功能 在文字和表格程序中通过图表再现数据
在互联网上交流	学习交流工具	在互联网上交流
使用 ICT 工具收集数据	学习数据收集工具	将收集的数据由 ICT 工具转移到电脑上

资料来源：本表根据新加坡教育部网络健康门户网站①翻译、整理而成。

为了使学生能够有充分机会参与不同水平和主题的信息技术活动，新加坡媒介素养教育也将 ICT 融入学校的课堂教育中，与英语、数学、科学以及人类学等课程进行融合式教学（见表 9.2）。

表 9.2　ICT 与学校课程融合

ICT 技能领域	科目			
	英语	数学	科学	人类学
基本操作	√	√	√	√
学习搜索（互联网导航与搜索）	√	√	√	√
学习文本（文字处理）	√		√	√
学习多媒体（多媒体内容的生产与操作）	√	√	√	√
学习数字表格（数据管理与处理）		√	√	
学习交流工具（网上沟通）	√			√
学习数据收集工具（数据收集和移动）	√	√	√	√

资料来源：本表根据新加坡教育部网络健康门户网站②翻译、整理而成。

在新加坡，不论是对“数字素养”的理解还是对 ICT 技能的理解都更强调“信息消费者”接触、分析和批判性地反思给定的媒介内容，这种对于“数字素养”或者 ICT 技能的理解是较为被动的，应更强调创造媒介内容的重要性。

---

① Cyber Wellness Portal. Baseline ICT standards [EB/OL]. [2018-02-05]. https://ict.moe.edu.sg/ict/slot/u151/baseline/baseline.html.

② Cyber Wellness Portal. Baseline ICT standards [EB/OL]. [2018-02-05]. https://ict.moe.edu.sg/ict/slot/u151/baseline/integrationict.html.

三、新加坡互联网媒介素养核心价值与能力

新加坡媒介素养委员会致力于帮助新加坡人安全负责任地使用、创建和分享媒介内容，与行业、社区和政府合作发展理性负责的参与式文化。其网站提出互联网上媒介素养的核心价值与能力(Media Literacy Core Values and Skills，见表9.3)，号召网民发挥作用创造一个安全、有益和有趣的在线环境，保护互联网赋予我们的自由和权力。①

表9.3 媒介素养的核心价值与能力

核心价值与能力	解释
尊重 (Respect)	尊重不同的人会让我们的在线互动更有意义和建设性(君子和而不同)。
同理心 (Empathy)	设身处地为别人着想，能让我们更好地理解他人的观点和我们所说的话的影响(己所不欲，勿施于人)。
责任 (Responsibility)	对自己在网络上的言行负责，确保我们的沟通能力不会被用来伤害他人或社会(谨于言而慎于行)。
正直 (Integrity)	在网上行端坐正，可以让那些恶意攻击者望而却步，让礼貌成为一种新的规范(廉洁正直以自清)。
辨别 (Discernment)	通过锻炼批判性思维和良好的判断能力，培养聪明的数字公民，使他们有能力做出明智的选择和行动，并保护自己免受风险(博学之，审问之，慎思之，明辨之，笃行之)。

资料来源：本表根据新加坡媒介素养委员会官方网站有关信息②整理而成。

新加坡媒介素养委员会提出的“互联网媒介素养核心价值与能力”与提倡接触、分析、评价、创造的“媒介素养”不同，它更强调使用互联网过程中遵循的价值和道德。这更具实用价值，能呼吁公民在数字化时代共同建设清朗和谐的网络空间。

---

① Media Literacy Council. Media literacy core values and skills [EB/OL]. [2018-02-05]. https://www.medialiteracycouncil.sg/About-Us/Media-Literacy-Core-Values.

② Media Literacy Council. What we believe in [EB/OL]. (2018-07-20) [2020-10-17]. https://www.betterinternet.sg/Who-we-are/What-we-believe-in.

第四节　新加坡媒介素养教育政策制定与实施

在新加坡，媒介素养被视为建设“全球媒介城市”的举措之一。新加坡媒介发展局曾将媒介素养界定为“对工作、学习和生活必不可少的人生技能”。在新加坡教育体系中，数字化背景下的“信息素养”更受重视，教育部及通信信息部的媒介素养教育政策以网络和信息素养为主。①

一、新加坡早期信息素养教育政策

20 世纪 90 年代，新加坡教育部课程规划和发展部的学校图书馆部编制并出版了一套《信息素养准则》(*Information Literacy Guidelines*, *ILG*) 和《信息素养补充材料》(*Information Literacy Supplementary Materials*, *ILSM*)，为中小学的信息素养教学提供框架，并指导学生如何管理学习、处理互联网日益繁多的信息和创造性地使用信息。《信息素养准则》还提供了信息素养课程在特定学科课程中实施的建议以及评价标准。

1997 年，《广泛阅读和信息素养》(*The Extensive Reading and Information Literacy*, *ERIL*) 项目出版。该项目重点将信息素养纳入中学英语语言课程，并能监控学生学习进度和评估课程。1997 年开始，新加坡分三个阶段实施信息通信技术总体规划，信息通信技术的引入取代了学校课程中整合的信息素养。

2008 年，新加坡教育部修订小学和中学英语语言课程大纲。改革后的教学大纲将使用印刷和非印刷资源时的信息、媒介和视觉素养技能包括在内。信息素养重新出现在学校课程中，被当地信息素养研究人员和活动家视为积极举措。同时，国立教育学院(the National Institute of Education, NIE)发布了关于 21 世纪教师教育模式的报告。报告确定了 21 世纪学生的技能是学习和创新技能，其中包括批判性思维、解决问题和创新能力以及知识、信息、媒介和技术素

---

① LIN T B, MOKHTAR I A, WANG L Y. The construct of media and information literacy in Singapore education system: global trends and local policies[J]. Asia Pacific Journal of Education, 2015, 35(4): 423-437.

养能力，信息素养和 ICT 素养被分别列出。信息素养已成为 21 世纪的教师和学生所需的基本技能。新加坡教育部建立“教育部网络健康门户网站”（The Ministry of Education Cyber Wellness Portal）作为网络素养的在线教育平台，开展中小学网络素养教育。平台向中小学生、家长和教师提供关于安全使用网络的教育内容。

二、新加坡教育信息化发展规划

新加坡的国家教育信息化总体规划由教育部制定，为信息通信技术的校园应用、学生在信息社会的生活学习提供蓝图，帮助学生掌握基本的信息技术、提升学习技巧和能力、培养创新性思维，以更好地适应未来工作。在前期规划的基础上，每隔 5—6 年，教育部会根据时代需求对信息化规划进行更新升级。①

（一）新加坡教育信息化一期发展规划（Master Plan 1，MP1：1997—2002 年）

新加坡教育信息化一期发展规划于 1997 年颁布。该规划为学校利用信息通信技术奠定了坚实基础，特别是在提供基本的信息通信技术基础设施以及使教师具备基本的信息通信技术综合能力方面获得广泛认可。一期总体规划提出四个目标：加强学校与周围世界的联系、推动教育创新进程、加强创造性思维，培养终身学习习惯和社会责任感，以及优化教育系统行政管理。针对这四个目标，规划提出课程与评估、教师培训、学习资源开发以及基础设施建设四个努力维度。②

（二）新加坡教育信息化二期发展规划（Master Plan 2，MP2：2003—2008 年）

教育信息化二期发展规划始于 2003 年，建立在一期规划的基础上。二期发展规划旨在推动 ICT 整合融入课程，建立 ICT 评价标准，学校创新使用 ICT。二期发展规划的重点着眼于教育领域信息通信技术：设立学生学习经验、教师实践、数字资源建设标准，以确保所有学校达到使用 ICT 的基线水平；进一步研究开发和

---

① 兰丽宁.新加坡教育信息化现状梳理与分析[J].中国教育信息化，2015(7)：36-41.

② Ministry of Education，Singapore.ICT masterplans in the Singapore education system[EB/OL].(2015-06-11)[2020-10-13].http://www.unesco.org/new/fileadmin/MULTIMEDIA/HQ/ED/images/singapore.pdf.

建立教学模型，全力支持准备在教育领域实现更高水平应用 ICT 的学校；在自治框架内发展学校的能力，以充分掌握实施 ICT 教育；加强课程和评估中的信息通信技术的整合，关注战略重要性和需求领域并发展伙伴关系，以为学校提供资源。①

（三）新加坡教育信息化三期发展规划（Master Plan 3，MP3：2009—2014 年）

与一期发展规划、二期发展规划相比，三期发展规划致力于培养学生在有效使用信息技术基础上的自主学习和合作学习的能力，培养学生成为明智负责的信息技术使用者。规划更强调学生的自主能力。②具体来说，三期发展规划希望学校领导者能促进信息技术在教育中的应用，并为师生在教学中使用信息技术创造条件；教师能帮助学生学会自主学习和合作学习，使学生在信息化环境下积累学习经验，做有见识、有责任感的信息技术使用者；信息技术基础设施能支持实现随时随地的学习。③

（四）新加坡教育信息化四期发展规划（Master Plan 4，MP4：2015—）

新加坡现行的教育信息化四期发展规划主要在前三期的教育信息化发展规划的基础上，将自我学习和合作学习（SDL and CoL）延伸到所有课程之中。与前几期教育信息化发展规划相比较，四期发展规划更为强调深化学习和拓展实践。通过采用高质量的 ICT 技术设计学习过程以及深化学生学习，拓展采用 ICT 技术的教与学实践活动，加强网络健康与新媒介素养教育。四期发展规划重点通过有效利用 ICT 技术促进学生掌握所有课程知识、发展 21 世纪所需技能和能力，培养学生成为有责任的数字公民。四期发展规划与新加坡教育部所强调的以学生为中心、以价值观为引导的教育原则相适应，着力培养能够适应未来社会需求的、有责任感的数字学习者。四期发展规划的目的是要加强网络健康、责任感和安全等方面的媒介素养教育。通过与通信企业联合，建立伙伴

① Ministry of Education，Singapore.新加坡教育信息化发展第二期规划［DB/OL］.［2018-03-05］.https://ictconnection.moe.edu.sg/masterplan-4/our-ict-journey/masterplan-2.

② Ministry of Education，Singapore.新加坡教育信息化发展第三期规划［DB/OL］.［2018-03-05］.https://ictconnection.moe.edu.sg/masterplan-4/our-ict-journey/masterplan-3.

③ 朱莎.美国、新加坡教育信息化发展战略比较研究［D］.武汉：华中师范大学，2013：56-57.

关系,开发新的工具和软件,改革课堂教育,使师生获得全新的教与学的体验。未来教育体系将充分利用人工智能工具和系统培养学生的批判性思维能力,设计教与学的情境,识别学生的学习模式以更好地评估学生。

从新加坡教育信息化一期发展规划注重信息技术的基础设施建设和基本技能的把握,到二期发展规划进一步促进信息技术在学校课程中的应用与整合,到三期发展规划开始关注学生自我学习和合作学习的能力,四期发展规划则在强调学生自我学习和合作学习能力的基础上,进一步深化学习、拓展实践,强调最大限度发挥每一个学生的潜能,通过多种途径实现以价值观为引导的教育,培养学生的归属感和对现实生活的认知,获得对未来的希望,使学生能够应对变动不居的世界。新加坡教育信息化的过程层层递进,领导者能根据时代发展与社会需求不断调整和更新政策。

三、实施全国性框架促进数字素养教育发展

为了培养适应数字化时代社会经济发展需要的智慧数字公民,新加坡政府部门根据新加坡教育部所制定的《21 世纪能力框架》,制定并实施全国性数字素养教育框架,促进数字素养教育发展。新加坡通信信息部在其发布的《数字就绪蓝图》(*Digital Readiness Blueprint*)中指出:为了做好迎接数字化的准备,每个人都应具备这个蓬勃发展的数字时代所需要的基本技能和态度,包括有机会接触数字技术,有使用技术的素养和知识,能够使用数字技术进行创造。[①] 蓝图中提出了一系列帮助新加坡人接受数字技术和信息技术的建议,这些建议围绕着数字访问、数字素养、数字参与和数字包容性四个战略重点。为了推进数字素养教育,通信信息部制定了《数字媒介和信息素养框架》(*Digital Media and Information Literacy Framework*)[②],指导数字素养项目的组织者和公共机构如何实施相关项目,从而使新加坡民众在享受技术所带来的好处的同时,也能够从根本上认识到技术所带来的风险和各种可能性,了解各种在线平台和数字技术

① Ministry of Communications and Information. Digital readiness blueprint[EB/OL].(2019-02-14)[2020-10-13].https://www.mci.gov.sg/en/portfolios/digital-readiness/digital-readiness-blueprint.

② Ministry of Communications and Information. Digital media and information literacy framework[EB/OL].(2020-10-08)[2020-10-13].https://www.mci.gov.sg/literacy.

是如何运作的，同时能够明确知晓如何负责地利用信息和安全地、有责任地应用数字技术。[①]

框架为课程和项目设计者提供了五个关键学习成果（Key Learning Outcomes），以帮助教育者制定适合的教育方案和课程计划。这五个关键学习成果包括：(1)理解技术带来的好处、风险和可能性，重点学习技术进步及其对人们生活的影响、技术的益处和风险等；(2)了解在线平台和数字技术是如何运作的，重点学习数字足迹、搜索引擎和社交媒体上的算法、数字广告、人与社交媒体的关系等；(3)理解如何负责任地使用信息，重点学习如何评估信息来源的可信度、将事实与观点区分开，以及关于虚假信息、假货、人们为什么创建和传播虚假信息、创建和传播虚假信息的后果等知识；(4)懂得在网上如何保护自己，重点学习网络健康、社交媒体的威胁与风险、如何防范社交媒体威胁、如何检查信息的可信度等；(5)了解如何安全、负责地使用数字技术，重点学习如何保护个人数据和网络安全，以及在线骗局、网络威胁的类型及应对方法等。[②]

除了新加坡信息通信部所实施的《数字媒介和信息素养框架》外，新加坡教育部还发起了"全国数字素养计划"（the National Digital Literacy Programme），根据"发现、思考、应用和创造"（Find，Think，Apply，Create）的框架进行课程改革，以使学生在不同阶段的学习过程中获得相应的数字技能。根据这一计划，小学阶段重点在于提升学生的网络素养，扩展"娱乐编码"项目，使学生通过视频课程学会计算思维和编程，并从2020年起为小学高年级学生提供10小时的扩展项目；中学阶段重点在于通过学习数学课程提升学生的计算思维技能，从2020年6月起，为所有中学提供个人学习设备，通过采用电子教学法提高教与学的水平，力争到2024年使所有一年级中学生都能够在学校有自己的笔记本电脑或者平板电脑，强调学生个性化学习体验的重要性，并为每一位新加坡籍的学生提供资金支持，同时为在计算方面显现出天分的学生提供充分的发展机会。[③]

由于社交媒体的发展，虚假信息问题越来越严重。为了应对虚假信息，新

---

① Ministry of Communications and Information of Singapore. Information literacy framework [EB/OL]. (2019-03-12) [2020-10-15]. https://www.mci.gov.sg/literacy.

② Ministry of Communications and Information. Programme owner [EB/OL]. (2020-03-12) [2020-10-13]. https://www.mci.gov.sg/literacy/library/programme-owner.

③ MOE of Singapore. Strengthening digital literacy [EB/OL]. [2020-10-15]. https://www.moe.gov.sg/microsites/cos2020/refreshing-our-curriculum/strengthen-digital-literacy.html.

加坡传播信息部部长易华仁(S Iswaran)在2019年3月召开的“更好互联网2019年会议”(Better Internet Conference 2019)上强调,新加坡政府将致力于提升民众数字素养,通过实施各种计划满足新加坡民众需求。为此,政府将实施“信息、媒介和网络素养国家框架”(the National Framework on Information, Media and Cyber Literacy)。① 这一框架将结合由国家图书馆委员会实施的应对虚假信息的“来源、研究和评价项目”,共同应对虚假信息问题。

第五节　新加坡中小学媒介素养教育实践

在新加坡中小学媒介素养教育实践中,学校在政府的倡导下已经开始尝试不一样的课程设计,涌现出许多优秀的案例。媒介素养社会组织和民间机构的项目和活动,是媒介素养教育实践的重要组成部分。

一、新加坡中小学媒介素养教育的课程实践

新加坡中小学教育的课程包括艺术教育、品格与公民教育、人文学科、英语语言文学、母语语言、体育、科学等,其中部分学科的课程中已经融入了媒介素养教育的内容。新加坡中小学媒介素养教育的课程实践受到《21世纪能力和学生成果框架》的影响,强调了学生的跨文化交流、全球信息素养、沟通协作和批判性思维。

(一)新加坡中学课程中的媒介素养教育

新加坡中学的媒介素养教育主要体现在艺术类课程中,教育部发布的《初中艺术课程》(*Art Syllabus for Lower Secondary*)指出艺术课程的艺术价值包括培养学生对于身份、文化和社会地位的认识,培养学生在21世纪批判性地识别和处理视觉信息并进行有效交流的能力,扩大想象力和创造力三个方面。这三个

---

① Mohit Sagar. Government strengthening digital literacy from the ground up[EB/OL].[2020-10-15].https://opengovasia.com/government-strengthening-digital-literacy-from-the-ground-up/.

方面的价值其实都包含了媒介素养的意蕴，涉及认识媒介、分析媒介、使用媒介等多个方面。

在初中，艺术作为必修课程，每周安排 70—80 分钟的上课时间，表 9.4 展示了初中艺术课程的整体框架。

在此框架下，初中艺术课堂教育实践中特别注重建立积极的课堂文化，教师会引导学生进行互动，努力营造鼓励探索和创新的学习氛围。探究式学习、工作室模式、多元化结构、框架式学习等方法被广泛应用于课堂，以丰富课程形式，培养学生的创造力、开放性思维、合作能力和动手能力等。

表 9.4　新加坡初中艺术课程框架

主要观点		艺术帮助我们以新的方式看待事物	艺术可以讲述我们世界的故事	艺术会影响我们的生活
学习领域和能力	感知	观察—询问		
	交流	创造—创新		
	欣赏	联系—回应		
学习单元	语境	形成作品构思的条件以及作品以某种方式产生的原因		
	艺术过程	艺术家为作品收集和发展想法的方法		
	媒介	如何使用材料、工具和技术		
	视觉品质	如何运用设计或艺术以及设计的原则来创造预期效果		
学习体验	艺术家	成为活跃的艺术家		
	受众	成为知情受众		

资料来源：本表由新加坡《初中艺术课程》(*Art Syllabus for Lower Secondary*)①整理而成。

在新加坡高中课程中，媒介素养教育除了体现在艺术课程中外，在戏剧课程中也有所体现。戏剧课程强调对人的处境的探索和表达，希望通过制作(Making)、呈现(Presenting)和回应(Responding)的学习，把戏剧的基本原理、戏剧的制作、戏剧的呈现和戏剧的回应四个方面综合关联起来，使学生能够通过思考和实践来传达个人、社会和文化的意义。其中戏剧基础的教学大纲如表 9.5 所示。

① Ministry of Education, Singapore. Art syllabus for lower secondary[EB/OL]. (2019-07-05)[2020-10-13]. https://www.moe.gov.sg/docs/default-source/document/education/syllabuses/arts-education/files/2018_lowersec_art_syllabus.pdf.

表 9.5 新加坡高中戏剧基础教学大纲

<table>
<tr><th colspan="3">戏剧基础</th></tr>
<tr><td colspan="3">戏剧元素:
• 人文环境(情景/角色/关系)
• 戏剧张力(任务/关系/悬念/惊奇)
• 焦点
• 地点/时间/语言/运动/心情/符号
• 戏剧性意义</td></tr>
<tr><td colspan="3">主要形式:现实主义/自然主义
学习重点 1:
• 设计和表演可信的情景、角色和关系,以真实地展示人和人的互动
学习重点 2:
• 改变人与人之间互动的现实写照,以产生戏剧性的效果</td></tr>
<tr><td colspan="3">惯例:
• 生命循环、横切、闪回/闪进、刻画瞬间、叙事、画面</td></tr>
<tr><td>制作</td><td>呈现</td><td>回应</td></tr>
<tr><td>• 解释、分析刺激内容和文本
• 角色扮演、即兴创作、刻画
• 设计和演绎构建</td><td>• 表演中的声音和身体表达
• 彩排过程
• 表演支持</td><td>• 表达个人感情、想法和观点
• 对自己和他人作品的反思
• 表演的批判性</td></tr>
</table>

资料来源:本表由新加坡《戏剧教学大纲—高中速成课程》(*DRAMA SYLLABUS Upper Secondary Express Course*)①整理而成。

新加坡中学课程中的媒介素养教育,主要培养学生对媒介技术和内容的批判性理解能力,以及使用各种媒介工具和技术进行创作的能力。不论是艺术课程还是戏剧课程,新加坡教育部都希望中学生能够拥有信息技能和跨文化技能,从而更好地适应并参与 21 世纪的技术变革与全球化浪潮。

(二)新加坡小学课程中的媒介素养教育

新加坡小学课程的媒介素养教育同样体现在艺术教育之中,和中学一样,小学的艺术教育也遵循三个方面的价值。新加坡教育部要求,艺术课是小学课程的核心课程之一,应该每周进行一次。表 9.6 展示了小学艺术课程各阶段的

① Ministry of Education, Singapore. DRAMA SYLLABUS upper secondary express course[EB/OL]. (2019-05-22) [2020-10-13]. https://www.moe.gov.sg/docs/default-source/document/education/syllabuses/arts-education/files/2018-drama-teaching-and-learning-syllabus.pdf.

学习领域、关键能力和学习成果。

表 9.6　新加坡小学艺术课程各阶段的学习领域、关键能力和学习成果

领域和关键能力	观看 能力:观察—询问	表达 能力:创造—创新	欣赏 能力:联系—回应
21 世纪学生必备技能	• 沟通、合作和信息技能 • 批判性和创造性思维 • 公民素养、全球意识和跨文化技能		
关键阶段 1 小学 1—2 年级	• 识别自己周围所看到的简单的视觉作品的特点 • 问自己看到了什么 • 从自己的想象和观察中汲取灵感	• 使用各种材料和工具来创作艺术作品 • 通过艺术创作分享自己的想象、思想和感受	• 对各种各样的艺术品表现出兴趣 • 用艺术词汇谈谈自己的所见所闻
关键阶段 2 小学 3—4 年级	• 区分他们所看到的视觉特征 • 问问题、收集信息、理解所见 • 从自己的观察和经验中汲取教训	• 探索和发现使用材料和工具的不同方式,单独或与他人一起创作艺术作品 • 在艺术作品和艺术创作中表达自己的想法并考虑他人的想法	• 表现出对艺术的渴望 • 与他人分享自己的艺术作品、意图和艺术创作过程 • 谈谈新加坡和国际上的艺术作品和艺术家
关键阶段 3 小学 5—6 年级	• 收集信息,在视觉品质和意图之间建立合适的联系 • 从观察自己周围的世界中汲取灵感,为自己的艺术创作记录想法	• 尝试使用不同的材料和工具来单独或与他人一起创作艺术 • 讨论自己作品的意图,并解释他人作品的意图	• 为自己的艺术创作感到自豪 • 尊重他人的作品、意图和观点 • 讨论自己的经验并将其与新加坡和国际上的艺术作品和艺术家联系起来

资料来源:本表由新加坡《小学 1—6 年级艺术课程》(*ART SYLLABUS Primary One to Six*)①整理而成。

新加坡小学艺术课程中的媒介素养教育与中学类似,也是希望学生在理解和使用媒介、技术等方面有所发展。除了艺术课程之外,新加坡小学品格与公民教育课程中也有媒介素养教育。小学品格与公民教育课程包括品格与公民教育课、级任老师辅导(FTGP)、品格与公民教育校本课程以及品格与公民教育

---

① Ministry of Education, Singapore. ART SYLLABUS Primary one to six[EB/OL].(2019-07-05)[2020-10-14]. https://www.moe.gov.sg/docs/default-source/document/education/syllabuses/arts-education/files/2018_primary_art_syllabus.pdf.

指导单元 。级任老师辅导(FTGP)会教导社交与情绪管理技能,其中包括网络健康教育。表 9.7 是小学品格与公民教育课程中有关网络健康的内容。

表 9.7 新加坡小学品格与公民教育课程中的网络健康教育

层面	阶段	网络健康教育要点
个人——自我肯定与提升	小学 3—4 年级	网上交友
		合理规划时间
学习——建立正面良好的友谊和培养团队精神	小学 5—6 年级	通过社交媒体结识朋友
		在网络上与他人沟通
		应对网络欺凌

资料来源:本表由新加坡《小学品格与公民教育课程标准》①综合整理而成。

新加坡中小学媒介素养教育的学校课程实践与其他国家有相通之处,即很少有专门的媒介素养课程,而是将信息素养教育、网络健康教育、技术素养教育等融入其他课程之中。虽然新加坡中小学教育体系中缺乏独立的媒介素养教育课程,但新加坡学校教育中潜移默化、富有启发性的教育方法,以及媒介素养校本课程之外的项目与活动的蓬勃发展,赋予了新加坡的媒介素养教育强大活力。

二、新加坡中小学媒介素养教育的项目实践

在新加坡,通信信息部主要负责媒介素养教育项目的统筹,在其倡导下,新加坡针对青少年和儿童开展了丰富的媒介素养教育项目和活动。新加坡媒介素养委员会的成员来自各行各业,由通信和信息部部长任命,旨在解决网络时代的一系列在线问题。② 公益组织触爱社区服务社主要由通信信息部下属的资讯通信媒介发展管理局支持,自 2001 年以来与 360 多所学校和组织合作,通过

① Ministry of Education,Singapore.小学品格与公民教育课程标准[EB/OL].(2019-05-22)[2020-10-14].https://www.moe.gov.sg/docs/default-source/document/education/syllabuses/character-citizenship-education/files/character-and-citizenshipeducation-(primary)-syllbus-(chinese).pdf.

② Media Literacy Council.Who we are[EB/OL].(2019-09-11)[2020-10-14].https://www.betterinternet.sg/Who-we-are/Who-we-are.

青年网络安全计划(Youth Cyber Wellness Programmes)惠及了135万青年。[①]

(一)新加坡媒介素养委员会的教育实践

新加坡媒介素养教育委员会为教育工作者、家长和青少年儿童提供了个性化的媒介素养教育指导,包括媒介素养教育课程的补充材料、家庭媒介素养教育指南、面向青年的数字素养教育等。

媒介素养教育委员会编撰的《网络欺凌教育者指南》(*Educators' Guide to Cyber-bullying*)在中小学生的网络欺凌教育问题上,为教育工作者提供了具体的指导。[②] 该指南认为,针对小学生的网络欺凌教育应侧重于介绍网络欺凌存在的问题、影响以及应对方法,教授学生如何正确上网,教育他们通过远离网络欺凌者、截图留下证据、网上举报以及告诉父母老师来保护自己。对中学生而言,除了小学阶段的要求外,还要培养他们的勇气和团结精神来反抗网络欺凌行为。

媒介素养委员会为家长提供了《确保儿童安全和智能上网的家长指南》(*A Parent's Guide to Keeping Children Safe & Smart Online*)[③],给家长提供有关孩子的屏幕时间、在线安全、虚假新闻等方面的建议和指导。

媒介素养委员会特别关注青少年的数字素养教育,其网站上提供了数字素养教育的六个方面的指导,其中与青少年的数字素养有关的内容如表9.8所示。

表9.8　媒介素养委员会的青少年数字素养指导内容

数字素养问题	青少年指导
身体形象	1.保持警惕:在线性诱骗 2.处理身体形象问题

① TOUCH Community Services. Our reach[EB/OL].[2020-10-14]. https://www.touch.org.sg/about-touch/our-services/touch-cyber-wellness-homepage/our-reach.

② Media Literacy Council. An educators guide to cyber bullying[EB/OL].(2019-04-23)[2020-10-14]. https://www.betterinternet.sg/-/media/Resources/PDFs/Educators-Guides/Educators-Guide-to-Cyber-bullying---final.pdf.

③ Media Literacy Council. A parent's guide to keeping children safe & smart online[EB/OL].(2018-10-12)[2020-10-14]. https://www.betterinternet.sg/-/media/Resources/PDFs/Parents-Guides/Safe-and-Smart-Online-Parent-Guide.pdf.

续表

数字素养问题	青少年指导
网络欺凌	1.处理网络欺凌的建议 2.面向青年的网络欺凌应对指南
数字广告	1.数字广告
数字足迹	1.保持聪明:负责任地分享 2.保持机敏:数字足迹 3.安全上网
虚假新闻	1.虚假新闻 2.事实核查的建议
在线诈骗	1.处理骗局的技巧 2.安全起见:信贷诈骗 3.安全起见:电商诈骗 4.安全起见:在线假冒骗局

资料来源:本表根据媒介素养委员会官方网站相关信息①整理而成。

(二)触爱社区服务社的教育实践

触爱社区服务社建立了触觉网络安全(TOUCH Cyber Wellness,TCW)部门,倡导尊重、平衡的生活方式以及负责任使用数字技术,帮助青少年在数字时代健康成长。触觉网络安全部门为教育者、家长和青少年提供高质量的校本和社区教育方案;建立网络安全中心(Cyber Wellness Centre,CWC);提供关于包括游戏成瘾在内的网络安全问题的咨询服务。

触爱社区服务社为父母和教育工作者举办了"在互联网时代指导青少年"(Mentoring Teenagers in the Internet Age,MTIA)研讨会。2009—2018 年期间,该研讨会已经吸引了50,000多名家长、教育工作者和青年。② 研讨会会重点跟进网络安全相关问题,帮助父母了解相关情况并更好地与孩子互动,涉及网络游戏、网络欺凌、网络色情、移动技术、社交媒体等多种议题。

---

① Media Literacy Council.Resources[EB/OL].(2020-04-03)[2020-10-14].https://www.betterinternet.sg/Resources.

② TOUCH Community Services. Awareness workshop: mentoring teenagers in the internet age [EB/OL].[2020-10-14]. https://www.touch.org.sg/about-touch/our-services/touch-cyber-wellness-homepage/our-programmes/parents-youth-workers.

触爱社区服务社还为中小学提供了许多有趣的课程项目，特别是一些互动性的项目。如为小学生设计的网络故事《煎饼小学》，教导孩子们学习如何在网络冒险中克服困难。《煎饼小学》是一部以网络为背景的互动电视连续剧，讲述了四个小学生在网络上陷入困境的故事。通过这些情节，学生们将参与角色所做的选择，并从这些选择导致的结果中学习经验。触爱社区服务社还为中学生设计了《和谐高中在线冒险》，帮助中学生处理日常在网上学习时所碰到难题，年轻人将会看到与网络相关的常见困境，并进行选择性互动。[①] 类似的互动科技剧通过趣味性、参与性的交互模式，加上专业讲师的指导，加深了学生的理解与思考。

媒介素养协会、触爱社区服务社等社会组织和机构的项目实践，为新加坡中小学媒介素养教育提供了更加多元的选择和更加专业的引导，不仅为青少年儿童量身打造了有趣的教育方案，还致力于教育和帮助教育工作者和家长，使新加坡中小学媒介素养教育形成了高效的合作模式和良好的教育生态。

三、新加坡中小学媒介素养教育的研究实践

新加坡在开展媒介素养教育的过程中，学者还开展了丰富的媒介素养研究工作。一项关于新加坡两所中学的学生信息素养的研究发现，新加坡中学生中已有86.24%的家庭实现了互联网接入。[②] 绝大多数中学生仅有较低的信息素养能力（Information Literacy Skills），而不具有利用、综合及评估信息等更高阶的能力。研究认为这可能表明新加坡学校课程已充分认识并努力教授信息素养能力。但也表明，必须通过诸如项目工作等途径来教授更高阶的信息素养能力。

培养高阶技能需要时间和丰富的实践，而新加坡教育体系结构更注重学术成就和高风险评估，将媒介素养技能全面纳入现有学校课程可能会面临挑战。

---

① TOUCH Community Services.Programmes for secondary school teens[EB/OL].[2020-10-14].https://www.touch.org.sg/about-touch/our-services/touch-cyber-wellness-homepage/our-programmes/secondary-level.

② Chang Y,Zhang X,MOKHTAR,I.A,et al.Assessing students' information literacy skills in two secondary schools in Singapore[J].Journal of information literacy,2012,6(2):19-34.

因此,学校更重视教授低阶信息素养技能。① 表 9.9 展现了新加坡中学生信息素养薄弱领域。

表 9.9 新加坡中学生信息素养薄弱领域

	测试领域	分数
任务定义	寻找专家意见	28.47%
信息收集	一手信源和二手信源 电话号码的整理	25.51% 10.24%
定位与访问	联机公共查询目录(OPAC) 截断 内容交互比较	18.43% 29.01% 27.99%
信息利用	事实、观点或者意见 权威信息来源	20.07% 24.91%
分析	正确解释观点 引用方式	28.37% 23.08%
评估	信息素养过程评估的日志	24.22%

资料来源:本表由《评估新加坡两所中学的学生信息素养技能》②一文整理而来。

信息技术发展日新月异,个人应通过不断学习提高自己的能力以适应不断变化的世界。教育就必须鼓励创造力、自主学习和批判性思考,以及帮助学生学习如何找到做出合理决策和解决问题所需的信息。就这项研究中对学生信息素养的评估标准来看,新加坡信息素养在关注理性辨别评估信息的同时,也着力于学生学习方法和学习技能的培养,以及帮助学生学习收集和使用信息的技能。

小 结

21 世纪伊始,随着知识经济时代的到来,各国开始制定相关政策以使其公

① Chang Y, Zhang X, MOKHTAR I. A, et al. Assessing students'information literacy skills in two secondary schools in Singapore[J]. Journal of information literacy, 2012, 6(2): 19-34.

② Chang Y, Zhang X, MOKHTAR I A, et al. Assessing students'information literacy skills in two secondary schools in Singapore[J]. Journal of information literacy, 2012, 6(2): 19-34.

民具备知识经济时代生存的基本技能,新加坡也不例外。1997 年,新加坡教育部即开始制定信息素养指南以及 ICT 教育总体规划。从全球范围来看,今天新加坡信息教育已经逐渐完善,从“软硬件基础设施建设”的初始阶段逐步进入强调“信息技术与教育深度融合”的新阶段。

由于各国的社会制度、历史文化以及媒介环境各异,媒介素养的概念在不同国家也必然不相同。在全球的视域内,媒介素养与公民教育密切相关,被认为是公民更好地参与社会民主进程的关键能力。媒介素养的目标之一是帮助个人成为富有创造力和创新精神的公民以回应当代社会对知识经济的需求。其中,使用信息技术创作媒介内容以参与公共生活的能力必不可少。在新加坡媒介素养和信息素养教育的推进过程中以及中小学媒介素养教育实践中,教育者更强调通过教育增强学生使用媒介手段获取信息、理性辨别信息、批判性地分析与思考的能力。新加坡政府通过一系列教育政策和课程框架,建构起了新加坡媒介素养、网络素养和信息素养教育的整体规划,这在中小学学校课程安排和社会项目实践中均有体现。但是这些规划还是主要服务于数字经济发展和全球化智慧国家发展的需要,对学生自身发展的关注是有所不足的。

第十章　媒介素养教育未来发展趋势

从学术发展的角度来看,媒介素养作为一个研究和实践领域的兴起与大众文化的流行及其对个体和社会的影响息息相关。如果从人类历史发展的角度来看,媒介素养应该是与人类社会相伴发展的个体的一种素养。媒介素养实质上反映的是人类社会发展进程中个体、技术和社会之间的相互关系。媒介素养概念的内涵应该随着媒介技术和媒介环境的变迁,不断拓展,媒介素养教育所涉及的范畴也应不断扩展。本书的前九章以国际比较的视野,回顾了 9 个国家中小学媒介素养教育发展的历史,审视了这些国家的媒介素养教育理念、具体的中小学媒介素养教育相关政策及其实施、具体媒介素养教育实践及其最新进展等。通过对不同国别的具体情况的梳理和分析,试图发现不同国家中小学媒介素养教育发展的特点,以期捕捉媒介素养教育未来的发展趋势。

一、理论建构的意义日益突显

理论发展一直是媒介素养教育中最为根本的问题。各国在媒介素养教育发展进程中,都重视理论建构。通过对 9 个国家媒介素养教育理念的探究,可以发现不同国家媒介素养教育理论的发展各具特色。美国媒介素养教育发展受英国和加拿大影响较大,主要建立在文化研究基础之上,同时与美国实用主义哲学相结合,强调媒介素养教育在教育变革中的作用;加拿大媒介素养教育在引进和吸纳英国媒介素养教育理念的基础上,与批判理论、文化研究理论,以及麦克卢汉等媒介环境学派的理论相结合;英国学者利维斯等以文化研究作为出发点，将媒介素养教育作为应对英国精英文化式微这一危机的利器，其理论根基是文化理论；德国媒介素养教育则建基于德国深厚的教育学和心理学理论之上，同时与英语国家的媒介素养教育理论的发展保持密切联系；法国媒介素养教育则扎根于法国传统的电影美学理论，并进一步结合符号学理论，强调通过媒介素养教育培养学生的批判性思维；芬兰媒介素养教育更多地是以美学理论为基础，强调审美和艺术维度；澳大利亚作为英联邦国家之一，其媒介素养教育深受英国影响，其理论基础是英国文化研究以及多元文化理论；日本媒介素养教育受到加拿大等西方国家媒介素养教育理论与实践的影响较大，并形成了应用导向的本土媒介素养教育理念；新加坡媒介素养教育在引进英国等西方国家媒介素养教育理念的基础上，结合新加坡国情，以核心价值观教育为指导，形成了本国的媒介素养核心价值与能力框架。

媒介素养教育研究作为一个跨学科研究领域，涉及哲学、社会学、心理学、教育学、新闻与传播学等多个学科领域，其发展的动力也更多地是由这一跨学科的特点所激发的。随着数字技术的不断发展，媒介素养教育研究的跨学科特点也更为显著。这既是媒介素养教育研究的生命力所在，也是制约媒介素养理论建构的瓶颈。一方面，跨学科的特点使得媒介素养教育理论的建构具有非常丰富的可以利用的理论和实践资源；另一方面，由于涉及的学科分散，难以整合不同资源，造成学术建制等方面的困境，影响理论的发展。这要求媒介素养教育理论研究者，在明确自身学科归属的同时，打破学科壁垒，相互协作，构建共同的对话场域，从而实现跨学科的理论建构。

二、媒介素养教育与国家数字战略相结合

随着数字时代的来临，世界上许多国家开始高度重视数字创新在国家和社会发展中的重要作用，纷纷实施适合本国国情的数字战略。通过对各国中小学媒介素养教育发展状况的检视可以发现，澳大利亚、德国、英国、日本、法国、新加坡等国都明确将提升国民的媒介素养作为数字战略的重要组成部分。2015年，澳大利亚政府出台《澳大利亚国家创新与科学议程》，“发展数字素养和

STEM 教育”是该议程的目标之一。德国在 2016 年发布的《德国 2025 数字战略》①明确提出了实现所有年龄段的数字教育的目标。同年,德国教育和文化事务部长常务会议宣布采取“数字世界中的教育”战略,强调媒介素养教育的重要性,培养数字时代的合格公民。英国政府 2017 年颁布《英国数字战略》②,提出“为每一个人提供所需的数字技能和数字素养”为目标的“数字技能与包容性”战略,旨在提升英国民众的媒介素养。21 世纪,日本在 IT 立国战略下开展了一系列数字素养教育。新加坡政府于 1980 年制定了第一个国家信息化战略规划③,后续又制定了第二个、第三个和第四个战略规划。在国家信息化战略规划下,新加坡致力于培养中小学生在网络媒介时代的获取、辨别信息的能力,以及培养信息技术时代负责任的数字公民。2017 年,法国提出“法国国际数字战略”④,以全球视野促进法国数字能力建设、保障数字安全,并据此开展了数字素养教育的实践。除了本书所涉及的国家外,世界上其他国家也将国家数字战略与媒介素养教育密切联系。2017 年,作为全球数字化水平领先的国家,瑞典政府也实施数字战略,并提出了数字素养、数字安全、数字创新、数字领导力和数字基础设施等 5 个具体目标,将数字素养置于数字战略之首,视国民的数字能力为实现数字战略的根本保障。⑤ 世界上越来越多的国家,将数字战略与媒介素养教育相结合。

三、媒介素养教育日趋制度化

媒介素养教育逐渐确立了在国家正规教育体系中地位,媒介素养教育日趋制度化。媒介素养教育在许多国家发展初期都具有草根性的特点,通常是在社

① Federal Ministry for Economic Affairs and Energy, BMWi. Digital strategy 2025[EB/OL].(2020-10-06) https://www.de.digital/DIGITAL/Redaktion/EN/Publikation/digital-strategy-2025.pdf? __blob=publicationFile&v=9.

② Department for Digital, Culture, Media & Sport. UK digital strategy 2017[EB/OL].(2017-03-01)[2020-10-30]. https://www.gov.uk/government/publications/uk-digital-strategy/uk-digital-strategy.

③ 朱莎.美国、新加坡教育信息化发展战略比较研究[D].武汉:华中师范大学,2013:40.

④ ITU, Digital Inclusion Division. France launches ‘Digital Pass’ programme to boost digital literacy[EB/OL].[2020-10-29]. http://digitalinclusionnewslog.itu.int/2019/08/14/france-launches-digital-pass-programme-to-boost-digital-literacy/.

⑤ 耿益群,杨濛.数字战略背景下瑞典义务教育阶段媒介信息素养政策变革[J].比较教育研究,2020(6):35-42.

会各方的倡议和努力下逐渐被纳入学校教育体系中。实现媒介素养教育的体系化和制度化,将是媒介素养教育发展的方向。

21世纪初,美国50个州的所有课程中都包含了一种以上的媒介教育内容,各州的英语课程标准中几乎都有媒介素养教育的内容,媒介素养教育的知识和内容还融入了语言艺术、社会研究、健康教育等课程当中。此外,还有单独的传播技术和媒介分类课程等。英国较早开展了独立的媒介素养教育,20世纪70年代学校课程中就开始出现"电影研究""媒介研究"等课程,20世纪末英国已有将近2/3的学校开设进阶式媒介素养研究课程。1989年媒介素养教育被纳入英国国家课程大纲,随之"媒介研究"被纳入普通中等教育证书的课程之中。澳大利亚国家课程中包括了独立开设的"媒体艺术"课程,此课程贯穿整个中小学的课程体系,整个中小学阶段,学生将接触26门媒体艺术课程,每门课程都设定了明确的教学目标。2013年,芬兰教育文化部制定了《培养良好的媒介素养——2013—2016年国家政策规划》,同时在中小学基础教育中,媒介素养教育被纳入传播和媒介技巧的通识教育主题。法国义务教育阶段媒介素养教育的培养标准与法语、现代外语、历史—地理—公民教育、艺术、科学及技术教育课程目标融为一体。

实现媒介素养教育体系化和制度化,教师是关键,媒介素养教师教育将成为各国媒介素养教育的重中之重。然而即便在媒介素养教育起源较早、发展较为发达的英国也存在教师教育缺乏的问题。在加拿大,虽然媒介素养是1—12年级所有学生的必修课程,但绝大多数高校的教师职前培训项目中没有进行媒介素养教育方面的培训。在美国,没有专用资金支持教师在媒介素养领域的专业发展,教师培训活动一般只是由具有极大热情的高校教师开展的草根行为。在法国,尽管教育与媒介中心提供了教学资源,但是教师培训的缺乏,使得教师使用资源开展教学时遇到不少困难。德国的媒介素养教师教育发展较为良好,开展了丰富的媒介素养教师教育实践,但教育的质和量都依然有很大的提升空间。加拿大也开展了广泛的教师教育实践,但加拿大的媒介素养教师素养尚未得到政府的足够重视,也并未在所有地区得到推广与实践。教师作为媒介素养教育的主体,其媒介素养水平以及媒介素养教学水平对媒介素养教育的发展具有决定性的作用。因此,在媒介素养教育在正规学校教育中的地位逐步得到确立的同时,媒介素养教师教育也应当被纳入官方的教育规划之中,以提升媒介素养教育的效果。

四、媒介素养教育与价值观教育密切联系

新加坡、法国等国不仅将媒介素养教育纳入国家课程体系,而且非常强调价值观教育。随着各国对公民素养以及本国文化认同感培养的重视,将媒介素养教育与价值观教育结合起来也将成为一个发展趋势。

新加坡政府的"21世纪能力框架"制定了"尊重、责任、正直、关心、坚韧、和谐"的核心价值观,并在此基础上,对学生的信息传播、公民素养、全球意识、跨文化交流、批判和创造等方面提出要求,希望通过数字素养教育培养公民的核心价值观。法国则将媒介素养教育与社会和公民道德关联起来,并将媒介素养教育的目标设定为培养批判性思维能力,发展基本技能,进而培养有道德的和负责任的公民。

媒介与人们生活息息相关,媒介在价值观的塑造上发挥着重要作用。将媒介素养教育与价值观教育密切相连,既是对媒介这一功能的合理利用,也是对数字化环境中的媒介道德的重视与强调,媒介素养正在演变为社会合格公民的一项基本技能,媒介素养教育与价值观教育的结合则是塑造具备道德修养的、适应社会发展、能够参与国家建设的合格公民的重要手段。

五、媒介素养教育领域的国际合作

教育国际合作是国际间文明交往的一种有效载体和重要形式,是构建"政治互信、经济融合、文化包容"的人类命运共同体的桥梁纽带,在人类命运共同体的构建实践中发挥着极为重要的作用。[①] 开展媒介素养教育国际合作,将有助于全球政治对话与文化交流。

联合国教科文组织在开展媒介素养国际合作方面发挥了主导作用。自20世纪50年代起,联合国教科文组织就开始从传播和教育相结合的角度,探讨如

① 邹华,黄斌.构建人类命运共同体与教育对外交流合作的新使命[J].理论导刊,2019(1):72-77.

何解决电影、电视中的暴力、色情等内容所带来的社会问题。[①] 一直以来，联合国教科文组织通过一系列政策、倡议和实践，推动了全球范围内媒介素养教育的发展。面对突如其来的新冠肺炎疫情暴发所引发的信息疫情，联合国教科文组织、世界卫生组织、欧盟等全球性和地区性国际组织都积极倡导和引领国际范围的合作，开展各种国际合作项目，在提升全球公众媒介素养方面发挥了重要作用。开展媒介素养教育国际合作项目，将有助于提升世界各国民众的媒介素养水平，有助于应对气候变化、突发公共卫生事件、贫困等全球性问题。

① 耿益群，黄偲.联合国教科文组织有关媒介素养政策之演变分析[J].现代传播(中国传媒大学学报)，2018，40：163-168.

参考文献

著作:

联合国教科文组织.世界交流报告[M].北京:中国华侨出版社,1992.

张开.媒介素养概论[M].北京:中国传媒大学出版社,2006.

周典芳,陈国明.媒介素养概论[M].台北:五南图书出版股份有限公司,2005.

AUFDERHEIDE P. Medialiteracy: from a report of the National Leadership Conference on Media Literacy[M].Queenstow, MD: Aspen Institute, 1993.

BOLAS T. Screeneducation: from film appreciation to media studies [M]. Bristol: Intellect Books, 2009.

BUCKINGHAM D. Mediaeducation: literacy, learning and contemporary culture[M]. Cambridge: Polity Press, 2003.

BUCKINGHAM D. Watching media learning: making sense of media education[M], London: The Flamer press. 1990.

BUTLER A T. Educatingmedia literacy: the need for critical media literacy in teacher education [M].Danvers: Brill Sense, 2019.

DUNCAN B, PUNGENTE J. Medialiteracy: resource guide[M]. Toronto: Ministry of Education of Ontario, Publications Branch, 1989.

FREIRE P, MACEDO D. Literacy: reading the word and the world[M]. Westport, CT: Bergin & Garvey, 1987.

GIROUX H. Pedagogy and the politics of hope: theory, culture, and schooling [M]. Boulder: Westview Press, 1997.

HALLORAN, DERMOT J, JONES M. Learning about the media: media education and communication research[M]. Paris: UNESCO, 1986.

KELLNER D, SHARE J. The critical media literacy guide: engaging media and transforming education[M].Boston: Brill Sense, 2019.

KUBEY R. Medialiteracy in the information age[M].NU: Transaction Publishers, 1996.

KUNEY R. Medialiteracy in the information age: current perspectives[M]. New Brunswick, NJ: Transaction, 2001.

MASTERMAN L.Teaching about television[M].London:The Macmillan Press LTD,1980.

RANIERI M. Populism, media and education: challenging discrimination in contemporary digital societies[M].London and New York:Routledge,Taylor & Francis Group,2016.

SHARE J.Medialiteracy is elementary:Teaching youth to critically read and create media.2nd ed [M].New York:Peter Lang Publishing,Inc.2015.

SILVERBLATT A,ELLEN M,ENRIGHT E.Dictionary of media literacy[M].Westport:Greenwood Press,1997.

SILVERBLATT A.The Praeger handbook of media literacy[M].New York:Praeger,2013.

SPANHEL D. Integrative medienerziehung in der Hauptschule: Ein Entwicklungsprojekt auf der Grundlage responsiver Evaluation[M].München:Kopäd Verlag, 1999: 185-187.

UNESCO. Screeneducation: teaching a critical approach to cinema and televsion [M]. Paris: UNESCO,1964.

论文：

曾文桂.英国教育监管制度管窥及思考[J].基础教育参考,2017(22):10-11.

车英,汤捷.论加拿大传播媒介素养教育及其启示[J].武汉大学学报(人文科学版),2007,60(5):703-709.

陈国明,爱门森.美国的媒介素养教育[J].中国传媒报告,2008,7(1):81.

陈世敏,吴翠珍,刘雪雁,等.从媒体素养到媒体教育与实践——台湾与日本的经验[C]//“传播与中国”复旦论坛(2007):媒介素养与公民素养论文集.2007:430-434.

陈晓端,范牡丹.当代美国中小学课程标准:特点与问题[J].现代中小学教育,2006(8):45-47.

陈晓敏.澳大利亚中小学数字素养培养政策研究[D].上海:上海师范大学,2019.

东洪平,侯维民.加拿大中小学教育的特点及其启示[J].现代中小学教育,2013(4):90-94.

段爱峰.日本中小学信息技术教育:沿革与启示[J].教学与管理(理论版),2014(4):153-156.

方友忠,马燕生.法国学区制的发展状况及其启示[J].世界信息教育,2015(19):47-49.

耿益群,刘燕梅.美国K-12媒介素养教育课程及其特点分析[J],外国中小学教育,2012(2):24.

耿益群,黄偲.联合国教科文组织有关媒介素养政策之演变分析[J].现代传播(中国传媒大学学报),2018,40(7):163-168.

耿益群.新加坡网络舆情治理特色:重视提升民众的网络素养[J].中国广播电视学刊,2020(9):30-33.

耿益群.信息疫情背景下媒介素养的新发展:海外经验与中国策略[J].新闻与写作,2020(8):13-23.

姜波,美国中小学“择校”现象透视[J].教书育人,2008(32):62.

康彦姝.加拿大中小学校学生媒介素养教育研究[D].重庆:西南大学,2011.

兰丽宁.新加坡教育信息化现状梳理与分析[J].中国教育信息化,2015(7):36-41.

李佳熹.澳大利亚中小学数字素养教育的发展概况及启示[J].世界教育信息,2020,33(8):48-56.

李静,王晓燕.新加坡网络内容管理的经验及启示[J].东南亚研究,2014(5):27-34.

李先锋,董小玉.澳大利亚的媒介素养教育及启示[J].教育学报,2012,8(3):38-45.

李易宁.日本学校信息素养教育综述[J].新世纪图书馆,2010(4):77-79.

梁俊兰.新加坡的教育制度与人才培养战略[J].国外社会科学,2005(6):76-80.

林玲.美国儿童媒介素养教育法律法规分析——基于各州立法的比较[J].山东理工大学学报(社会科学版),2019,35(2):34-40.

刘付燕,苗刚.日本媒介素养教育“社会行动者网络”分析与借鉴[J].东南传播,2009(10):91-93.

卢锋,丁雪阳.文化向度的国际媒介素养教育考察[J].现代传播(中国传媒大学学报),2016,38(8):145-149.

陆扬.利维斯主义与文化批判[J].外国文学研究,2002(1):10-15,169.

罗加佳,罗立群.留学澳大利亚中小学之印象[J].教育教学论坛,2015(15):235-237.

牛道生.21 世纪初澳大利亚基础教育发展前景探析[J].比较教育研究,2004(5):43-48.

潘洁.澳大利亚跨文化媒介素养教育研究[J].现代传播(中国传媒大学学报),2010(9):129-131.

平芳,法国中小学课程结构改革的时代特点及启示[J].课程教学研究,2017(12):28-32.

钱志中.澳大利亚多元文化主义政策的历史选择与动态演化[J].世界经济与政治论坛,2014(6):155-167.

裘涵,虞伟业.日本媒介素养探究与借鉴[J].现代传播(中国传媒大学学报),2007(5):128-130.

荣喜朝.日本基础教育信息化推进策略及启示[J].教学与管理(中学版),2017,707(22):80-82.

邵素清,王清.从英国小学媒介教育看小学生媒介素养教育[J].东南传播,2009(3):102-103.

施丽红.英国基础教育的发展及其启示[J].重庆教育学院学报,2006,19(1):123-126.

宋金绪,郭小娜.加拿大中小学省级评估与考试研究[J].课程教学研究,2017(1):48-53.

宋良君.澳大利亚英语、艺术学科中的媒介素养教育[J].中国教育技术装备,2008(22):136.

宋小卫.学会解读大众传播(上)——国外媒介素养教育概述[J].当代传播,2000(2):61-63.

宋晓阳.日本媒介素养教育现状[C]//复旦大学信息与传播研究中心、复旦大学媒介素养研究中心、复旦大学新闻学院.“传播与中国”复旦论坛(2007):媒介素养与公民素养论文集.上海:复旦大学信息与传播研究中心,2007:151-159.

苏燕,法国中等教育发展述评[J].基础教育参考.2006(1):27-29.

孙晋露.日本中小学新学制改革探究——以“初小一贯制”教育的制度化为中心[J].比较教育研究,2015,37(12):89-94.

唐科莉.为学生营造丰富的数字学习环境——澳大利亚“数字教育革命”简介[J].基础教育参考,2009(10):32-34.

腾翀.中日中小学教育现状比较[J].环球市场信息导报,2018(29):228.

王国珍.新加坡的网络监管和网络素养教育[J].国际新闻界,2011(10):122-127.

王俊红.日本媒介素养教育政策变迁研究及启示[J].语文学刊,2016(16):108-109.

王琪.英国媒介素养教育的理论与实践对我国的启示[J].新闻知识,2015(2):109-110,33.

王婷婷.澳大利亚教育信息化概览[J].世界教育信息,2012,25(6):27-31.

王薇.法国义务教育阶段媒介素养教育及启示[J].民办高等教育研究,2016,13(1):35-45.

王雁冰,中美基础教育的体制、教学及评价方式对比研究[J].内蒙古师范大学学报,2007,20(4):43-45.

王莹.加拿大媒介素养教育发展轨迹[J].青年记者,2011(17):114-115.

王雨馨.加拿大青少年媒介素养教育的经验与启示[D].郑州:郑州大学,2013.

王正青,但金凤.人工智能技术在美国学校教学中的应用领域与推进策略[J].比较教育研究,2020,42(6):43-49.

王正青,徐辉.当前美国基础教育质量现状与改进趋势:“追求卓越”理念引领下的实践[J].教育研究,2014,35(9):121-126.

吴文涛,张舒予.从抵制到赋权:论西方媒介素养教育价值取向的历史演变[J].当代教育科学,2016(5):44-47.

徐晨霞,宋嘉庚.加拿大媒介素养教育的经验与启示[J].东南传播,2009(4):46-48.

徐永贵,梁启冰.国内外媒介素养教育研究比较分析[J].中国教育技术装备,2006(12):74-76,79.

许欢,尚闻一.美国、欧洲、日本、中国数字素养培养模式发展述评[J].图书情报工作,2017,61(16):98-106.

杨双双,张艳丽.基于 PDS 模式的中小学教师教育技术培训探究[J].中国教育信息化(基础教育),2009(18):88-90.

姚姿如,宇璐.法国媒介素养教育评述[J].社会科学战线,2017(2):275-278.

袁浩.英美澳加四国媒介素养发展历程以及存在的问题[M]//传媒国际评论:第 1 辑.北京:中央编译出版社,2013:206-214.

袁开文.澳大利亚基础教育印象[J].教书育人(校长参考),2019(9):41-42.

张晓寒.德国教师媒介素养发展的概况与启示[J].当代职业教育,2018(1):95-99.

张旭,刘杨钺.新加坡公民网络安全意识培养的经验与启示[J].保密工作,2019(6):21-23.

张毅,张志安.加拿大未成年人媒介素养教育初探[J].新闻记者,2005(3):50-52.

赵婧如.英国基础教育的特色及其对我国的启示[J].教育观察,2018,7(12):74-76.

钟智.教师专业发展学校的建构[J].教师教育研究,2005(4):9-12.

周素珍.英国媒介素养教育研究[D].武汉:武汉大学,2014.

朱皆笑.英美中小学多样化办学体制的改革演进与启示[J].教育进展,2016,6(2):65-72.

朱莎.美国、新加坡教育信息化发展战略比较研究[D].武汉:华中师范大学,2013.

邹华,黄斌.构建人类命运共同体与教育对外交流合作的新使命[J].理论导刊,2019(1):72-77.

ANDERSON D, BRYANT J. Television literacy and the critical viewer [G]//ANDERSON D, BRYANT J. Children's understanding of television: research on attention and comprehension. New York: Academic Press, 1983.

ANDERSON N, DUNCAN B, PUNGENTE J. Media education, Canadian stories [J]. Australian screen education online, 2001(25):23.

BLACK L. 'Making Britain a gayer and more cultivated country': Wilson, Lee and the creative industries in the 1960s[J]. Contemporary British history, 2006, 20(3):323-342.

BOYD-BARRETT O. BFI/OU media education: recollection and assessment[J]. Television & new media, 2010, 11(6):463-465.

BUCKINGHAM D. Media education in the UK: moving beyond protectionism [J]. Journal of communication, 1998, 48(1):33-43.

BULGER M, DAVISON P. The promises, challenges and futures of media literacy [J]. Journal of media literacy education's, 2018, 10(1):1-21.

BURTON, LEE. Getting to know media arts[J]. Screen education, 2014(75):46-55.

Chang Y, Zhang X, MOKHTAR I A. Assessing students' information literacy skills in two secondary schools in Singapore[J]. Journal of information literacy, 2012, 6(2):19-34.

CHEN G M. Media (literacy) education in the United States [J]. China media research, 2007: 86-103.

CONSIDINE D, HORTON J, MOORMAN G. Teaching and reading the millennial generation through media literacy[J]. Journal of adolescent & adult literacy, 2009, 52(6):471-481.

DUNSCOMBE R. The past is a foreign country: media education in Victoria and the great leaps forward[J]. Screen education, 2007(45):10-17.

FEDOROV A. Media education literacy in the world: trends[J]. European researcher, 2014, 67(1-2):176-187.

FRIESEM Y, AUAGLIA D, CRANE E. Media Now: a historical review of a media literacy curriculum [J]. Journal of media literacy education, 2014, 6(2):35-55.

HART A. Researching media education in schools in the United Kingdom[J]. Studies in media & information literacy education, 2001, 1(1):28-39.

HOBBS R, JENSEN A. The past, present, and future of media literacy education [J]. Journal of media literacy education, 2009(1):1-11.

HOBBS R. Pedagogical issues in U. S. media education [J]. Communication yearbook, 1994

(17):453.

HOBBS R.Strengthening media education in the Twenty-first Century:opportunities for the State of Pennsylvania[J].Arts education policy review,2005,106(4):13-23.

HOBBS R.The seven great debates in the media literacy movement[J].Journal of communication, 2006,48(1):16-32.

JOLLS T, WILSON C. The core concepts: fundamental to media literacy yesterday, today and tomorrow[J].Journal of media literacy education,2014(6):68-77.

JORDAN K.Framing ICT, teachers and learners in Australian school education ICT policy[J]. Australianeducational researcher,2011,38(4):417-431.

KANAE S.Development of media education in Japan[J].Educational technology research,2008,31(1-2):1-12.

KELLNER D,SHARE J.Critical media literacy is not an option[J].Learning inquiry,2007(1):59-69.

KELLNER D,SHSRE J.Toward critical media literacy:core concepts,debates,organizations,and policy[J].Discourse:studies in the cultural politics of education,2005,26(3):369-386.

KELLNER D. Multipleliteracies and critical pedagogies: new paradigms[G]//TRIFONAS P P. Revolutionary pedagogies:cultural politics,instituting education,and the discourse of theory. New York:Routledge Falmer,2000.

KELLNER D. Multipleliteracies and critical pedagogy in a multicultural society[J]. Educational theory,1998,48(1):103-122.

KELLNER D. Reading images critically: toward a postmodern pedagogy[J]. Boston journal of education,1989:31.

KUBEY R.Obstacles to the development of media education in the United States[J].Journal of communication,1998,48(1):58-69.

KUBEY R.W.Why U.S.media education lags behind the rest of the English-speaking world[J]. Television & new media,2003,4(4):351-370.

KUNEY R.Obstacles to the development of media education in the United States[J].Journal of communication,1998,48(1):58-69.

LIN T B,MOKHTAR I A,WANG L Y.The construct of media and information literacy in Singapore education system:global trends and local policies[J].Asia Pacific journal of education,2015, 35(4):423-437.

Loh R S M,Lim S S.Medialiteracy in Singapore[M]//MIHAILDIS P,HOBBS R.The international encyclopedia of media literacy.Hoboken,NJ:Wiley-Blackwell,2019:1-7.

MARTENS H.Screen education:from film appreciation to media studies[J].Historical journal of film,radio and television,2011(31):429-431.

NOTLEY T,DEZUANNI M.Advancing children's news media literacy:learning from the practices and experiences of young Australians[J].Media culture & society,2018,41(5):689-707.

PÉREZ-ESCODA A, GARCÍA-RUIZ R, CASTRO-ZUBIZARRETA A, et al. Media literacy and digital skills for enhancing critical thinking in networked society[C].Technological ecosystems for enhancing multiculturality,2017.

QUIN R. Agenealogy of media studies[J]. The Australian educational researcher, 2003, 30(1): 108-110.

QUIN R. Mediaeducation in Western Australia[C]//. ANDREW H. Teaching the media: international perspectives. Mahwah, NJ: Lawrence Erlbaum Associates, 1998:108.

QUIN R. Questions of knowledge in Australian media education[J]. Television & new media, 2003, 4(4):449.

SHARE J, THOMAN E, JOLLS T. Five key questions that can change the world, lesson plans for media literacy[G]//Center for Media Literacy. CML MediaLit Kit™, a framework for learning and teaching in a media age, 1st edition, 2007:2-3.

TAN L, GUO L. Fromprint to critical multimedia literacy: one teacher's foray into new literacies practices[J]. Journal of adolescent & adult literacy, 2009, 53(4):315-324.

THOMAN E. Skills and strategies for media education[J]. Educational leadership, 1999, 56(5): 50-54.

VAN NULAND S. Teacher education in Canada[J]. Journal of education for teaching: international research and pedagogy, 2011, 37(4):409-421.

笠原正大.日本におけるメディアリテラシーの変質とその原因:「メディア教育」に関する言説の分析から[J].教育メディア研究,2012,18(1):13-23.

鈴木みどり.メディア・リテラシーとはなにか(メディア・リテラシー)[J].情報の科学と技術,1998(48):388-395.

主要网址:

Alberta Association for Media Awareness, AAMA: http://aama.ca.

Association for Media Literacy: https://aml.ca.

Australia Government: https://info.australia.gov.au.

Australian Bureau of Statistics: https://www.abs.gov.au.

Australian Children's Television Foundation: http://www.actf.com.au.

Australian Council on Children and the Media: https://childrenandmedia.

Australian Curriculum: http://www.curriculum.edu.au.

Australian Media Literacy Alliance: https://medialiteracy.org.au.

BBC: www.bbc.co.uk.

Better Internet for Kids: https://www.betterinternetforkids.eu.

British Columbia: https://www2.gov.bc.ca.

British Film Institute, BFI: https://www.bfi.org.uk.

Broadcasting Ethics & Program Improvement Organization: https://www.bpo.gr.jp.

Canadian Teachers'Federation, CTF: https://www.ctf-fce.ca.

Center for Media Literacy, CML: http://www.medialit.org.

Cinematheque: https://thecinematheque.ca.

Code Club Australia: https://www.codeclubau.org.

Cyber Wellness Portal: https://ict.moe.edu.sg.

EMC: https://www.englishandmedia.co.uk.

FCTメディア・リテラシー研究所: http://www.mlpj.org.

Gouvernement du Québec: http://www.education.gouv.qc.ca.

Infocomm Media Development Authority: https://www.imda.gov.sg.

Media Literacy Council: https://www.medialiteracycouncil.sg.

Media Literacy Now, MLN: https://medialiteracynow.org.pdf.

Media Smart: https://mediasmart.uk.com.

MediaSmarts: https://mediasmarts.ca.

Mediataitokoulu.: https://mediataitokoulu.fi.

MOE of Singapore: https://www.moe.gov.sg.

Moodle: https://moodle.org.

National Association for Media Literacy Education, NAMLE: https://namle.net.

NIEとは: https://nie.jp.

NewsWise: https://literacytrust.org.uk.

NHK: http://www9.nhk.or.jp.

Office of Communications, Ofcom: https://www.ofcom.org.uk.

PSHE Association: https://www.pshe-association.org.uk.

Singapore Cybersports & Online Gaming Association, SCOGA: https://scoga.org.

Statistics Finland: http://www.stat.fi.

The Australian Children's Television Foundation: https://www.actf.com.au.

The British Columbia Association for Media Education: http://www.sfu.ca.

Tote Board: https://www.toteboard.gov.sg.

TOUCH Community Services: https://www.touch.org.sg.

UNESCO: https://unesdoc.unesco.org.

子どもとメディア: https://komedia.or.jp.

图书在版编目(CIP)数据

国外中小学媒介素养教育比较研究 / 耿益群著. --北京：中国传媒大学出版社，2021.11
ISBN 978-7-5657-3026-9

Ⅰ.①国… Ⅱ.①耿… Ⅲ.①中小学—传播媒介—素质教育—对比研究—国外
Ⅳ.①G630

中国版本图书馆 CIP 数据核字(2021)第 189514 号

国外中小学媒介素养教育比较研究
GUOWAI ZHONGXIAOXUE MEIJIE SUYANG JIAOYU BIJIAO YANJIU

著　　者	耿益群
策划编辑	张　蕊
责任编辑	张　蕊
责任印制	李志鹏
封面设计	风得信设计·阿东

出版发行	中国传媒大学出版社		
社　　址	北京市朝阳区定福庄东街1号	**邮　　编**	100024
电　　话	86-10-65450528　65450532	**传　　真**	65779405
网　　址	http://cucp.cuc.edu.cn		
经　　销	全国新华书店		

印　　刷	唐山玺诚印务有限公司
开　　本	710mm×1000mm　1/16
印　　张	17.75
字　　数	290千字
版　　次	2021年11月第1版
印　　次	2021年11月第1次印刷

书　　号	ISBN 978-7-5657-3026-9/G·3026	**定　　价**	79.00元

本社法律顾问：北京李伟斌律师事务所　郭建平